György Dalos

1956

Der Aufstand in Ungarn

György Dalos

1956

Der Aufstand in Ungarn

Deutsche Bearbeitung von Elsbeth Zylla

Verlag C. H. Beck

Wir danken Erich Lessing für 16 Fotos in diesem Band
Abbildung Seite 87: «Time Magazine», 1957

Satz: Fotosatz Reinhard Amann, Aichstetten
Druck und Bindung: Ebner & Spiegel, Ulm
Umschlagentwurf: Atelier 59 München
Umschlagfoto: © Erich Lessing
Gedruckt auf säurefreiem, alterungsbeständigem Papier
(hergestellt aus chlorfrei gebleichtem Zellstoff)
Printed in Germany
ISBN-10: 3 406 54973 X
ISBN-13: 978 3 406 54973 1

www.beck.de

Inhalt

Für Richard Wagner in Berlin

Einleitung

Es war an einem Dienstag, als die Gewerkschaftszeitung *Népszava* einen erstaunlich detaillierten Wetterbericht veröffentlichte: «*Seit einiger Zeit herrscht in Ungarn eine außergewöhnliche Witterung. Wir schreiben Ende Oktober, und doch entspricht das Wetter dem des Sommers – es ist wie im August. Am Sonntag wurden in Budapest 20 Grad gemessen, während die Temperatur in Szeged 22 Grad erreichte. Während des 86jährigen Bestehens des Meteorologischen Instituts ist dies der zweittrockenste, zweitwärmste Herbst.*»

Der Pegelstand der Donau in Budapest war bei 212 cm – nach dem Hochwasser im Frühjahr eine tröstliche Angabe. Der seismographische Dienst meldete so gut wie keine tektonischen Auffälligkeiten, und das war angesichts des Erdbebens vom Januar 1956 auf jeden Fall beruhigend.

Das kulturelle Angebot des Tages war ausgesprochen reichhaltig. Die Staatsoper spielte Tschaikowskys *Eugen Onegin*, die Volksoper *Der Troubadour*. Kulturtragendes war auch in den Schauspielhäusern eindrucksvoll vertreten: Die Zuschauer konnten zwischen Schillers *Kabale und Liebe*, George Bernard Shaws *Heiliger Johanna* und Ibsens *Puppenhaus* wählen. Das Operettentheater zeigte den Dauerbrenner *Die Csárdásfürstin*, mit dem die Truppe unlängst die Herzen des Moskauer Publikums erobert hatte. Aus Moskau wiederum traf der Geigenvirtuose David Oistrach in Budapest ein, um im Bartóksaal ein Konzert zu geben. Im Stadtpark gastierte der Chinesische Zirkus. Die Fans des Kabaretts konnten im Kammertheater einen Einakter mit dem vielversprechenden Titel *Wir korrigieren die Geschichte* genießen.

Das Fernsehen, das sich damals noch im Erprobungsstadium befand, wartete mit einem Trickfilm, einer Nachrichtensendung sowie einer aufgezeichneten Komödie auf. Der Rundfunksender Kossuth präsentierte sein gewöhnliches Tagesprogramm:

4.30: Nachrichten
4.35 – 8.00: Musik
8.00: Nachrichten
8.10: Volkslieder
8.40: Märsche und Gesänge
9.00: Kinderstunde
10.00: Nachrichten
10.10: Flotte Rhythmen
11.00: Viertelstunde für Mädchen und Frauen
11.15: Schöne Musik für gute Arbeit
11.45: Gedichte
12.00: Nachrichten
12.10: Volkslieder

Genau um 12.53 Uhr des 23. Oktober 1956 wurde die Sendung unterbrochen und folgende Mitteilung verlesen: «*Um die öffentliche Ordnung zu gewährleisten, verbietet der Innenminister bis auf weiteres sämtliche öffentlichen Versammlungen und Kundgebungen. Innenminister László Piros.*» Mitten in der Sendung «Dorfchronik» wurde diese Information wiederholt. Es folgten Opernarien und die Sendung «Musik für die Jugend», und nach acht Minuten, um 14.15 Uhr, wurden gleich zwei neue Mitteilungen durchgegeben. Zunächst eine kurze: «*Innenminister László Piros hat das Verbot öffentlicher Versammlungen und Kundgebungen aufgehoben*» und eine etwas längere: «*Der Erste Sekretär des Zentralkomitees der Partei der Ungarischen Werktätigen, Genosse Ernő Gerő, wird heute abend um 20 Uhr über alle Sender eine Ansprache halten.*»

Der knochentrockene Gerő war zu dieser Zeit 58 Jahre alt und hatte knapp drei Monate zuvor den Höhepunkt seiner Karriere erreicht: Er war vom Politbüro zum Ersten Sekretär der Partei der Ungarischen Werktätigen (MDP, PUW) ernannt worden. Praktisch bedeutete dies, daß er die Nummer eins im Lande war, und zwar nicht nur, weil Ministerpräsident András Hegedüs mit seinen 35 Jahren und entsprechend wenig Erfahrung für ihn keine Konkurrenz darstellte, sondern weil die Partei als einzig maßgebliches Machtzentrum galt. Um es konkret zu sagen: Er allein war befugt, mit dem jeweiligen «Hausherrn» im Kreml zu telefonieren.

Der Erste Sekretär leitete auch die Partei- und Regierungsdelegation, deren Sonderzug an diesem Morgen nach einer überlangen, achttägigen Besuchsreise aus Belgrad am Budapester Ostbahnhof eintraf. Mitgereist waren fast alle, die in den Chefetagen der MDP das Sagen hatten: Außer Gerő und dem Regierungschef gab es zwei ZK-Sekretäre, den Außenminister sowie zahlreiche Wirtschaftsexperten. In Abwesenheit der Führungsriege hatte man die kommissarische Leitung des Parteistaates einem jüngeren Parteisekretär, dem 34jährigen Lajos Ács, übertragen – in schwierigen Zeiten wie dieser eine höchst riskante Entscheidung. Doch der möglichst hochkarätigen Besetzung der Delegation war absolute Priorität zugekommen, denn es handelte sich bei dieser Reise um eine Art kollektiver Canossa-Fahrt zu dem jugoslawischen Präsidenten Josip Tito.

Dieser galt seit 1948 wegen seines Bruches mit Moskau in der Propaganda aller Ostblockstaaten als «Kettenhund der Imperialisten». «Titoismus» hieß einer der wichtigsten Anklagepunkte gegen den früheren Innenminister László Rajk in dem spektakulären Schauprozeß des Herbstes 1949, in dem es durch Folter erzwungene Geständnisse, später mehrere Hinrichtungen und lange Gefängnisstrafen gab. Im damaligen Parteivorstand besetzte Ernö Gerő nach Mátyás Rákosi den zweiten Platz und trug damit maßgebliche Verantwortung für sämtliche Beschlüsse – so auch für den Beschluß gegen Jugoslawien vom Juni 1948, in dem Titos «Sonderweg» als Verrat an der Sowjetunion verurteilt worden war. Nun aber hieß der südliche Nachbar auf Moskaus Geheiß hin wieder «Bruderland», und die Versöhnung mit Tito sollte dazu dienen, den Machthabern in Budapest den Rücken zu stärken. Daß er durch diese Visite sein ganzes bisheriges Tun in Frage stellte, soll Ernö Gerő nicht besonders gestört haben. Die jeweilige Generallinie war immer schon von der Führung der KPdSU bestimmt worden, und als alter Kominternfuchs war Gerő diszipliniert genug, um sich den jeweiligen taktischen Kehrtwendungen ohne Klagen zu fügen.

Und doch warf dieser Dienstagmorgen einen unangenehmen Schatten auf den soeben erreichten diplomatischen Erfolg. Aus dem hastigen, nervösen Gespräch mit dem Genossen Lajos Ács, der bereits auf dem Ostbahnhof auf den Parteivorstand wartete, wurde sofort deutlich, daß das Land, in das die Gesandtschaft zurückgekehrt war, ein ganz anderes war als dasjenige, das sie am 15. Oktober hinterlassen hatte. Nach dem obligatorischen Lächeln in die Kameras und ein paar nichtssagenden Sätzen über die erfolgreichen Belgrader Verhandlungen für die Mikrophone machte sich der Vorstand unverzüglich daran, die Situation zu besprechen. So bewegte sich der Konvoi von schwarzen Limousinen mit zugezogenen Vorhängen direkt in die Akadémiastraße, wo sich die Parteizentrale befand. Von diesem Augenblick an verwandelte sich das höchste Gremium der Volksrepublik in einen permanent verhandelnden, schlaf- und ruhelosen Krisenstab.

Die Delegation saß noch im Sonderzug, als der sowjetische Botschafter in Budapest, Juri Andropow, einen dringenden und streng geheimen Bericht nach Moskau schickte. Am Vorabend hatte er mehrere Gespräche mit dem Genossen Lajos Ács geführt, der die Lage als «sehr gespannt und gefährlich» einschätzte. Der ungarische Verteidigungsminister István Bata hatte am 19. Oktober sogar eine Alarmbereitschaft höchster Stufe bei der Volksarmee angeordnet, die jedoch einen Tag später wiederaufgehoben wurde. Unruhen waren im Prinzip seit Monaten nicht auszuschließen, und die sowjetische Armeeführung hatte bereits im Juli die Operation «Welle» erarbeitet, um der ungarischen Führung notfalls schnell zu Hilfe eilen zu können. Allerdings wußte man recht wenig über die Natur der Katastrophe, die sich gerade anbahnte. Die ungarischen Apparatschiks, die in diesem Jahr in der sowjetischen Botschaft, einer prachtvollen Villa an der Bajzastraße, unentwegt ein und aus gingen, beklagten sich vor allem über die ideologische Gefahr, die von den Zeitungsartikeln ausgehe, wiesen auf die Schwäche und Uneinigkeit der Partei hin oder denunzierten sich gegenseitig wegen angeblicher Abweichungen von der «Generallinie». Letzteres taten sie mit besonderer Vorliebe.

Andropow hörte sich all diese Lamenti an und war bemüht, gegenüber der jeweils dominierenden Machtfraktion loyal zu bleiben. Seine chiffrierten Depeschen enthielten kaum mehr als die gewissenhafte Wiedergabe von Gesprächen, nur ganz selten eigene Vorschläge und überhaupt keine emotional gefärbten Kommentare – die Adressaten in Moskau waren an «ausgewogene» Meldungen gewöhnt. Der Botschafter war kein Berufsdiplomat, sondern ein noch junger Parteikader, für den die Entsendung nach Budapest den Beginn eines steilen Aufstiegs nach ganz oben sowie einen ebenso schnellen Weg nach unten bedeuten konnte.

Wenn ihm die Partei einen ähnlichen Posten in Paris, Rom oder Wien anvertraut hätte, dann wäre es für ihn in diesen Ländern viel leichter gewesen, Berichte zu verfassen. Als Informationsquelle hätten ihm in Paris Jacques Duclos, in Rom Palmiro Togliatti und in Wien Johann Koplenig, aber auch sozialdemokratische, konservative oder liberale Politiker sowie Redakteure von Gazetten unterschiedlichster Couleur zur Verfügung gestanden, ebenso viele Schriftsteller und alle möglichen Arten gesellschaftlicher Akteure. In der Donaurepublik hingegen konnte er sich nur mit Personen unterhalten, die nach offiziellen ungarischen oder sowjetischen Kriterien salonfähig waren. In Ungarn durfte er nicht einmal ohne weiteres den früheren Ministerpräsidenten empfangen, den aus der Partei ausgeschlossenen Imre Nagy, obwohl dieser seit dem Sommer 1953, also seit Andropows Dienstantritt, zu den Schlüsselfiguren der Ereignisse gehörte. Aber jedes Gespräch mit diesem Mann wäre als ungeheuerliche Aufwertung der Person gedeutet worden.

Außerdem wußte Andropow sehr wohl, daß es in Budapest und Szeged unter den Literaten und in der Studentenschaft seit einigen Wochen brodelte und daß der von Parteiseite offiziell genehmigte Diskussionsclub «Petőfi-Kreis» ausgerechnet für diesen Dienstagnachmittag Demonstrationen organisierte, um seiner Solidarität mit Polen Nachdruck zu verleihen. Anlaß dazu war das Plenum der polnischen kommunistischen Partei, auf dem der früher als Opportunist verdammte Władysław Gomułka mit seinem Reformprogramm zum

Ersten Sekretär gewählt worden war. Der Botschafter durfte jegliche Information von den ungarischen Parteibonzen abschöpfen, aber keinen Augenblick daran denken, etwa Tibor Déry, den Spiritus rector des literarischen Widerstands, oder einen Vertreter der aufmüpfigen Studenten zu einem Wodka einzuladen. Dabei war durchaus vorstellbar, daß gerade die auch vom Schriftstellerverband unterstützte Kundgebung der Jungakademiker jene Kollision ausgelöst hatte, die in Moskau seit Monaten als «Fall der Fälle» gehandelt wurde und einen guten Grund für die Durchführung der Operation «Welle» liefern konnte. Und so erlaubte sich Andropow, den vorsichtig verpackten indirekten Ratschlag auszusprechen: *«Offensichtlich haben die ungarischen Genossen die Zuversicht verloren, daß sie noch einen Ausweg aus den entstandenen Schwierigkeiten finden können. (...) Wir haben den Eindruck, daß sie (...) ohne unsere Hilfe kaum mutig und entschlossen handeln können.»*

Der Parteichef Nikita Chruschtschow konnte das Telegramm seines Botschafters erst nach der Dechiffrierung lesen, nachmittags gegen halb vier Moskauer Zeit. Nach einem Gabelfrühstück im Kremlpalast zu Ehren des belgischen Ministerpräsidenten van Acker und dessen Außenminister Spaak mußte er sich den weniger angenehmen Bereichen des Alltagsgeschäfts widmen. Kopfschmerzen verursachten ihm zum Beispiel seit Tagen die Polen, die sich die Frechheit erlaubt hatten, personelle Veränderungen an der Spitze von Partei und Staat vorzunehmen, ohne zuvor, wie es von ihnen erwartet wurde, den Großen Bruder zu konsultieren. Auf einem Plenum des Zentralkomitees war dort praktisch die gesamte Führung ausgewechselt worden. Der früher als Nationalkommunist verdammte Władysław Gomułka wurde zum Ersten Sekretär erhoben, und der Marschall Rokossowski, ein Pole mit sowjetischer Staatsbürgerschaft, wurde seines Postens als Verteidigungsminister enthoben – allesamt unerhörte Vorfälle.

Die Rote Armee führte daraufhin in Polen militärische Übungen durch, und zwischen den beiden Mitgliedern des unlängst als Friedensbündnis geschlossenen Vertrages entstand eine regelrechte

Kriegsspannung. Chruschtschow fuhr im letzten Augenblick nach Warschau, um das Schlimmste abzuwenden. Als zusätzliches Druckmittel beraumte er für Mittwoch, den 24. Oktober, eine Ad-hoc-Sitzung der Bruderparteien in Moskau an. Gomułka lehnte die Teilnahme höflich ab, und als Nikita Sergejewitsch in Budapest anrief und den Genossen Gerő aufforderte, an der Konferenz teilzunehmen, sagte dieser angesichts der schwierigen Lage in seinem Lande ebenfalls ab. Das Wort «nein» klang aus dem Munde eines ungarischen Genossen recht merkwürdig.

Auf Stalins Tod waren zweieinhalb Jahre gefolgt, in denen die sowjetische Politik sowohl im Innern als auch nach außen völlig umgekrempelt worden war. Die Diplomatie der beiden Militärblöcke, die in den Jahren des kalten Krieges nur noch aus dem Austausch von Noten bestanden hatte, wurde nun um gegenseitige Visiten ergänzt. Mit der Waffenpause in Korea und Vietnam (1953 und 1954) endeten zumindest temporär zwei Stellvertreterkriege, und der österreichische Staatsvertrag im Mai 1955, in dem die Neutralität des Landes garantiert wurde, demonstrierte die Möglichkeiten eines Arrangements in Europa. Das Gipfeltreffen der Staatschefs der vier Großmächte UdSSR, USA, Großbritannien und Frankreich in Genf 1955, die Versöhnung mit Tito, Konrad Adenauers Moskaureise 1955 sowie der Besuch der Sowjetführung in London 1956 ließen die kommunistische Großmacht in einem völlig neuen Licht erscheinen.

Mit kleinen, doch spektakulären Schritten wie der Verringerung der Streitkräfte oder der Rückgabe eines Truppenstützpunktes an Finnland brachte der Kreml seine Kontrahenten in ständigen Zugzwang. Gleichzeitig profilierten sich Chruschtschow und sein Premier Bulganin gegenüber Asien und dem Nahen Osten als natürliche Verbündete im Kampf gegen den «Neokolonialismus». Über Indien und Ägypten gelang es, Druck auf die westliche Welt auszuüben. Die Enthüllung von Stalins «Personenkult» auf dem 20. Parteitag der KPdSU im Februar 1956 und die massenhafte Rehabilitierung der Opfer trug wesentlich zum verbesserten Image der UdSSR bei. Die sozialistische Großmacht hatte offensichtlich einiges anzubieten – Bolschoi-Ballett, Tourismus, Investitionen für die Kapitalisten und parallel dazu Utopien für die Entwicklungsländer.

Bedeuteten die Polen wegen ihrer Eigenwilligkeit ein beständiges Sicherheitsrisiko, so verkörperten die ungarischen Genossen das andere Extrem: Sie legten gegenüber der Sowjetunion eine geradezu peinlich wirkende Ergebenheit an den Tag. Allerdings war diese eifrige Bündnistreue wenig wert. Seit Jahren versprachen die Ungarn bei jedem sich bietenden Anlaß, im Lande endlich Ordnung zu schaffen, verloren jedoch gleichzeitig eine Position nach der anderen an die intellektuelle Opposition. Ihre chaotische Handlungsweise brachte selbst geübte Kader wie Michail Suslow oder Anastas Mikojan an den Rand ihrer Möglichkeiten. Die beiden Krisenverwalter des Kreml suchten in Ungarn seit Monaten nach einem Menschen, der die sowjetischen Interessen einigermaßen konsequent mit der dortigen Situation in Einklang bringen konnte. Während der prinzipienfeste Suslow immer noch für Gerő plädierte, setzte der pragmatische Armenier Mikojan auf János Kádár. Botschafter Andropow prophezeite Düsteres: Wenn die Sache so weitergehe, hatte er am 12. Oktober 1956 gemeldet, so würde – horribile dictu! – Imre Nagy die Staatsgeschäfte am Donauufer übernehmen.

Die für den nächsten Tag anberaumte Konferenz der Bruderparteien sollte neben der bereits geplanten polnischen nun auch die ungarische Frage auf die Tagesordnung setzen. Dabei stand etwas mehr auf dem Spiel als die Stabilität in diesen Ländern. Durch einen unerwünschten Dominoeffekt konnten der gesamte Warschauer Vertrag und mit ihm sämtliche kommunistische Parteien des Kontinents gefährdet werden. Nikita Chruschtschow wußte sehr wohl, daß die Mehrheit des Politbüros in diesem Fall ohne das geringste Zögern bereit gewesen wäre, ihn zu stürzen.

Der Frührentner Imre Nagy, *«der Kommunist mit dem Zwicker»,* wie ihn ein Zeitgenosse nannte, verließ an diesem Morgen sein bescheidenes Landhaus am Nordufer des Plattensees. Diesmal hatten ihn nicht nur

Der Reformpolitiker Imre Nagy im Sommer 1956

die Milde des Altweibersommers und die Weinlese hierhergelockt, sondern er wollte sich außerdem der angespannten Atmosphäre der Hauptstadt entziehen. Der Name des Sechzigjährigen war in diesem Augenblick in aller Munde. Turbulente Versammlungen an den Hochschulen des Landes, einflußreiche Intellektuelle sowie die immer lauter werdenden Pressestimmen forderten unisono seine Rückkehr in die Führung der Partei und des Staates. Sein engster Freundes- und Beraterkreis drängte ihn zum Handeln. Durch die Gunst der Stunde mußte ihm die Macht wie eine überreife Frucht in den Schoß fallen.

Nagys Naturell hinderte ihn jedoch an raschen und unüberlegten Entscheidungen. So wartete er in diesen aufgewühlten Herbsttagen auf die Rückkehr der hohen Delegation aus Belgrad. Man hatte ihm versprochen, das Gespräch über seine Zukunft bald fortzusetzen, und seine Chancen standen mit jedem Tag besser. In den letzten anderthalb Jahren hatten sich die Dinge kontinuierlich zu seinen Gunsten entwickelt, und falls sein Name am Verhandlungstisch in Belgrad erwähnt worden war, dann hatte Tito – davon war Nagy überzeugt – ein gutes Wort für ihn eingelegt. Ebenso sicher schien ihm, daß er auf Mikojan während ihres Gesprächs vor ein paar Monaten einen überzeugenden Eindruck gemacht hatte.

Allerdings war er nach langem Hin und Her erst vor knapp sechs Tagen wieder in seine Rechte als Parteimitglied mit dem Beitrittsdatum von 1918 eingesetzt worden, und er verfügte über keinerlei Funktionen. Wenn das Politbüro der Partei ähnlich flexibel gewesen wäre wie die polnische KP-Führung, dann wäre er zwingend Mitglied im höchsten Gremium des Landes gewesen. Aber er hatte lautstarke Gegner, die ihn früher akzeptiert hatten, dann aber einstimmig für seinen Ausschluß gewesen waren und ihm nie verzeihen würden, daß er recht behalten hatte. Als einziger Verbündeter kam für ihn der stellvertretende Erste Sekretär János Kádár in Frage, seit Ende Juli im Amt, der Rákosis Diktatur am eigenen Leib kennengelernt hatte und zweifellos über Qualitäten eines Politikers verfügte. Doch auch Kádár war ein unsicherer Kantonist, ein Taktiker zugunsten der eigenen Ambitionen, vielleicht ein Genosse, aber keinesfalls ein Freund.

Gleichzeitig galten einige seiner Freunde, die zu ihm gehalten hatten, als das Schicksal ihm nicht wohlgesinnt war, im Sinne der «Generallinie», der er sich bei aller Kritik verpflichtet fühlte, nicht als Genossen. Mitstreiter wie Miklós Gimes, Miklós Vásárhelyi oder Ferenc Donáth galten gerade wegen ihrer langjährigen Solidarität mit ihm grundsätzlich als Parteifeinde. Unabhängig von der kommunistischen Disziplin mußten ihm manche Erwartungen der Opposition, wie er sie aus aufgeregten Telefonanrufen der letzten Tage kannte, geradezu unheimlich vorkommen. Er selbst wollte Kontinuität, eine Weiterführung seines abgebrochenen Reformprogramms vom Juli 1953. Der neue Katalog von Forderungen, wie sie von oppositionellen Intellektuellen aufgestellt worden waren, bedeutete jedoch einen radikalen Bruch mit der jüngsten Vergangenheit. Vor allem die Studenten beharrten in ihrem jugendlichen Elan neben realistischen Wünschen auf Dingen der Unmöglichkeit.

1. *Wir fordern den alsbaldigen Abzug aller sowjetischen Truppen nach den Bestimmungen des Friedensvertrages* [von Paris 1947, G. D.].
2. *Wir fordern die Wahl neuer Führer der Partei (...) in geheimer Wahl von unten nach oben.*
3. *Unter Führung des Genossen Imre Nagy muß sich eine neue Regierung konstituieren. Alle verbrecherischen Führer der Stalin-Rákosi-Ära müssen unverzüglich von ihren Pflichten entbunden werden.*
4. *Wir fordern eine öffentliche Untersuchung der verbrecherischen Tätigkeit von (...) Mátyás Rákosi (...), der vor ein Volkstribunal gestellt werden soll.*
5. *Wir fordern, daß im ganzen Land allgemeine und geheime Wahlen abgehalten werden, an denen alle politischen Parteien teilnehmen, um eine neue Nationalversammlung zu wählen. Wir fordern, daß das Recht der Arbeiter auf Streik anerkannt wird.*
6. *Wir fordern die Überprüfung und Neuordnung der ungarisch-sowjetischen (...) Beziehungen.*
7. *Wir fordern eine völlige Neuorganisation des ungarischen Wirtschaftslebens unter der Leitung von Fachleuten. Das gesamte, auf Planung beruhende Wirtschaftssystem muß im Licht der in Ungarn herrschenden Bedingungen (...) überprüft werden.*
8. *Die Vereinbarungen über unseren Außenhandel und der genaue Gesamtbetrag der Reparationen (...) müssen veröffentlicht werden. (...) Wir fordern für Ungarn das Recht, sein Uran frei zum Weltmarktpreis zu verkaufen, um harte Devisen zu erhalten.*
9. *Wir fordern eine vollständige Revision der in der Industrie geltenden Normen und eine alsbaldige und radikale Anpassung der Löhne an die berechtigten Bedürfnisse der Arbeiter und Intellektuellen. Wir fordern, daß für Arbeiter ein zum Lebensunterhalt ausreichender Mindestlohn festgesetzt wird.*

10. *Wir fordern, daß (…) die landwirtschaftlichen Produkte rationell genutzt werden. Wir fordern für Einzelbauern* [Nichtmitglieder der LPGs, G.D.] *Gleichheit in der Behandlung.*
11. *Wir fordern die Revision aller politischen Prozesse und Prozesse aus wirtschaftlichen Gründen durch unabhängige Gerichte sowie die Freilassung und Rehabilitierung der Unschuldigen. (…)*
12. *Wir fordern bedingungslose Meinungs- und Redefreiheit sowie Freiheit für Presse und Rundfunk (…).*
13. *Wir fordern, daß das Stalin-Denkmal, Symbol der stalinistischen Tyrannei (…), so schnell wie möglich entfernt und durch ein Denkmal zur Erinnerung an die gemarterten Freiheitskämpfer von 1848/49 ersetzt wird.*
14. *Wir fordern die Ersetzung der dem ungarischen Volk fremden Embleme durch das alte Kossuth-Wappen* [Staatswappen der Revolution von 1848 ohne Stephanskrone, G.D.]. *Wir fordern für die ungarische Armee neue, unseren Traditionen entsprechende Uniformen. Wir fordern, daß der 15. März* [Jahrestag der Revolution von 1848, G.D.] *zum nationalen Feiertag erklärt wird, an dem die Schulen geschlossen bleiben.*

Laut dem gültigen Strafgesetzbuch des Staates waren für die Veröffentlichung solcher Sätze lange Gefängnisstrafen vorgesehen, und für den Versuch, einige dieser Anliegen zu verwirklichen, konnte man sogar an den Galgen kommen.

Diese vierzehn Punkte sah ich am Spätnachmittag des 23. Oktober, als ich mich auf dem Rückweg von der Schule befand, und zwar auf dem Platz des 7. November, wo sich die Stalinstraße und der Leninring kreuzten. Um das hektographierte Blatt Papier im Schaufenster der Philatelie drängten sich an die hundert Leute. Nur wenige konnten direkt an das Fensterglas gelangen, und deshalb baten sie jemanden, der das Blatt gut sehen konnte, den Text laut vorzulesen. Einer der Passanten zeigte sich dazu bereit. Der Mann mittleren Alters warf zunächst einen vorsichtigen Blick auf die andere Straßenseite –

schließlich befand sich dreihundert Meter entfernt das Gebäude der Geheimpolizei ÁVH – und begann dann mit dem Verlesen des Aufrufs.

Ich war dreizehn Jahre alt, ein magerer, auf gutes Essen und französische Romane gleichsam hungriger Junge von mäßigem Lernfleiß. Meine Sorge galt dem morgigen Tag, genauer der Stunde im Fach Erdkunde, wo mich sehr wahrscheinlich eine längere Befragung erwartete. Ich hatte Angst vor einer schlechten Note, aber noch mehr vor dem strengen Blick des Geographen, des Herrn Lehrers Pirovszky, eines Pädagogen alten Schlages. Auf eine Erkältung konnte ich wenig hoffen, das Wetter war sommerlich schön, man konnte hemdsärmelig herumlaufen, und der Gedanke, die Schule zu schwänzen, kam mir gar nicht.

Von den vierzehn Forderungen fand ich wahrscheinlich all das einleuchtend, was mit den nationalen Symbolen zusammenhing – ich war, wie alle Kinder damals, ein begeisterter Anhänger von Kossuth und Petöfi. Punkt 9, der eine Anpassung der Löhne an die täglichen Bedürfnisse verlangte, war für unsere Familie überaus bedeutsam. Meine Mutter arbeitete als Pförtnerin bei einer Baufirma und verdiente in ihrem Halbtagsjob monatlich 410 Forint, meine Großmutter als Hilfskraft in einer Handwerkergenossenschaft 820 Forint. Die Miete für unsere Zweizimmerwohnung ohne Bad kostete 220 Forint. Das Einkommen der beiden alleinstehenden Frauen reichte knapp aus, um uns vor dem zu bewahren, was nach Auffassung meiner Angehörigen eine große Schande für einen anständigen Menschen war: Schulden zu machen oder, noch schlimmer, seine Sachen ins Pfandhaus zu bringen. Viele unserer Bekannten standen regelmäßig Schlange vor dem Kommissionsgeschäft in der benachbarten Jókaistraße. Wir lebten in beständiger Nachkriegsarmut und fanden dies nicht einmal ungerecht, aber die Vorstellung, daß es uns auch bessergehen könnte, gefiel uns gewiß.

Ich saß am späten Nachmittag zu Hause und büffelte Geographie mit Hilfe des Lehrbuchs für die siebte Klasse – es ging um die skandinavische Wasserwirtschaft –, und diese Tätigkeit fand ich selbst dann noch sinnvoll, als meine Familienangehörigen von der Arbeit kamen und über die Unruhen in der Stadt berichteten. Draußen schwoll allmählich ein dumpfes Geräusch immer mehr an, und gegen acht Uhr abends war der Leninring voller Demonstranten. Selbst angesichts des unübersehbaren Menschenstromes hegte ich keinen Zweifel daran, daß Mittwoch, der 24. Oktober, ein ganz normaler Schultag sein würde. Erst als mich am frühen Morgen das Dröhnen von Panzern weckte und ich die Schüsse hörte, war mir klar, daß zumindest heute keine Befragung an der Tafel stattfinden würde.

Einiges konnte ich jedoch zu diesem Zeitpunkt noch nicht vorausahnen, zum Beispiel, daß ich das Schultor bis Anfang Dezember kaum sehen würde und daß ein normaler Lehrbetrieb erst Anfang Januar wieder stattfinden sollte. Auch die martialische Kriegstechnik, die wie durch eine surreale Idee des Regisseurs von den Leinwänden sowjetischer Filme auf die Straßen meiner Geburtsstadt herabgestiegen war, brachte mich nicht auf den Gedanken, daß ich Zeuge eines Ereignisses war, das mich, ob ich wollte oder nicht, ein Leben lang begleiten würde. So ging es allen Menschen, die den Volksaufstand mehr oder weniger erwachsen und bewußt miterlebten. Das Ereignis blieb für Generationen von Zeitzeugen wie ein Gruppenbild mit Millionen Figuren erhalten, unter denen sie sich bis heute suchen und finden können.

Während meiner Laufbahn als Schriftsteller und Historiker hegte ich über den Volksaufstand die unterschiedlichsten, ja einander kraß widersprechenden Ansichten. In den späten fünfziger Jahren, noch ein halbes Kind, verspürte ich Trauer über die Niederlage, als Jungkommunist in den sechziger Jahren verdammte ich den Volksaufstand als Konterrevolution, und in den siebziger Jahren entwickelte ich für die Ereignisse aufgrund meiner Lektüre und meiner eigenen Erfahrungen mit dem System zunehmend mehr Verständnis, ohne allerdings eine Wiederholung des blutigen Aufstands für wünschenswert zu halten. Einen kühleren Blick auf die Historie gewann ich erst in den frühen achtziger Jahren. Eines wäre im Verlauf der Jahrzehnte schier unmöglich gewesen: den Volksaufstand aus meinem Denkprozeß zu verdrängen, selbst wenn ich dies gewollt hätte. Zu sehr wurde ich durch äußere Ereignisse immer wieder an die Oktobertage 1956 erinnert.

So wurde ich im März 1968 von einem Offizier der Staatssicherheit verhört, der zehn Jahre zuvor in demselben Gebäude vor Imre Nagys Todeszelle Wache gestanden und dem auf seine Hinrichtung wartenden Ministerpräsidenten seine Diätkost aus einem nahe gelegenen Restaurant geholt hatte. Einige Monate später saß mir, dem Angeklagten, im Verhandlungssaal des Budapester Landgerichts ein Volksgeschworener gegenüber, der am Todesurteil 1958 beteiligt gewesen war. Zum Glück waren die Zeiten, um dies mit einem russischen Ausdruck zu charakterisieren, mittlerweile «vegetarisch» geworden. Strafmaß und Vollzug waren unvergleichlich milder als in den Jahren nach dem Volksaufstand, aus der personellen Kontinuität blies mir jedoch ein eisiger Wind entgegen.

Vor der Wende im Jahr 1989 war der Herbst 1956 für fast alle erwachsenen Ungarn wie ein Naturereignis, das die Zeit automatisch in «davor» und «danach» aufteilte. Ein öffentlicher Diskurs darüber war nicht zugelassen. So verwandelte sich der Aufstand in eine Privatangelegenheit der Nation. Nach 1989 kam es zu einer Flut von neuen Publikationen, Tabus wurden hinweggeschwemmt und gut gehütete Geheimnisse offenbart. Einen historischen Augenblick lang, als Imre Nagy und seine Mitstreiter aus ihrem anonymen Massengrab exhumiert und mit großen Ehren neu bestattet wurden, schien es so, als wäre die Revolution der Ausgangspunkt, die legitimierende Tradition des neuen, demokratischen Gemeinwesens. Heute sind die dreizehn Tage des Aufstands bestenfalls in der Debatte von Historikern oder in der alljährlichen protokollarischen Erinnerung präsent.

Ein Grund mehr also – der fünfzigste Jahrestag bietet dazu den Anlaß –, die Schwarzweißbilder Ungarns und meiner Kindheit mit den dazugehörigen blassen, eingefallenen Gesichtern, den zerstörten Häusern und herausgerissenen Pflastersteinen der Budapester Straßen in die Gegenwart einzublenden.

Versuch einer Rückblende

Das Jahr 1953 begann in Ungarn mit einer Verhaftung: Der gefürchtete Leiter des Staatssicherheitsdienstes, Gábor Péter, wurde in der Villa des nicht weniger gefürchteten Diktators Mátyás Rákosi auf dessen Befehl hin festgenommen. Péters Ehefrau, ihres Zeichens Sekretärin von Rákosi, wurden ebenfalls Handschellen angelegt. Die Regie war die übliche: Einladung zum vertrauten Gespräch am Samstagabend. Péter kam aus seinem Amt, der ÁVH-Zentrale an der Stalinstraße 60, Gattin Jolán war bereits zu Hause, als der Chef ein Dienstauto für sie schickte. Beide – erprobte Vorkriegskommunisten und sicher keine naiven Menschen – gingen völlig ahnungslos in die Falle.

Diese Szene wie aus einem schlechten Krimi war durch Jossif Stalin höchstpersönlich inspiriert. Der greise Despot hatte in der Paranoia seines Lebensabends einen neuen Feind entdeckt: den Zionismus. Dieser Verschwörungstheorie fielen zuerst sowjetische Intellektuelle jüdischer Herkunft zum Opfer, später der zweite Mann der tschechoslowakischen KP, Rudolf Slánský, und schließlich im Januar 1953 eine Gruppe von Kremlärzten, die beschuldigt wurden, durch Fehlbehandlung zum Tod hoher Funktionäre beigetragen zu haben. Die Kampagne gegen die «Verbrecher im weißen Kittel» sollte einen neuen Schauprozeß vorbereiten.

Obwohl der Moskauer «Antizionismus» sich durchaus auf judenfeindliche Reflexe der sowjetischen Gesellschaft beziehen konnte, ließ er sich kaum mit dem Rassenwahn des deutschen Nationalsozialismus vergleichen. Vielmehr war er eines der Instrumente zur Ausschaltung unbequem oder verdächtig gewordener Kader. Die Abstammung allein war allerdings nie Gegenstand der Beschuldigungen. So warf man Gábor Péter folgende Todsünden vor: Spitzeldienste für Horthys Polizei, Agententätigkeit für verschiedene imperialistische Staaten, Korruption, Machtmißbrauch. Außer ihm verhaftete die ÁVH jüdische Ärzte, die neben der Herkunft nicht das geringste mit Péter gemeinsam hatten – das Rezept ähnelte der in Moskau üblich gewordenen Vorgehensweise. Die Brisanz eines eventuellen Schauprozesses in Budapest hätte darin bestanden, daß die wichtigsten Mitglieder der ungarischen Parteiführung jüdischer Herkunft waren – eine Tatsache, von der öffentlich niemand sprechen durfte, die aber allgemein bekannt war.

Am 5. März starb Stalin. Die Kremlärzte verfügten zu diesem Zeitpunkt über ein perfektes Alibi: Sie saßen in ihren Gefängniszellen. Einen Monat später wurden sie freigelassen, die Zeitung *Prawda* verurteilte die Foltermethoden bei der Ermittlung. Sehr bald kamen auch die Budapester Ärzte frei. Péter jedoch blieb in Handschellen und galt nach wie vor als Staatsfeind Nummer eins. Immerhin ließ man den Anklagepunkt Zionismus diskret fallen, das Verhör ging jedoch nur im Schneckentempo voran. In Moskau begann der zunächst stille Kampf um Stalins Erbe. Zwischen Ursachen und Folgen verschwand am Donauufer der ursprüngliche kausale Zusammenhang.

Allerdings gab es einige Konstanten. Die gnadenlose Dürre des Sommers 1952 offenbarte sämtliche Schwächen der ungarischen Landwirtschaft. Die immer noch mehr als die Hälfte der Dorfbevölkerung ausmachenden «individuellen Landwirte» wurden durch ein Ablieferungssystem ausgebeutet, das jedem mittelalterlichen Feudalherrn zur Ehre gereicht hätte. Auf der Suche nach verstecktem Getreide, Vieh oder gar Eiern fegten die Kommandos der ÁVH die Dachböden der Bauern leer und nahmen zusammen mit den Produkten das Familienoberhaupt mit, das von nun an als «Kulak» (Großbauer) galt. Gleichzeitig verdienten die durch Armut oder direkten Terror zum Eintritt in die LPG gezwungenen Bauern immer noch weniger als die «individuellen». Das Ergebnis war die Auflösung vieler Genossenschaften und die Abwanderung junger Bauern in die Großstädte.

Die Arbeiterklasse, in deren Namen die oben geschilderte Agrarpolitik durchgeführt wurde, litt unter einem auslaugenden Normensystem, «freiwilligen» Überstunden und einem Verbot, den Betrieb zu verlassen. Das enorme ökonomische Wachstum ging voll auf ihre Kosten. Während das Wachstum im Laufe des ersten Fünfjahrplans in der Industrie das Dreifache des Jahres 1938 erreichte, sank der Lebensstandard unter das Niveau von 1939. Besonders kostspielig war die Sparte Landesverteidigung, deren ideologische Begründung die allgemeine Kriegshysterie und speziell das spannungsgeladene Verhältnis zu Titos Jugoslawien bildeten. Rieseninvestitionen wie das Stahlwerk in Sztálinváros an der Donau oder der in Budapest begonnene und 1953 eingestellte Metrobau nach Moskauer Modell führten zu einem ständigen Minus im Staatshaushalt.

Besonders unpopulär waren die zum Stopfen der Lücke im Budget dienenden «Friedensanleihen». Bei öffentlichen Versammlungen rief man die Werktätigen dazu auf, einen bestimmten Prozentsatz ihres Lohnes in diese Aktien zu investieren. Die Kampagne hatte etwas von einer Auktion – die Genossen überboten einander in der Notierung von Beträgen, so daß die jeweils Übereifrigen seitdem als «Lizitanten» verspottet wurden. Die Aktiengewinne wurden einmal jährlich ausgeworfen, und man konnte im Prinzip den magischen Hauptgewinn von hunderttausend Forint bekommen, aber die meisten mußten sich mit dem Nennwert ihrer Anleihe zufriedengeben. Jedenfalls atmeten die Leute bei der Aufhebung dieser zusätzlichen Steuer auf, und die nach 1956 wieder eingeführte Klassenlotterie brachte dem Staat ein Vielfaches an Profit.

Selbst die zweifellos vorhandenen sozialen Neuerungen wie etwa der Aufbau eines zeitgemäßen und kostenlosen Gesundheitswesens, der beispielsweise die «morbus hungaricus» genannte Tuberkulose beseitigte, oder das System der billigen Urlaubsheime waren für den Normalbürger kaum spürbar.

Ähnlich verhielt es sich mit der sogenannten Kulturrevolution. Einerseits ermöglichte sie Jugendlichen aus Arbeiter- und Bauernfamilien durch die staatliche Förderung des Schulwesens den kostenlosen Zugang zum Studium. Andererseits wurde diese Wohltat mit einem ausgeklügelten Diskriminierungssystem verbunden. Für Kinder aus bürgerlichen bis kleinbürgerlichen Familien oder «klassenfremden Elementen» war höhere Bildung erschwert, wenn nicht direkt untersagt. Die Kunstpropaganda verbreitete zwar einerseits wertvolle Klassik, litt gleichzeitig aber am meisten unter dem sowjetischen Vorbild. Die Fremdsprache Russisch als Pflichtfach – von der fünften Klasse der Hauptschule bis zum Abitur, also acht Jahre lang – erwies sich, vorsichtig ausgedrückt, als unproduktiv.

Die besonders populäre Leinwandkunst bot ein recht armseliges Sortiment. Ein durchschnittliches Wochenprogramm sah ungefähr folgendermaßen aus:

Kino Erster Mai: Mit vollem Schwung (ungarischer Film)
Kino Roter Stern: Aschenputtel (sowjetischer Film)
Kino Balaton: Das Gavrilow-Tanzensemble (sowjetischer Film)
Kino Marx: Rumänischer Friedenskongreß (rumänischer Film)
Kino Partisan: Das Strandgut rächt sich (ungarischer Film)
Kino Fackel: Die kleinen Partisanen (tschechoslowakischer Film)
Kino Puschkin: Chinesischer Zirkus (sowjetischer Film)
Kino Sowjet: Das Leben siegt (rumänischer Film)

Kein Wunder, daß sich überlange Schlangen bildeten, wenn ein paar Streifen des italienischen Neorealismo oder fortschrittliche französische Filme mit Gérard Philippe oder Gina Lollobrigida gezeigt wurden.

Anfang 1949 begann eine Welle von Schauprozessen. Zuerst wurde der Primas der katholischen Kirche, József Mindszenty (1892–1975), zu lebenslanger Haft verurteilt. Noch in demselben Jahr fand der berüchtigte Prozeß gegen László Rajk (1909–1949) und andere statt, der mit vielen Todesurteilen endete. Ebenso blutig ging das Gerichtsverfahren gegen die Generäle aus, die zwar zur Zeit von Horthy die Militärakademie Ludovika absolviert hatten, aber dennoch am antifaschistischen Widerstand beteiligt gewesen waren. 1950 begannen Geheimprozesse gegen Sozialdemokraten wie Anna Kéthly (1889–1976), und 1951 verschluckte die Terrormaschine führende kommunistische Funktionäre wie János Kádár. Die Säuberungen sowjetischer Gangart erreichten bald auch die ÁVH. In diesen Jahren (1950–1952) liefen Strafverfahren gegen insgesamt 650 000 Staatsbürger. War bei der Industrialisierung nach Rákosis geflügeltem Wort «der Sternenhimmel die Grenze», so wurde die Strafpolitik allein dadurch beschränkt, daß die Gefängniszellen bis zum Bersten überfüllt waren. Demgemäß internierte man sechzigtausend Personen in Lagern. Mehr als zehntausend Familien von ehemaligen Aristokraten, Großbürgern, höheren Beamten oder Offizieren der Vorkriegszeit wurden ohne Polizei- oder Gerichtsverfahren aus der Hauptstadt ausgewiesen und in die entferntesten Ecken des Landes verbannt (wer ihre Schicksale näher kennenlernen will, kann sie in den Werken von Péter Esterházy nachlesen, vor allem im Roman *Harmonia caelestis*).

Der politische Terror im Alltag löste allgemeines Mißtrauen und Unsicherheit aus. Man hatte Angst vor allem: vor unerwarteten Gästen zu später oder früher Stunde («Klingelpest» oder «Klingelschüttelfrost»), vor jedem schwarzen Auto, vor jeder Vorladung zu einer Behörde. Tatsächlich konnte alles mögliche bestraft werden: ein erzählter Witz (allein wegen spöttischer Bemerkungen zu Stalins Tod wurden mehr als 200 Verfahren eingeleitet), das Hören von Auslandssendern, der Religionsunterricht für Kinder. Selbst die Partei, Stoßtrupp der Arbeiterklasse mit fast neunhunderttausend Mitgliedern, kannte keine Ruhe. Zu den besonders aufdringlichen Formen der Propaganda zählten die sogenannten täglichen «Lesestunden Szabad Nép», wo die Leitartikel des Parteiorgans im Betrieb, im wissenschaftlichen Institut oder in der LPG öffentlich verlesen wurden. Die Parteibasis beteiligte sich an obligatorischen Schnellkursen im Fach Geschichte der KPdSU. Hausagitatoren besuchten die Bürger außerhalb der Arbeitszeit, um sie über den Krieg in Korea, die Machenschaften der Reaktion oder über die Erfolge des sozialistischen Aufbaus und den damit verbundenen wachsenden Wohlstand zu unterrichten. Dann gab es noch die dichte Atmosphäre der Parteiversammlungen mit Ritualen von Kritik und Selbstkritik sowie Massenkundgebungen mit ihrer sogenannten gelenkten Spontaneität und hierarchischem Beifall: Applaus; stürmischer Applaus; lang anhaltender stürmischer Applaus; stürmischer Applaus, bei dem sich alle Anwesenden von den Plätzen erheben; begeisterter, nicht enden wollender stürmischer Applaus, der schließlich in stehende Ovationen einmündete (dabei wurden diejenigen, die als erste mit dem Applaus aufhörten, argwöhnisch von ihren Genossen beäugt). Und die obligatorischen Sprechchöre: «Hoch, hoch, Rákosi! Hoch die Partei!»

Die insgesamt privilegierte humanistische Elite – Künstler und Wissenschaftler – fühlte sich im ideologischen Korsett eingeengt. Funktionäre von mäßiger Bildung und Intelligenz konnten auf Massenversammlungen anerkannte Schriftsteller, Musiker oder Maler wegen ihrer mangelnden «Parteilichkeit» rügen und sie im Schreiben, Komponieren oder Malen belehren. Exemplarisch war und blieb die sogenannte Diskussion über den Roman *Die Antwort* von Tibor Déry (1894–1977). Dieser, ein überzeugter Sozialist, der in der Vorkriegszeit der illegalen KP angehört hatte, wurde nun öffentlich bloßgestellt, weil er in seinem Roman über die Ära Horthy «die führende Rolle der Kommunisten» nicht oder nur mangelhaft geschildert hatte. Nur ganz wenige Kollegen, unter ihnen der damals zwanzigjährige István Eörsi (1931–2005), waren bereit, den früher preisgekrönten Autor vor dem Angriff des Kulturpapstes József Révai in Schutz zu nehmen.

Die kollektive Neurose verewigte der Dichter Gyula Illyés (1902–1983) in seinem 1950 sicherlich für die Schublade geschriebenen Gedicht «Ein Satz über die Tyrannei», das allerdings in den Oktobertagen 1956 – und danach erst wieder 1986 nach dem Tod des Dichters – veröffentlicht werden konnte.

Dort wo die Tyrannei ist,
ist die Tyrannei
in den Gewehrläufen,
in den Gefängnissen ist sie,

aber nicht nur, im Gebrüll
der Wärter ist sie, nachts,
in den Verhörzellen,
aber nicht nur, sie ist

(…) nicht nur in den Händen
an der Hosennaht,
in den Hochrufen
in den Liedern, im Jubel,

(…) überall ist sie, auch
in den Kindergärten,
im Rat des Vaters,
im Lächeln der Mutter (…)

aber nicht nur da,
sie ist in den Küssen
zum Abschied, wenn die Frau
fragt: Wann kommst du wieder,

sie ist auf der Straße
in deinem Wie geht's, wie steht's,
im Druck einer Hand,
der plötzlich erschlafft …

im Gesicht deiner Liebe,
das einmal erstarrt,
denn da ist sie auch,
im flüchtigsten Rendezvous,

in den Vernehmungen ist sie,
aber nicht nur dort, sie ist
in den Worten der Liebe,
im Rausch, wie die Mücke im Wein,

denn allein bist du nie,
auch in den Träumen nicht,
auch im Hochzeitsbett ist sie
vor dir da, im Verlangen (...)

denn wo die Tyrannei ist,
dort ist alles vergeblich,
auch das getreueste Wort,
auch der Satz, den ich schreibe,

denn von Anfang an wacht sie
an deinem Grab, die Tyrannei,
sie bestimmt, wer du warst,
noch dein Staub wird ihr dienen. *

Mit diesem schweren seelischen Gepäck erlebte die ungarische Gesellschaft den kalten Frühling des Jahres 1953. An diesem Tag, dem 5. März, verkündeten die Sirenen der Fabriken die Staatstrauer in Budapest. Für ein paar Minuten stand das ganze öffentliche Leben im Lande still, die Leute blieben stehen, wo sie waren, es entstand die größte Stille des Jahrhunderts. Dann bewegte sich alles weiter, aber nie mehr ganz so wie vorher.

Am 13. Juni 1953 reiste eine Delegation der ungarischen Führung mit Mátyás Rákosi an der Spitze nach Moskau. Auffällig war die Tatsache, daß ihre Zusammensetzung vom Kreml selbst bestimmt worden war. András Hegedüs, selbst Mitglied der kleinen Abordnung, erzählte später dem Autor dieser Zeilen, daß alle, die vom Politbüro nicht eingeladen worden waren, so der Verteidigungsminister Mihály Farkas und der Ideologiechef József Révai, dies als sicheres Zeichen dafür begriffen, dass sie in Ungnade gefallen waren.

Die Sowjets – unter ihnen Chruschtschow, Molotow, Malenkow

* Aus dem Ungarischen von Hans Magnus Enzensberger und György Dalos (1985)

und Berija, die damals noch die heilige Einheit der Partei gemeinsam hüteten – lieferten ihren Genossen eine vernichtend präzise Schilderung der katastrophalen Lage Ungarns und verlangten möglichst rasche Änderungen mit personellen Konsequenzen. Ohne an Rákosis Position als Parteichef rütteln zu wollen, lösten sie ihn als Premier ab und ernannten an seiner Stelle den ebenfalls aus dem Moskauer Exil zurückgekehrten Kommunisten Imre Nagy. Sie betonten die Notwendigkeit der öffentlichen Selbstkritik sowohl für die politischen als auch für die ökonomischen Verfehlungen – eine Praxis, die bis dahin im kommunistisch regierten Osteuropa beispiellos war. Verblüffend war außerdem die Begründung ihrer Entscheidung für Imre Nagy: Anders als die bisherigen Spitzenfunktionäre des Systems entstamme dieser keiner jüdischen Familie. Die Sowjets sprachen von einer «Förderung nationaler Kader».

Man kann sich kaum des Verdachts erwehren, daß dem Wunsch nach nationalen Kadern, der drei Jahre lang in den Geheimberichten immer wiederkehrte, neben den kaum reflektierten antisemitischen Vorurteilen der Apparatschiks ein Irrtum zugrunde lag. Die Codierung der jüdischen Kader als nicht oder nicht wirklich ungarisch ging auf die Moskauer Praxis zurück. Im Ausweis eines jeden Sowjetbürgers stand unter den Angaben zur Person als Punkt 5 die Frage nach der Nationalität. Neben den damals sechzehn Nationen des Bundesstaates konnte sich jeder für eine der Hunderte von Volksgruppen entscheiden – sich als Koreaner, Tatar, Baschkire, Kalmücke oder eben als Jude (Jewrej) ausweisen. Schließlich existierte sogar ein Jüdisches Autonomes Gebiet in Sibirien.

Die sowjetischen Juden galten als Staatsbürger jüdischer *Nationalität*, während die ungarischen Staatsbürger als solche von israelitischer *Konfession* in den Personalausweis der Ära Horthy eingetragen werden mußten. Allerdings erklärte die Demokratie 1945 die Religion zur Privatsache, und so war niemand gezwungen, diese Zugehörigkeit öffentlich zuzugeben. Die Volksdemokratie ging noch weiter – es war sogar ratsam, über Glaubensfragen zu schweigen. Die atheistischen Juden des Zentralkomitees hatten also wenig Veranlassung, über ihre Herkunft zu reden. Aber Herkunft galt bei ihnen im sozialen Sinne als Schlüsselfrage bei der Beurteilung eines Menschen – Herkunft gehörte in die Kaderakten.

Jedenfalls hatten Rákosi und die anderen ungarischen Funktionäre nicht den Mut, die Sowjets über diesen Sachverhalt aufzuklären. Sie waren mehr als andere Ostblockführer auf die Hilfe des Großen Bruders angewiesen. Egal ob sie jüdische oder christliche Ahnen hatten – sie fühlten sich weder als Kommunisten noch als Ungarn ganz sicher. Sie waren Vertreter eines Verliererlandes. Ihre einzige große sozialistische Tradition war die Räterepublik 1919, deren Führer Béla Kun in der Sowjetunion als Volksfeind galt, während die «Kommune» im Lande selbst unpopulär blieb. Die illegale KP Ungarns war keine politische Größe wie etwa die tschechoslowakische Partei, sondern eine von Fraktionskämpfen heimgesuchte winzige Sekte. Weder mit antifaschistischem Widerstand – wie die Polen – noch mit diplomatischem Spürsinn für den rechtzeitigen Ausstieg aus dem Krieg – wie die Rumänen – konnten Ungarns Kommunisten aufwarten. Deshalb waren sie die Verkörperung des vorauseilenden Gehorsams.

Nun saß die Delegation am Dienstag, dem 17. Juni 1953, in der Sondermaschine IL-18, während im exklusiven Regierungsraum des Militärflughafens Budaörs die zu Hause gebliebenen Mitglieder des Politbüros auf sie warteten. Sie waren nicht nur wegen der zu erwartenden Neuverteilung der Karten voller Sorge, sondern hatten schlechte Nachrichten für ihre Genossen: An diesem Dienstag war in Ostberlin und anderen Städten der DDR ein Arbeiteraufstand ausgebrochen.

Imre Nagy war kein Gorbatschow mit großartigen Plänen, sondern ein nüchtern denkender Agrarfachmann, sobald diese Qualität gefragt war. Nun spürte er den Moskauer Rückenwind und wollte eigentlich den sowjetischen Genossen helfen. Auf dem schnell zusammengerufenen Plenum des ungarischen Zentralkomitees Ende Juni verhielt er sich passiv und hörte Rákosi zu. Der Diktator verurteilte im Sinne des sowjetischen Ukas den Kult um seine eigene

Person sowie die noch nicht näher beschriebenen «Gesetzesverletzungen», d. h. die Schauprozesse zumindest gegen die Kommunisten. Man einigte sich auf eine Auflösung der durch Zwang geschaffenen LPGs und auf eine Überprüfung des Tempos der Industrialisierung.

Das Reformpaket hatte die knappe Bezeichnung «Neuer Abschnitt» und löste in dem erlauchten Kreis eine wahre Schockwirkung aus. Also einigten sich die Genossen, das Projekt zwar zu verwirklichen, aber den Beschluß geheimzuhalten. Letzteres gelang ihnen hervorragend: Das schicksalhafte Dokument wurde erst dreißig Jahre später in der für einen engen Kreis bestimmten Zeitschrift *Propagandist* veröffentlicht. Die uneingeweihten Leser konnten nicht fassen, was an dieser im waschechten sowjetischen Jargon formulierten Phrasensammlung zu verheimlichen war.

So kam es, daß alle streng vertraulichen Segnungen des «Neuen Abschnitts» – ganz konkret die Schließung der Internierungslager, die Amnestie für politische Gefangene, die Aufhebung der Zwangsaussiedlung der ehemaligen Elite und die Auflösung der funktionsunfähigen LGs – am 4. Juli 1953 von dem neuen Ministerpräsidenten als Regierungsprogramm verkündet wurden. Bei den Uneingeweihten entstand dadurch der Eindruck, daß die sensationellen Veränderungen auf eine Eigeninitiative von Imre Nagy zurückzuführen seien. So wurde der vorher kaum bekannte graue Funktionär zum Hoffnungsträger der Nation.

Die ungarische Zeitgeschichte wurde teilweise in Witzen mit schwarzem, obszönem oder philosophischem Humor festgehalten. Mitte der fünfziger Jahre ging in verrauchten Budapester Kaffeehäusern und Redaktionszimmern ein Rätsel um: Zwei mit dem Lineal gezogene parallele Geraden mit einer Zickzacklinie in der Mitte. «Was ist das?» hieß die Frage. Die Antwort: «Links steht die Linksabweichung, rechts die Rechtsabweichung, und in der Mitte verläuft die absolut richtige Generallinie unserer Partei.»

Das politische Wetter an der Donau wurde vor allem vom Moskauer Barometer bestimmt. Die Ablösung, Verhaftung und Hinrichtung des Sicherheitschefs Berija schien die Position des ihm verhaßten Rákosi zu stärken und die seines Kontrahenten Nagy zu schwächen. Allerdings war der Kampf zwischen Stalins Erben zu dieser Zeit noch rein persönlich und nicht inhaltlich. Den toten Zaren haßten alle und trachteten gleichzeitig nach dessen Thron. Nach Jahrzehnten des Stillstands hätten sie sich alle durch eine Abkehr von der Vergangenheit profilieren müssen – fraglich war nur, wem die Rolle des Vatermörders und reformverkündenden Herrschers zufallen sollte. Die Verurteilung Stalins war eine Frage der Zeit: Das Wort «Personenkult» gab es bereits in einem Brief von Karl Marx an den SPD-Politiker Wilhelm Blos aus den siebziger Jahren des 19. Jahrhunderts, und Lenins Einverständnis schien im nachhinein ebenfalls so gut wie gesichert.

Zum ersten Opfer der Diadochenkämpfe wurde der Sicherheitschef Lawrenti Berija. Als er auf der Sitzung des Politbüros mit Hilfe des Marschalls Schukow festgenommen wurde, schien er der ideale Sündenbock zu sein. Man konnte ihm nicht nur den absurden, aber altbewährten Vorwurf machen, Landesverräter zu sein und mit den unterschiedlichsten Agenturen – von der Geheimpolizei der kurzlebigen Republik Aserbaidschan bis zur Gestapo – in Verbindung gestanden zu haben, sondern man machte ihn für alle Fragen namentlich verantwortlich, die nun neu gestellt werden konnten: für die Verschlechterung der Beziehungen zu Jugoslawien, für die Ursachen des Aufstands in der DDR, für sämtliche Schauprozesse der letzten fünfzehn Jahre oder für den Rückstand bei der Produktion von Konsumgütern. Der Angeklagte konnte sich ebensowenig verteidigen wie Hunderttausende seiner Opfer. Ein Stalinist wurde hier mit rein stalinistischen Mitteln liquidiert. Ohne Sekretär und Schreibkraft war er nicht einmal imstande, den Brief, in dem er die Genossen um sein Leben bat, ohne elementare orthographische und grammatikalische Fehler zu formulieren.

Gleichzeitig fing man bereits noch zu Berijas Zeit mit der Rehabilitierung der Opfer, der Auflösung der größten Lager, einer behutsamen Öffnung in der Kultur und einer Verbesserung der Versorgungslage an. Der durch die Fabriken und LPGs auf die Arbeiter und Bauern ausgeübte Zwang lockerte sich ein wenig. Dieser Prozeß, den man nach dem Titel einer Erzählung von Ilja Ehrenburg mit dem meteorologischen Begriff «Tauwetter» umschrieb, gewann sehr bald eigene Konturen und konnte laut der Logik einmal erworbener Rechte nie mehr ganz rückgängig gemacht werden.

Im kleinen und leicht überschaubaren Ungarn zogen die Veränderungen viel schnellere und weit größere Kreise. Zunächst war in Literatur und Journalistik eine Eigendynamik spürbar: Man diskutierte darüber, ob traurige Gedichte, Satiren, Dreiecksgeschichten mit dem «sozialistischen Realismus» vereinbar seien. Später schrieb man – noch im Rahmen der «offiziellen Sprachregelung» – über Machtmißbrauch in der Provinz, Angst und Armut der kleinen Leute, Privilegien der Funktionäre. Jede Ausweitung dieser sogenannten «Fehlerdiskussion» bedeutete das Überschreiten eines Tabus und damit die automatische Erweiterung der Pressefreiheit. Für das Wochenblatt des Schriftstellerverbands *Literarische Zeitung* stand man ebenso Schlange wie für jede andere Mangelware (limitierte Auflage von 1953: 24000, 1956: 50000 Exemplare).

Währenddessen lösten sich Hunderte von landwirtschaftlichen Produktionsgenossenschaften auf, und es begannen die ersten Prozesse gegen Rákosis Helfershelfer. Die politischen Gefangenen, unter ihnen János Kádár, wurden entlassen und erlangten teilweise gesellschaftliche Funktionen. Tausende, die aus Gefängnissen und Internierungslagern zurückkehrten, erzählten von ihrem Leidensweg und lösten, besonders im intellektuellen Milieu, eine Welle von Schuldgefühlen aus. Was das Volk dabei dachte, zeigte sich nur gelegentlich in scheinbar irrationalen Ausbrüchen der Enttäuschung – so geschehen zum Beispiel im Juli 1954, als Ungarn die Fußballweltmeisterschaft verlor und die Polizisten des Polizeistaates vor den wütenden Fans in die Toreinfahrten flüchteten. Politisch an diesem Protest war allein die Tatsache, daß die Partei den beispiellosen Triumphzug des ungarischen Sports als eigenen Erfolg hatte feiern wollen und in der Propaganda als Beweis der Überlegenheit des Systems gegenüber dem Kapitalismus verklären ließ.

Imre Nagy genoß die Unterstützung der kritischen Intellektuellen des Landes und versuchte, die Phantomorganisation der Patriotischen Volksfront zu einem einflußreichen Faktor auszubauen. Er sprach vom «gemeinsamen Herzschlag von neun Millionen Ungarn» und erntete damit einen großen rhetorischen Erfolg. Eine Zeitlang sah es so aus, als herrsche ein Gleichgewicht zwischen ihm und dem unbeliebten Parteiführer. Rákosis Stärke lag in der Intrige, in der Beherrschung des Apparats, und vor allem schien er bei allem Prestigeverlust bessere Karten in Moskau zu haben als der immer populärer werdende Nagy. Dieser wurde im April 1955 seines Amtes als Regierungschef enthoben. Seine Ansichten, die eigentlich erst zu dieser Zeit klare Konturen bekamen, wurden als «rechte Abweichung», «Opportunismus» und «Revisionismus» verdammt, während Nagys Anhänger dem Gegner «linkes Sektierertum», «Dogmatismus» und zunehmend «Stalinismus» zum Vorwurf machten. Jenseits der Rabulistik dieses ideologischen «Zweifrontenkampfs» – die Leute sprachen vom Zickzackkurs – ging es um mehr oder weniger Freiheit, um eine radikale Korrektur oder Beibehaltung des Systems und auf moralischer Ebene um die Verantwortung für die unmittelbare Vergangenheit. Die Fehlerdiskussion schwappte allmählich über in die Suche nach den Schuldigen.

Das Merkwürdige an dieser Erosion war, daß sie ausschließlich im Rahmen der alten Strukturen verlief. Die stürmischen Versammlungen, auf denen man die Autorität der Parteiführung in Frage stellte, wurden in der Grundorganisation durchgeführt. Die pathetische oder gallige Publizistik und Lyrik der Reformzeit erschien in Zeitungen und Journalen, die fest im Besitz der herrschenden Gruppe waren. Die einzige Neugründung dieser Jahre, der Diskussionsclub «Petőfi-Kreis», unterstand dem «Verband werktätiger Jugend», einer Untergliederung der KP. Zweifelsohne wurde er genehmigt, um die Debatte organisatorisch im Griff zu haben. Statt dessen wurde der Kreis zum Sammelpunkt für Systemkritiker.

Diskussion des «Petőfi-Kreises» im Zentralen Offiziershaus Ende Juni 1956

Der alte Angstmechanismus schien nicht mehr zu funktionieren. Eine Nummer der Literaturzeitung wurde im August 1954 wegen kritischer Aufsätze eingezogen. Kurz darauf brach der Protest in der Redaktion der Parteizeitung *Szabad Nép* aus – während einer drei Nächte dauernden Versammlung forderte man dort die konsequente Weiterführung der Reformen, die Rehabilitierung der Opfer und strafrechtliche Verfolgung der Täter der Schauprozesse. Auf Imre Nagys Ablösung folgte eine «kleine Eiszeit», vor allem mit Verboten auf kulturellem Gebiet.

Die Gruppe um Nagy – vor allem der Altkommunist Sándor Haraszti und die von der Parteizeitung entlassenen Journalisten Miklós Gimes und Miklós Vásárhelyi – war der Meinung, die Zeit sei gekommen, etwas gegen die Rückkehr zu den Zuständen vor Juli 1953 zu unternehmen. Sie formulierten im Oktober 1955 ein Memorandum an das Zentralkomitee der Partei und protestierten gegen die administrativen Eingriffe in das Kulturleben des Landes. Unter anderem lehnten sie die Beschlagnahmung der *Literarischen Zeitung* ab und plädierten für die Wiederaufführung von Imre Madáchs Klassiker

Zuhörer dieser Diskussion des «Petőfi-Kreises»
im Hof des Offizierhauses Ende Juni 1956

Die Tragödie des Menschen, eines Werks, das in der ungarischen geistigen Tradition einen Stellenwert einnahm, der dem von Goethes *Faust* in Deutschland entsprach, aber als zu pessimistisch von der Bühne verbannt worden war. Ebenso verlangten sie die Zulassung des Balletts *Der wunderbare Mandarin* von Béla Bartók, das damals als dekadent galt. Die Petition wurde von 59 Schriftstellern, Regisseuren, Schauspielern, Künstlern und Wissenschaftlern unterschrieben – ausnahmslos Parteimitglieder und Träger höchster staatlicher Auszeichnungen.

Diese mit Respekt, aber deutlich vorgetragenen Wünsche lösten eine panische Reaktion bei der Parteispitze aus. Ausgerechnet in jenem Kulturhaus, in dem im Herbst 1949 die Hauptverhandlung im Rajk-Prozeß stattgefunden hatte, organisierte sie im Dezember 1955 ganz im Stil ihrer Blütezeit eine Parteiaktivversammlung mit bestelltem Applaus und einer Menge Anwesender, die zu Vertretern der Arbeiterklasse erklärt worden waren. «Niemand hat das Recht, Unterschriften für parteifeindliche Erklärungen zu sammeln», lautete der Beschluß. Als geistigen Urheber des Protestes beschuldigte man den bereits entmachteten Imre Nagy und benutzte dies als Vorwand, um ihn aus der Partei auszuschließen.

Rákosi witterte wahrscheinlich Böses, wie sein Biograph Árpád Pünkösti anmerkt, als er im letzten Augenblick vor dem 20. Parteitag der KPdSU (15.–25. Februar 1956) zwei Erwähnungen Stalins aus seiner Rede strich. Er hörte sich mit ruhigem Gesicht die kargen Phrasen an, die der Parteichef Chruschtschow ganz allgemein dem Personenkult widmete. Am Samstag, dem 25. Februar, beteiligte sich die Abordnung an einem für die ausländischen Delegationen organisierten Betriebsbesuch. Der Sonntag war frei, und die Gäste bereiteten sich auf die Abreise am nächsten Morgen vor. Plötzlich meldeten sich zwei Genossen aus der Internationalen Abteilung des sowjetischen ZK und überreichten Rákosi sechzig Manuskriptseiten auf russisch mit dem Hinweis, die Ungarn dürften den Text nur im Parteihotel lesen und sich einige Notizen machen, ansonsten sei das Material in keinem Fall zur Veröffentlichung bestimmt.

Das Konglomerat enthielt die Rede Chruschtschows auf der Geheimsitzung vom Vortag mit der Enthüllung all der Schreckensgeschichten, die euphemistisch als «Folgen des Personenkults» bezeichnet wurden. Heute wissen wir, daß es sich hierbei nur um einen winzigen Teil des ganzen Sachverhalts handelte, aber damals wirkte der Bericht selbst auf eingeschworene Kommunistenfresser schokkierend. Und da Rákosi ein erfahrener Kommunist war, mußte er, während er las und seinem Stenotypisten einiges diktierte, ohne weiteres auf die Idee kommen, daß diese Rede ihn als «Stalins besten ungarischen Schüler» Kopf und Kragen kosten konnte. Die Wahrheit ist dem Menschen zumutbar, aber nicht jeder ist imstande, sie anderen Menschen zuzumuten – deshalb wollte Rákosi sie so lange wie möglich verschweigen.

Rákosi improvisierte und versuchte Zeit zu gewinnen. Auf einer Parteiaktivversammlung in Eger gab er seine politische Verantwortung für «Personenkult» und «Gesetzesverletzungen» in Ungarn zu, behauptete jedoch, er sei von «Gábor Péters Bande», also der Clique des ehemaligen Geheimdienstchefs, irregeleitet worden – eine absurde Behauptung, die er auch gegenüber den aus dem Gefängnis zurückgekehrten Kommunisten János Kádár und Ferenc Donáth vertrat. In seinen Gesprächen mit dem Botschafter Juri Andropow brüstete er sich damit, daß seine Autorität innerhalb der Partei und gegenüber den Arbeitern ungebrochen sei. Das traf allerdings nicht zu.

Auf einer der zahlreichen Mitgliederversammlungen im «roten Gürtel» von Budapest berichtete der Parteisekretär Béla Biszku über den Inhalt von Chruschtschows Geheimrede in Anwesenheit von Rákosi. In die betretene Stille hinein sagte der Gymnasiallehrer György Litván, nachdem er sich von seinem Platz erhoben hatte: Nach all dem, was man hier höre, habe die überwiegende Mehrheit der Parteimitglieder und des Volkes nicht das winzigste Vertrauen in die Führer der Partei. Rákosi wehrte den Angriff mit der Floskel ab, dies sei die Stimme des Feindes, aber Litván passierte danach trotzdem so gut wie nichts. Der Diktator war sich inzwischen über die Grenzen seiner Macht im klaren.

Bis jetzt funktionierte die Version, daß alle Schuld an den Terrorprozessen dem verhafteten Geheimdienstchef Péter zufalle, einwandfrei. Wie dies im Detail vor sich ging, zeigt ein Beispiel aus der nahen Verwandtschaft des Autors dieser Zeilen. Die Sekretärin Györgyi Vándor wurde im Juni 1949 verhaftet, und nach psychischer und körperlicher Folter vernahm man sie als «Zeugin» im Prozeß gegen Rajk. Bald fand ihr eigener Geheimprozeß statt, in dem sie wegen «Verbrechen gegen das Volk» zu zehn Jahren Haft verurteilt wurde. Ihre Eltern erfuhren erst im November 1953, daß die Tochter noch lebte. Im Frühjahr 1954 begann das Rehabilitierungsverfahren. Györgyi wurde aus ihrer Zelle geholt und wieder verhört. Diesmal mußte sie ihre Unschuld in ähnlicher Form «zugeben», wie sie sich seinerzeit für schuldig bekannt hatte. Sie durfte nur die Verantwortlichen für ihren Prozeß beim Namen nennen, die zu dieser Zeit bereits verhaftet worden waren. Vor ihrer Entlassung im Herbst 1955 mußte sie eine Verpflichtung zur Geheimhaltung unterschreiben.

Bezeichnenderweise hielt sich bis dahin sogar der verhaftete Péter an die Spielregel, weder Rákosi noch andere Politbüromitglieder der Mittäterschaft zu bezichtigen. Im Frühjahr 1956 reichte jedoch sein Schweigen nicht mehr aus, um dem Chef aus dem Schlamassel zu helfen. Man brauchte unbedingt ein Bauernopfer. Der frühere Verteidigungsminister Mihály Farkas, dem bis Juli 1953 auch die ÁVH unterstand, wurde aus Moskau, wo er sich unter dem Vorwand militärischer Weiterbildung aufhielt, nach Budapest abberufen. Allerdings schreckte man noch vor seiner Verhaftung zurück, denn er konnte in einem Prozeß viele hohe Funktionäre kompromittieren, und zwar nicht nur Rákosi: Zwei Jahre bevor János Kádár verhaftet wurde, war er es, der gemeinsam mit Farkas den schwer gefolterten früheren Minister Lászlo Rajk davon «überzeugte», seine Schuld zuzugeben. Die Tonbandprotokolle ihres Gesprächs befanden sich im Besitz von Rákosi. Überhaupt verhielten sich die höchsten Machthaber des Landes

Parteichef Mátyás Rákosi,
«Stalins bester ungarischer Schüler»

in dieser Angelegenheit wie eine Gruppe von Kriminellen, in der einer die Schuld auf den anderen abwälzen wollte. Sie erpreßten andere und waren gleichzeitig erpreßbar. Wenn sie keinen Namen nannten, dann nannten sie statt dessen nur die Abkürzung ÁVH – als würden diese drei Buchstaben alles erklären.

Was Farkas betrifft, so entschieden sich die Mitglieder des Politbüros zunächst, ihn nur aus der Partei zu entfernen. Als er daraufhin drohte, vor dem Zentralkomitee auszupacken, mischte sich in die Angelegenheit kein Geringerer ein als der Emissär der sowjetischen Führung, Anastas Mikojan. In einem Telegramm an den Kreml lesen wir: *«Ich habe ihm gesagt: wenn er überhaupt je in die Partei zurückkommen will, dann muß er sich parteilich verhalten und nicht mit allen Mitgliedern des ZK zerstreiten, denn diese sind in seiner Frage einstimmig. Mehr noch: Wenn er sich auf dem Plenum schlecht benimmt, dann wird die Sache nicht auf den Parteibeschluß beschränkt, sondern er wird vor Gericht gestellt.»* Kein Obermafioso hätte es besser machen können. Farkas schwieg auf dem Plenum, ging nach 35 Jahren Mitgliedschaft ohne Parteibuch in seine Villa zurück, wo er, so erinnern sich die Familienmitglieder, «weinte, nur noch weinte».

Irgendwann riß den braven Sicherheitsleuten der Geduldsfaden, weil sie genug von der Rolle des kollektiven Sündenbocks hatten – oder vielleicht waren sie auch von jemandem dazu ermuntert worden. Plötzlich erlaubten sie der Ehefrau von Gábor Péter, die nicht angeklagt worden war, ihn im Gefängnis aufzusuchen – eine Vergünstigung, von der normalerweise kein Gefangener träumen konnte. Jolán Simon erzählte ihrem Mann einfach, was im Lande und in der Partei so los war, und sie wurde von keinem Gefängniswärter daran gehindert. Daraufhin schrieb der Sündenbock Nummer eins ein an das Politbüro adressiertes «aufrichtiges Geständnis», in dem er den Hauptverantwortlichen für all die Verhaftungen, Folterungen und Hinrichtungen der letzten Jahre nannte: Er hieß Mátyás Rákosi. Dieser Brief wurde an die Genossen weitergeleitet und landete innerhalb von 24 Stunden in der Hand des sowjetischen Botschafters.

Rákosis Lage war somit unhaltbar geworden. Nun erreichte die Intrigenkunst des Parteiführers ihren Höhepunkt. Es gab kein Argument, für das er sich zu schade gewesen wäre: Im März denunzierte er Walter Ulbricht vor Andropow, im April die führenden polnischen Kommunisten, im Mai die Jugoslawen. Ende Juni berief er sich natürlich auf die Unruhen in Posen, wo Sondereinheiten der Polizei das Feuer auf die Menge eröffnet hatten. Diese Unternehmung forderte 28 Todesopfer. Rákosis Fazit hieß: Der Diskussionsklub Petőfi muß aufgelöst werden. Die Ultima ratio aber lag in der Bedrohung, daß ohne den Diktator die Gruppe um Imre Nagy die Kontrolle über die Volksrepublik übernehmen könnte. Und Rákosi erschien den Sowjets im Vergleich zu Nagy bis zuletzt als das kleinere Übel.

Der Zwangsrentner Nagy belagerte die Partei förmlich mit seinen

Eingaben und kritischen Studien zur Situation. Mit den beschränkten Möglichkeiten der orthodoxen Parteisprache entlarvte er die Willkür der Rákosi-Führung und plädierte für einen selbständigen «ungarischen Weg» des Sozialismus. Obwohl es in keiner Weise die Auflösung des Regimes vorsah, etwa die Einführung eines Mehrparteiensystems, roch sein ganzes Konstrukt nach Titoismus oder, wie man es im Westen nannte, «Nationalkommunismus». Diese Variante scheuten die Sowjets wie der Teufel das Weihwasser.

Deshalb klammerten sie sich an Rákosi, und als sie ihn endlich am 18. Juli 1956 in Windeseile fallenließen, fehlte ihnen der Mut, Ernö Gerő auch sofort abzusetzen und den in Parteikreisen akzeptierten János Kádár zum Ersten Sekretär der Partei zu ernennen. Sie trauten sich nicht einmal, die wahren Ursachen der Wachablösung zu nennen. Die Formulierung überließen sie Rákosi selbst. Dieser bat aus «gesundheitlichen Gründen» um seine Freistellung: «Seit zwei Jahren leide ich an Hypertonie, mein Blutdruck steigt ständig.» Gleichzeitig gab er zu, die Auswirkungen der von ihm bereits früher zugegebenen Fehler seien größer, als er es geglaubt hätte. Danksagung und Applaus in der Akadémiastraße, freundliches Lächeln von Mikojan. Auf dem Abschiedsbankett saß neben ihm János Kádár, gegenüber György Marosán – beide hatte er seinerzeit ins Gefängnis stecken lassen. Eine Woche später verließ er mit seiner Frau in einem Sonderflugzeug das Land, um nie mehr zurückzukehren. Er verschwand auf immer und ewig, aber das Hauptproblem wurde dadurch nicht gelöst.

Neben Imre Nagy, dessen 60. Geburtstag im Juni 1956 von seinen Anhängern privat, aber demonstrativ gefeiert wurde – unter den Ehrengästen in seiner Villa befand sich die Crème de la crème der Intellektuellen –, beherrschte ein Toter die Seelen. Der 1949 hingerichtete László Rajk sollte nun endgültig rehabilitiert werden. Seine Witwe Júlia war bereits seit anderthalb Jahren auf freiem Fuß, und seinen Sohn, den damals siebenjährigen László junior, ließ man behutsam wissen, daß die unbekannte Tante seine Mutter sei. Júlia Rajk forderte vor der Öffentlichkeit des «Petőfi-Kreises» die Wiederherstellung der Ehre ihres Mannes, und als äußere Form kam nur eine feierliche

Bestattung aller Angeklagten des Prozesses in Frage. Rákosis Nachfolger verbrachte einen auffällig langen Urlaub auf der Krim, und die Genossen benannten als Tag der Trauerzeremonie den 6. Oktober. Dies war ein eindeutiger Fauxpas angesichts der Bedeutung dieses Datums: Am 6. Oktober 1849 waren die dreizehn Generäle der ungarischen Revolution in Arad hingerichtet worden. Wie jedem Ungarn bekannt, hatten die Habsburger die ungarischen Rebellen erst mit Hilfe der russischen Armee unterdrücken können.

Obwohl der kommunistische Innenminister Rajk zu Lebzeiten nicht gerade zu den beliebtesten Politikern der Republik gehörte, wurde sein Tod zu einem Protestsymbol. Und als die 150 000 Anwesenden, unter ihnen Imre Nagy, den berühmten Arbeitertrauermarsch hörten – «Unsterbliche Opfer, ihr sanket dahin» –, wußten alle, daß im Nebel dieses kühlen, verregneten Samstags eine Ära unterging.

Genesis eines Kriegszustandes

Über die Frage, wer genau auf wen am 23. Oktober 1956 das Feuer eröffnet hat, gehen die Meinungen der Zeitgenossen und Historiker bis heute auseinander. Jedenfalls gab es einen Menschen, der sich als schuldig bekannte. Allerdings war das jemand, der nicht einmal eine Spielzeugpistole in die Hand genommen hätte. Der Romancier Tibor Déry gestand in der dem Aufstand gewidmeten Sondernummer der *Literarischen Zeitung* vom 2. November 1956: «*Als ich die ersten Schüsse hörte, stieg mir das Blut zu Kopf: Dafür bist du mitverantwortlich! Du hast geredet, gehetzt – wie wirst du jetzt den Toten gegenüber Rechenschaft ablegen? Bei jedem neuen Schuß hatte ich das verrückte Gefühl, selbst auf den Abzugshahn zu drücken. Meine Freunde, ich nehme die Verantwortung auf mich ...*»

Diese hoch moralische Selbstanklage, die kaum ein Jahr später für Dérys Staatsanwalt ein gefundenes Fressen war und sicher zu seinem Gerichtsurteil von neun Jahren Freiheitsentzug beigetragen hat, müssen wir mit einiger Skepsis betrachten. Die Schüsse des 23. Oktober entstanden keineswegs aus der Bewegung der Schriftsteller, die sich mit aller Entschlossenheit die moralische Verbesserung des Systems zum Ziel gesetzt hatte. Selbst die Herrschenden waren in den Morgenstunden dieses Tages nicht darauf gefaßt, daß am Abend auf den Straßen der ungarischen Hauptstadt geschossen werden würde, daß Tote und blutüberströmte Verletzte auf dem Pflaster liegen würden. Die Ereignisse gehorchten nur ihrer eigenen blinden Dramaturgie.

Nach dem ursprünglichen Plan des Petőfi-Kreises, des Schriftstellerverbandes und der Studentenschaft sollte eine Schweigekundgebung vor der polnischen Botschaft in Budapest stattfinden, und zwar im Zeichen der Solidarität mit den Kommunisten des Bruderlandes, die auf ihrem Plenum trotz des Drucks aus Moskau eine neue Führung gewählt und Reformen verkündet hatten. Als Versammlungsort war das gegenüber der Gesandtschaft liegende Gebäude des Schriftstellerverbandes in der Bajzastraße vorgesehen. Die Jugendlichen erklärten in ihrer Resolution, daß sie *«extremistische, provokatorische und anarchistische Demonstrationen schärfstens ablehnen»* und *«sich verpflichten, die Sympathiekundgebung im Geiste der sozialistischen Demokratie zu gestalten. Weiter sind wir entschlossen, Ordnung und Disziplin aufrechtzuerhalten.»*

Dieses Versprechen war sicher ehrlich gemeint, aber völlig unrealistisch. Die Hochschulen Budapests waren über die Metropole verteilt: Die geisteswissenschaftliche Fakultät befand sich in der Stadtmitte, die Mediziner waren weit außerhalb im neunten Bezirk von Pest, die Ökonomen in demselben Stadtteil direkt am Donauufer und die Technische Universität auf der gegenüberliegenden Seite der Donau. Die Budaer planten ein Treffen aller Beteiligten in ihrem Stadtteil vor dem Denkmal von Józef Bem, dem polnischen General der ungarischen Revolution von 1848. Die Pester stimmten dem zu und wählten als vorläufigen Sammelpunkt den Petőfiplatz und als Marschroute die Kettenbrücke. Allerdings waren für andere Hochschulen die Freiheits-, die Kossuth- und die Margarethenbrücke viel näher.

Der Marsch über vier Donaubrücken gleichzeitig war jedoch mit der vollständigen Lähmung des öffentlichen Verkehrs gleichbedeutend und zog einen Schneeballeffekt nach sich. Vor der polnischen diplomatischen Vertretung versammelten sich Hunderte, vor der Statue des Nationaldichters Tausende und beim Denkmal des Generals Bem waren es bereits Zehntausende. Während des Aufmarsches der unterschiedlichen Kolonnen schlossen sich immer mehr Passanten den Studenten an. Und je größer die Menge wurde, desto weniger Aussicht bestand, die Ereignisse kontrollieren zu können.

Vor allem erwies sich das Vorhaben, Schweigemärsche durchzuführen, als eitle Hoffnung. Solange die Jugend in geschlossenen Reihen Arm in Arm marschierte, ähnelte die Veranstaltung den offiziellen Demonstrationen zum 1. Mai – bis auf den Unterschied, daß es hier keine durch Lautsprecher gelenkten Begeisterungsausbrüche gab. Überhaupt stand keine entsprechende Tontechnik zur Verfügung, und was die Menge noch am besten hören konnte, war ihre eigene Stimme. Die unter der nationalen Trikolore und teilweise sogar mit roten Fahnen marschierenden Studenten ließen am frühen Nachmittag Revolutionsgesänge erklingen, von denen wahrscheinlich das berühmte Kossuth-Lied von 1848 mit seiner traurigsüßen Melodie das populärste war:

Ludwig Kossuth ließ vermelden,
Daß gefallen viele Helden;
Sagt er's wieder, ohne Weilen
Müssen in den Kampf wir eilen.
Hoch die ungarische Freiheit, hoch das Vaterland!

Strömend fließt der Regen wieder,
Fließt auf Kossuths Haupt auch nieder;
Soviel Tropfen wie des Regens
Niesle auf sein Haupt des Segens.
Hoch die ungarische Freiheit, hoch das Vaterland!

Die teils in Reimform skandierten Forderungen der Demonstranten klangen ziemlich moderat: *«Von Rákosi haben wir genug, / wir brauchen einen neuen Parteivorstand!», «Unsere Jugend fordert, / die Partei muß den Weg weisen!», «Weg mit der Willkür, / es lebe das Gesetz!», «Ungarisch-sowjetische Freundschaft / auf der Grundlage der Gleichheit!», «Ungarisch-polnische Freundschaft, / Wohlstand und Freiheit!», »Handeln wir nicht immer zu spät / Imre Nagy in die Führung!»* Die Demonstranten waren überwiegend ärmlich gekleidet – Loden- und Windjacken der sozialistischen Konfektionsbetriebe beherrschten das Bild. Die Männer trugen altmodische Hüte oder Baskenmützen, die Frauen Kopftücher. Als nach dem Ende der Nachmittagsschicht allmählich die Werktätigen erschienen, ließ sich der soziale Unterschied optisch kaum feststellen. Die Spannung stieg mit jeder Minute, es blieb jedoch zunächst alles heiter und friedlich.

Allerdings wich die Reformrhetorik vor Bems Denkmal zunehmend dem Heimatgefühl. Ein bekannter Schauspieler deklamierte den leidenschaftlichen «Mahnruf» des romantischen Lyrikers Mihály Vörösmarty («*Am Vaterland, o Ungarn, häng / Mit fester Treue du, / Das hält und deckt dich – fällst du einst – / Mit seinem Rasen zu.*») Die Worte trieben den Menschen Tränen in die Augen. Der wahrscheinlich hier erdichtete Slogan «*Wer Ungar ist, ist mit uns!*» diente einerseits als Aufforderung an die Herumstehenden, sich der Menge anzuschließen, andererseits als eine Betonung des nationalen Charakters der Ereignisse.

Das Pathos des 19. Jahrhunderts schwebte über den Köpfen der Demonstranten. Bald skandierte man: «*Kossuth-Wappen! Kossuth-Wappen!*», ein Verlangen nach dem Staatssymbol von 1848, das die kurzlebige Nachkriegsdemokratie für einige Jahre übernommen hatte. Die Kommunisten hatten das großungarische Wappen mit den vier Flüssen und drei Gebirgen sofort nach ihrer Machtübernahme abgeschafft – die Geographie stimmte mit den Ergebnissen des Friedensvertrags von Paris 1947 nicht mehr überein. Die Fahne der Volksrepublik war nach wie vor rot-weiß-grün, allerdings mit einem hybriden Staatszeichen in der Mitte, das aus Hammer, Sichel, Weizenähre und dem Sowjetstern gebildet wurde. Der Erfindungsgeist des historischen Augenblicks veränderte die Heraldik, indem er dieses unerwünschte Sinnbild mit einer Schere entfernte. Die durchlöcherte Trikolore wurde zum Wahrzeichen des Volksaufstandes.

Doch so weit war es an diesem Nachmittag noch nicht. Um vier Uhr, als nach dem ursprünglichen Plan der Schweigemarsch enden sollte, stellte sich heraus, daß es leichter war, rund hunderttausend Menschen auf die Straße zu bringen, als sie in Frieden nach Hause zu entlassen. Der Lautsprecher aus dem Auto des Petőfi-Kreises lud zu einer Fortsetzung der Kundgebung vor dem Parlamentsgebäude ein. Dies war eine rein symbolische Handlung – niemand von den Organisatoren wußte, was dort geschehen sollte. Klar war nur, daß dies der kürzeste Weg über die Donau war – die Kossuthbrücke lag in der Nähe.

Nun geschah etwas Merkwürdiges und völlig Ungeahntes: Nur ein Teil der Demonstranten folgte diesem Aufruf. Andere, offensichtlich diejenigen mit weniger Geduld, wandten sich nach links in Richtung Margarethenbrücke, wieder andere wählten den Weg zur Kettenbrücke. Auch die Ziele erwiesen sich als unterschiedlich: Die einen fühlten sich vom Stalin-Denkmal im Stadtpark angezogen, das durch den weiteren Verlauf der Ereignisse, die zu seiner Zerstörung führten, die Rolle der Bastille erhalten sollte. Die anderen beeilten sich, durch die Innenstadt zum Rundfunkgebäude zu gelangen, um die Forderungen der Jugend verlesen zu lassen. Auch diese Geste entsprach der heraufbeschworenen revolutionären Tradition: Schließlich hatte die erste Sorge der Märzjugend 1848 der Veröffentlichung ihres Zwölf-Punkte-Programms in der Druckerei Landerer & Heckenast gegolten.

Später, nach der Unterdrückung des Aufstandes, versuchten die Machthaber nachzuweisen, daß dieser in jedem Detail das Werk von Verschwörern gewesen sei, die alles von vornherein bewußt geplant hätten. De facto entstanden möglicherweise parallel mehrere Aufmarschpläne. Hätte es eine einheitliche – wie behauptet, reaktionäre oder gar faschistische – Schaltzentrale gegeben, so wäre diese hauptsächlich daran interessiert gewesen, die wachsende Aggressivität und Hysterie der Menge zu steigern und auf ein exaktes Ziel hin zu konzentrieren. In der Realität hingegen konnten die Demonstranten zwischen symbolischen Haßobjekten wie dem Stalin-Denkmal oder «klassischen» strategischen Punkten jedes Aufstands wie dem Rundfunkgebäude oder dem Fernmeldeamt wählen.

Am 23. Oktober fand das Gegenteil von einem gelenkten Aufstand statt: Die einzig relevante politische Kraft, die von den Reformkommunisten beeinflußte Studentenschaft, verlor innerhalb weniger Stunden die Führungsrolle in der von ihr ausgelösten Volksbewegung. Noch fataler wirkte sich ein anderer Faktor aus: Zwischen der Genehmigung der Kundgebung durch den Innenminister Piros (14.15 Uhr) und der angekündigten Rede des Parteichefs Gerő (20 Uhr) entstand ein Vakuum, in dem die Machthaber keinerlei

Regung zeigten. Soldaten und Polizisten waren vielmehr passive Zeugen der sich entfaltenden beispiellosen Manifestation, und von der gefürchteten Staatssicherheit schien jede Spur zu fehlen.

Die zwischen Macht und Gesellschaft gähnende Leere konnte ausschließlich durch eine Gruppe gefüllt werden, die über genug Autorität und Willen verfügte, um sich an die Spitze der Ereignisse zu stellen, ihr Tempo zu bestimmen und die Beteiligten in ein Minimalprogramm zu integrieren. Es wäre auch nicht ungünstig gewesen, wenn dieses Unterfangen von einer glaubwürdigen, charismatischen Persönlichkeit repräsentiert worden wäre. Jetzt waren die Opposition innerhalb der Partei gefragt, die intellektuelle Elite des Landes und vor allem Imre Nagy. Jedenfalls verlangte die Straße noch in den späten Nachmittagsstunden eindeutig nach ihm.

«Schweigend saß er im Auto, das ihn zum Parlament brachte. Als er endlich sprach, äußerte er sein Erstaunen über eine Fahne mit einem Loch in der Mitte, die er eben entdeckt hatte. ‹Was ist mit der passiert?› fragte er verwirrt; doch schon als er die Frage stellte, verstand er anscheinend, daß das, was er da erblickte, genau das war, was er (...) in seinen dunkelsten Vorahnungen gesehen hatte. Die opportunistische Politik der Partei hatte die Masse zur Revolte getrieben und das Land in eine schwere Krise gestürzt. Der Oktoberabend war kalt, trotzdem strömte Nagy der Schweiß von der Stirn.» So erinnert sich der Schriftsteller Tibor Méray, der die erste authentische Zusammenfassung der Geschichte des Oktoberaufstandes schrieb. Fügen wir ruhig hinzu: Angesichts der verunstalteten Fahne der Volksrepublik blutete Imre Nagys Herz.

Zweifellos entsprach Imre Nagys Zögern, sich in diesem Augenblick der Öffentlichkeit zu stellen, voll und ganz seinem Charakter. Er war ein Hamlet der Politik, ein Fanatiker des Gesetzes, ähnlich wie fünfzehn Jahre später der Chilene Salvador Allende. Unglücklicherweise wurde das Gesetz nach seinem Verständnis vom Statut der Partei und von der Verfassung der Volksrepublik aus dem Jahr 1949 verkörpert. Zwar teilte er keineswegs die von Ernst Busch besungene Illusion, die Partei habe immer recht – dafür hatte er zu viele ernüchternde Erfahrungen gemacht. Er wollte aber seine Wahrheit unbedingt kommunistisch legitimiert sehen. Gleichzeitig zeugte die Vorsicht von seinem Realitätsbezug. Vor kaum einer Woche hatten ihn seine Feinde im Politbüro wieder in die Partei aufgenommen, ohne sich für die gemeine Hetzjagd gegen ihn zu entschuldigen und ohne ihn wieder in seine Funktionen einzusetzen. Jetzt brauchten sie ausgerechnet ihn, der formal nur eines von neunhunderttausend einfachen Parteimitgliedern war, als Feuerwehr. Aber welche Garantie hatte er dafür, daß sie ihn nicht sofort wieder wie den letzten Dreck behandelten, nachdem er den Brand gelöscht hatte?

Am Abend, als ihn nicht nur seine Anhänger, sondern auch Vertreter der in die Ecke getriebenen Parteiführung dringend gebeten hatten, sich in die Ereignisse einzumischen, war er bereit, eine kurze Rede zu schreiben und sich danach in Begleitung seines Schwiegersohnes in die Stadt zu begeben. Als er gegen acht Uhr im Fenster des Parlamentspalastes erschien, entstand auf dem riesengroßen Platz eine gespenstische, nicht viel Gutes verheißende Stille. Zu lange hatten die Leute auf diesen Mann gewartet, in dem sie den tatsächlichen Führer des Landes sahen und dessen Erscheinen sie, sozusagen per Dramaturgie, als notwendig erachteten.

Später, bereits im Gefängnis, erinnerte er sich an diesen Augenblick wie folgt: «Angesichts der angeheizten Stimmung auf dem Platz konstatierte ich erschüttert, daß man hier etwas ganz anderes sagen müßte, als ich mir vorgestellt hatte, weil das die Menge nicht befriedigen würde.» Diese verspätete Einsicht brachte ihn schwer in Verlegenheit. Der Hoffnungsträger der aufgewühlten Nation sprach seine Anhängerschaft mit dem routinemäßigen Wort an: *«Genossen!»* Die Antwort hieß: *«Wir sind keine Genossen!»* Vielleicht sagten das nur einige wenige, aber die Verständigung war vorerst gestört. Auch die Fortsetzung war nicht viel besser: *«Durch Verhandlungen innerhalb der Partei und durch Diskussionen über die Probleme werden wir den Weg beschreiten, der zur Beilegung unserer Konflikte führt. (...) Die Regierung wird nicht zögern, ihre Entscheidungen zu treffen.»* Die einzige geglückte Geste seines Auftritts war, daß er zum Abschluß die Nationalhymne anstimmte, und der Platz sang mit. Danach gelang es dem Orator sogar – als einzigem Menschen an diesem Tag –, die Demonstranten zum friedlichen Verlassen des Ortes zu bewegen. Dabei spielte er mit dem letzten Rest seiner außergewöhnlichen Reputation.

Als freiwilliger Feuerwehrmann der Partei hatte Imre Nagy ohne Frage versagt. Aber selbst wenn es anders gekommen wäre: Zum Zeitpunkt seiner Rede hatte sich die friedliche Kundgebung bereits zu einem Flächenbrand ausgeweitet, und es hatte sich zudem noch jemand gefunden, der mit allem ihm zur Verfügung stehenden Starrsinn Öl ins Feuer goß.

Ernö Gerős fünfzehnminütige Rundfunkansprache war vor allem nichtssagend und langweilig. Unbeeindruckt von den Ereignissen, blieb er bei jenem Parteichinesisch, das die Stilistik der fünfziger Jahre kennzeichnete. Manche Sätze hörten sich angesichts der konkreten Situation geradezu tragikomisch an: «*Die Arbeiterklasse und das Volk folgen unserer Partei und unserer Überzeugung, sie wachen sorgsam über die Leistungen unserer Volksdemokratie. Sie anzutasten wird keinem erlaubt sein.*» Für den Massenprotest im Lande fand er bloß ein paar Floskeln: «*Unser Staat hat den Werktätigen demokratische Freiheiten zugesichert. Wir verurteilen alle, die davon Gebrauch machen, um Demonstrationen nationalistischen Charakters zu veranstalten.*»

Von Imre Nagys schwacher Rhetorik blieb vor allem das peinliche Desaster mit der Anrede «Genossen» in Erinnerung. Gerő hingegen kreidete man ein Wort an, das er gar nicht in den Mund genommen hatte. Er sollte – und dies wurde ihm selbst in kommunistischen Quellen noch jahrelang zur Last gelegt – in seiner Rede die Demonstranten als «Mob» bezeichnet haben. Offensichtlich mußte die Volksphantasie in Ermangelung von Gedächtnisstützen so etwas erdichten, damit die Äußerungen des Ersten Sekretärs an diesem historischen Abend wenigstens nicht völlig in Vergessenheit gerieten.

Allerdings sprach Gerő die Rede in seinem Arbeitszimmer auf Band, und deshalb blieb ihm, anders als Nagy, das unangenehme Echo erspart. Vielleicht hätte er sonst in seiner Ansprache einige andere

Akzente gesetzt. Aber wer weiß, das System lebte seit Jahren nur noch von Dissimulation.

19.30 Uhr, Radio Budapest

Sie hören Nachrichten.

Nationalfahnen, junge Menschen mit Rosetten in den ungarischen Farben, die das Kossuth-Lied, die Marseillaise und die Internationale singen – in Farben und Liedern war dies heute das Bild von Budapest. Die Stadt war in Oktobersonnenschein getaucht und feierte die neuen Iden des März. Heute nachmittag fand eine gewaltige Jugendkundgebung in unserer Hauptstadt statt. Zunächst waren es nur einige tausend, denen sich jedoch junge Arbeiter, Passanten, Soldaten, alte Leute, Gymnasiasten und Kraftfahrer in hellen Scharen anschlossen. Bald zählte die riesige Menge Zehntausende. In den Straßen verspürt man einen neuen Wind größerer Freiheit…

In diesem Ton berichtete der Budapester Rundfunk über die Stimmung auf der Straße. Kaum jemand von den Radiohörern konnte ahnen, daß sich zum Zeitpunkt der Ausstrahlung dieser freudigen Reportage die Mitarbeiter des führenden Mediums bereits an Leib und Leben bedroht fühlten. Seit fünf Uhr versammelten sich in der engen Bródy-Sándor-Straße hinter dem Nationalmuseum immer mehr Leute. Sie forderten die Führung des Senders auf, das Programm unverzüglich abzubrechen und den Forderungskatalog der Jugend zu verlesen. Später verlangten sie «ein Mikrophon auf die Straße», damit jeder seine Meinung sagen konnte. «Das ganze Land muß uns hören, die ganze Welt soll es hören», skandierten die Leute, deren Anzahl sich ähnlich wie die Menge am Nachmittag nach arithmetischer Progression steigerte.

Die Intendantin Valéria Benke verhandelte zäh mit der Delegation der Demonstranten. Sie zeigte sich bereit, eine abgeschwächte Version der Forderungen in den Nachrichten durchzusagen. Vor allem der Punkt über den Auszug der Sowjetarmee erschien problematisch. Ein Mikrophon auf die Straße – das kam nicht in Frage. Allerdings stellte man einen Übertragungswagen vor das Haus, um die Demonstranten zu beruhigen. Dasselbe versuchten Exponenten aus dem

Kreis um Imre Nagy, die Benke extra zu diesem Zweck in den Sender gebeten hatte und die durch eine den meisten unbekannte Hintertür in den Häuserblock gelangt waren. Doch weder Géza Losonczy noch Miklós Vásárhelyi hatten die geringste Chance, angehört zu werden. Sogar der legendäre Fußballreporter György Szepesi wurde vom Balkon gepfiffen. Allein Imre Nagy wäre als Redner willkommen gewesen, aber der saß noch in seiner Budaer Villa und kämpfte seinen inneren Zwist.

Die normalerweise aus sechzehn Personen bestehende Betriebswache des Senders wurde um rund dreihundert Geheimpolizisten der ÁVH ergänzt, die mit Tränengasbomben, Wasserwerfern und Rauchpatronen agieren durften – einen Schießbefehl erhielten sie nicht. Kurz nach sieben Uhr besetzten die Demonstranten den Aufnahmewagen und durchbrachen damit das Haupttor des Gebäudes. So begann der Sturm auf das Rundfunkhaus, zunächst als Handgemenge, wobei es einigen Halbwüchsigen aus der Menge gelang, in das Gebäude einzudringen. Die Angreifer waren vor allem mit Steinen bewaffnet, die sie sich von einer nahe gelegenen Baustelle geholt hatten. Einige rissen das Pflaster auf, um den Weg für Panzer zu erschweren.

Ernö Gerős Rede war aus einigen in die Fenster der umliegenden Häuser gestellten Volksempfängern zu hören – sie schien auf die Geschehnisse weder in die eine noch in die andere Richtung irgendeinen Einfluß zu haben. Allmählich trafen jedoch die von Imre Nagy enttäuschten Demonstranten ein, und nach halb zehn ging das Gerücht um, Stalins Monument im Stadtpark sei vom Sockel gestürzt worden.

Im amtlichen «Weißbuch» mit dem Titel *Konterrevolutionäre Kräfte in den ungarischen Oktoberereignissen* (Heft 1), veröffentlicht Anfang 1957 vom Informationsbüro des Ministerrates, lesen wir: *«Die ersten Schüsse auf das Rundfunkgebäude wurden um neun Uhr abgefeuert. Zwischen neun und zehn Uhr hat man erst sporadisch geschossen, allerdings mußten es Scharfschützen gewesen sein, denn sie trafen gleich drei Staatsschützer, die sich im Fenster zeigten, genau am Kopf. Nach zehn Uhr wurde das Haus unter ständigem Beschuß gehalten.»* Demgegenüber betonte der auf Zeugenaussagen beruhende Bericht der Sonderkommission der UNO: *«Kurz nach neun Uhr warf man aus einem Fenster Tränengasgranaten, und einige Minuten später eröffneten einige Leute der ÁVH das Feuer auf die Menge. Viele wurden verwundet, und es gab zahlreiche Tote.»*

László Gyurkó bezeugt in seinem Buch mit dem lakonischen Titel *1956* aufgrund von Krankenhausdokumenten, daß der Rettungsdienst zum ersten Mal um 20.44 Uhr von den Verteidigern gerufen wurde: *«Dabei handelte es sich um Sicherheitskräfte, die von Ziegelsteinen verletzt worden waren. Um 21.13, 21.25 und 21.36 meldeten die Angreifer gleich drei Verwundete, alle mit Beinschüssen. Um 21.37 wurde das erste, um 23.17 das zweite Todesopfer auf seiten der Aufständischen gemeldet. Auf der Verteidigerseite wurde der erste Todesfall um 22.14 mitgeteilt.»*

Wie dem auch sei – die ÁVH-Leute handelten bis Mitternacht gewiß ohne Schießbefehl. Womöglich aus Panik stiegen sie von ihren Schreckschußpatronen auf scharfe Munition um. Die Schüsse aus den Reihen der Demonstranten waren zunächst eine Reaktion von einzelnen – Aufständische im militärischen Sinne gab es zu dieser Zeit noch nicht. Jedenfalls verbreitete sich lange vor dem ersten Schuß stadtweit das Gerücht, die Staatssicherheit veranstalte am Haus des Rundfunks ein Gemetzel, die Opfer seien schutzlose Jugendliche, und angesichts des schlechten Rufs dieser Behörde bezweifelte kaum jemand diese Version.

Der Schriftsteller Dobrica Ćosić aus Belgrad, der am frühen Morgen als Gast einer Literaturtagung in Budapest eintraf, begleitete seine Gastgeber vom Schriftstellerverband zur Nachmittagskundgebung, und als diese am Bem-Denkmal endete, ließ er sich von dem Teil der Menge treiben, die in Richtung des Stalin-Denkmals marschierte. Heute ist er Sprachrohr des großserbischen Nationalismus in seiner Heimat, doch damals war er als ehemaliger Partisan Mitglied im ZK des Bundes Jugoslawischer Kommunisten. Sein berühmtes Tagebuch *Sedam dana in Budimpešti* (Sieben Tage in Budapest, 1957) gehört zu den denkwürdigsten Augenzeugenberichten über den Volksaufstand. Als überzeugter Titoist sympathisierte Ćosić mit dem Vorstoß der Intellektuellen und der Universitätsjugend und machte auch kein Hehl aus seiner emotionalen Betroffenheit. Gleichzeitig befremdete ihn das ungarische Nationalpathos, und er witterte von Anfang an die Gefahr, daß die Geschehnisse weit über das Ziel der Systemverbesserung im Sinne des jugoslawischen Antistalinismus hinausschießen könnten. Mit dieser Ambivalenz erlebte er den Sturz des neunzig Zentner schweren Stalin-Monuments: «*Das Aufflackern der Verzweiflung, der Hysterie und des Hasses ist dermaßen exklusiv und absolut, daß jede Fixierung jetzt mystisch werden könnte. Tausende von Menschen strömen, und die Masse stürmt wie ein Mann das gewaltige, starke Fundament, wobei jeder seine Wut allein trägt. Auf Lastkraftwagen bringt man Schweißgeräte, hinter dem Rücken des bronzenen Menschen (…) schlagen nun dunkle Flammen auf. Er aber duldet das Ganze mit Stalinscher Ruhe, würdevoll, und wirkt noch fürchterlicher, während an seiner Brust Funken sprühen oder seine ruhigen, nachweislich starken Hände von Wasserstoffflammen geleckt werden. (…) Während die Ungarn Stahlseile um Leib und Hals des bronzenen Stalin binden, spüre ich eine andere Aufregung als die ungarischen Kollegen und die anderen Ungarn, denn ich höre und spüre die Losungen und den Haß, die nicht allein gegen Stalin gerichtet sind.*»

Ein ungarischer Zeitzeuge, der den exakten Zeitpunkt des Götzensturzes, 21.35 Uhr, fixiert hat, schildert den Vorgang hingegen als fröhlichen Karneval. Nachdem der Koloß, gezogen von mehreren Lastkraftwagen, mit höllischem Lärm von seinem Sockel auf den Platz gestürzt war und nur noch die Stiefel auf dem Podest standen, begleiteten die Demonstranten das tote Monument im Freudenrausch durch die Stadt und ließen es in einer Nebenstraße am Nationaltheater liegen. Ähnlich wie die Berliner im November 1989 begierig die Stücke der Mauer sammelten, versuchten viele Ungarn damals, Reliquien von der Statue mitzunehmen.

Auch nach diesem Tanz um Totem und Tabu vermehrte sich die Menge durch Teilung. Einige schickten sich an, den gegenüber dem Nationaltheater befindlichen Redaktionssitz der Parteizeitung *Sza-*

Das zerstörte Stalin-Denkmal, Oktober 1956

bad Nép einzunehmen, andere begaben sich auf den zehnminütigen Fußweg zum Haus des Rundfunks.

Die Verteidiger des Rundfunkgebäudes baten die Zentrale an diesem Abend mehrmals um Unterstützung. Diese wurde auch gewährt, allerdings in einer Art und Weise, die höchst kontraproduktiv war. Die parallel eingesetzten Hilfstruppen des Verteidigungsministeriums, des Generalstabs, der politischen Hauptverwaltung und des Polizeipräsidiums erhielten mit dem Marschbefehl keine Genehmigung zum Waffengebrauch. Dies war leider kein Zeichen des Humanismus. Neben der möglicherweise vorhandenen Absicht, sinnloses Blutvergießen zu vermeiden, ging es hier um eine rein bürokratische Angst vor Verantwortung: Niemand wollte der Bluthund sein.

Sicherlich war es keine rühmliche Szene gewesen, als die polnischen Machthaber im Juni 1956 die Rebellion der Arbeiter mit roher Waffengewalt auseinandergetrieben hatten. Die Toten und Verwundeten belasteten ohne Frage die kommunistische Führung. Diese wiederum fand ungeachtet ihrer Schuld aber doch den moralischen Mut, nach der halbwegs gelungenen militärischen auch eine politische Lösung anzubieten. Und diese setzte sie nicht nur gegenüber dem eigenen Volk, sondern auch gegenüber Moskau durch. Sympathisch oder nicht, sie handelten jedenfalls «als Polen», das heißt auf eigene Faust. Diese Haltung lag der ungarischen Parteielite hoffnungslos fern.

Gleichzeitig bestand die ungarische Volksarmee, ähnlich wie die polnische Armija Ludowa, aus Arbeitern und Bauern. Als diese die unbewaffnete Menge am Nationalmuseum erblickten, erkannten sie darin sich selbst. Sogar die direkten Verteidiger des Objekts, Soldaten des «Staatsschutzes», konnten sich diesem Effekt nicht ganz entziehen. Valéria Benke bestätigte in ihrem Bericht aus dem Jahre 1957: *«Offensichtlich wurde die Moral der Verteidiger auch dadurch nicht bestärkt, daß ein bedeutender Teil der Menge um das Radio aus Jugendlichen bestand. Viele fanden sogar alte Bekannte wieder: Jungarbeiter aus der Fabrik Láng, Jungkommunisten oder Studenten proletarischer Herkunft.»* Die meisten Armeeangehörigen reagierten entsprechend: Sie schlossen sich der Menge an, übergaben ihre Gewehre oder ließen sich diese widerstandslos wegnehmen. Manche handelten aus patriotischen Gefühlen, aber die meisten aus dem einzigen unbestechlichen Instinkt des Volkes: aus dem Gefühl heraus, daß die Macht geschwächt war.

Derselbe Instinkt erleichterte am späten Abend das Erbeuten von Waffen aus dem als «Lampenfabrik» getarnten Arsenal, aus Kasernen und anderen militärischen Einrichtungen. Das Ergebnis dieser kaum auf Widerstand stoßenden Aktionen war, daß ein paar hundert Demonstranten in den Besitz von etwa genauso vielen Pistolen, Maschinengewehren, Handgranaten und einigen wenigen Panzern kamen. Ihre militärische Vorbereitung hätte normalerweise zu keiner einzigen Aktion ausgereicht. Erst die moralische Schwäche der Herrschenden befähigte sie dazu, sich gegenüber Tausenden von Ordnungshütern und Berufssoldaten durchzusetzen. Allerdings war zu diesem Zeitpunkt die Rundfunktechnik bereits zum Sender Lakihegy und von dort in das Parlament hinübergerettet worden. Die bewaffnete Wache des Rundfunks, die erst nach Mitternacht Schießbefehl erhielt, kämpfte noch einige Stunden. Das Personal verließ das Haus in den frühen Morgenstunden über eine geheime Hintertür. Bis Mitternacht wurden auf beiden Seiten dreißig Tote gezählt, und am Tag darauf waren es bereits zweihundert.

19.35 Uhr, Radio Budapest
Liebe Hörer, wir bringen jetzt eine Sondermeldung. Auf der heutigen Sitzung des Politbüros wurde beschlossen, die nächste Sitzung des Zentralkomitees für den 31. Oktober einzuberufen. Auf der Tagesordnung steht: 1. Die politische Lage und die Aufgaben der Partei. Referat des Genossen Ernö Gerő. 2. Organisatorische Fragen.
20.15 Uhr, Radio Budapest
Liebe Hörer, wir bringen jetzt eine Sondermeldung. Das Politbüro hat das Zentralkomitee aufgefordert, umgehend eine Sitzung anzuberaumen, um die augenblickliche Lage und die bevorstehenden Aufgaben zu erörtern.
22.03 Uhr, Radio Budapest
Liebe Hörer, wir bringen jetzt eine Sondermeldung. Die kürzlich erfolgte Ankündigung über eine Tagung des Zentralkomitees beruht auf einem Irrtum. Das ZK wird erst in einigen Tagen zusammentreten.
22.22 Uhr, Radio Budapest
Liebe Hörer, wir bringen jetzt eine Sondermeldung. Das Politbüro der Partei der Ungarischen Werktätigen hat beschlossen, das Zentralkomitee sofort zusammenzurufen.

Die gewöhnlichen Sterblichen – wenn sie nicht gerade damit beschäftigt waren, das Rundfunkgebäude zu erstürmen, sondern statt dessen den Mitteilungen aus ihrem Radioapparat lauschten – konnten diese aufeinanderfolgenden Nachrichten höchstens mit einer müden Handbewegung abtun und dabei denken: Die haben wohl einen Vogel! Wie hätten sie ahnen können, daß sich in das Geplänkel der Erdenbewohner, wie in der griechischen Mythologie, gerade die Götter des Olymp einmischten?

Zwischen den beiden Hauptstädten gab es eine Zeitverschiebung von zwei Stunden. Der früheste Zeitpunkt, zu dem die Frage gestellt wurde, ob die Sowjetunion sich militärisch einmischen sollte, war um 17 Uhr nach Budapester Zeit, also um 19 Uhr in Moskau. Zwei Sowjetmenschen, der Botschafter Juri Andropow und der Leiter des in Ungarn stationierten «Osobyj Korpus» (Sonderkorps), Generalleutnant Pjotr Laschenko, berieten darüber, ob die vor Monaten erarbeitete Operation «Welle» (*«zur Bewahrung, gegebenenfalls Wiederherstellung der sozialistischen Gesellschaftsordnung»)* in die Phase der Verwirklichung treten sollte. Laschenko wollte diesen Schritt von der Genehmigung des Verteidigungsministers, Marschall Schukow, abhängig machen. Gleichzeitig fragte der sowjetische Chefberater Michail Tichonow die ungarische Militärführung, ob sie mit einer eventuellen Intervention zur Wiederherstellung der Ordnung in Budapest einverstanden sei. Die konkrete Antwort ist nicht bekannt, aber die Persönlichkeitsstruktur der Befragten, vor allem die des Ministers István Bata, läßt vermuten, daß sie bereits die Frage als Entscheidung begriffen haben. Zu diesem Zeitpunkt verlief die Kundgebung, wie wir wissen, noch friedlich.

Ein darauffolgendes Gespräch zwischen dem Parteichef Gerő und dem sowjetischen Führer Chruschtschow führte zu der Erkenntnis, die Situation in Ungarn sei sehr kompliziert – eine direkte Bitte um militärische Intervention wurde jedoch nicht ausgesprochen. Einige Minuten nachdem Chruschtschow den Hörer aufgelegt hatte, rief Marschall Schukow im Kreml an und teilte mit, Ernö Gerő habe soeben den Militärattaché der sowjetischen Botschaft um unverzügliche Einmischung gebeten. Der irritierte Parteichef lehnte zunächst ab und veränderte seine Entscheidung erst kurz vor 10 Uhr nach Moskauer Zeit, also um 8 Uhr in Budapest – als das belagerte Radio gerade Gerős Rede sendete. Aufgrund eines zweiten Telefongesprächs mit seinem ungarischen Amtskollegen schlug er in der darauffolgenden Sitzung des Präsidiums des ZK den Beginn der Operation vor.

Unabhängig von diesem komplizierten Prozeß ordneten Marschall Schukow und der Generalstabschef Marschall Sokolowski bereits vor der Entscheidung Alarmbereitschaft höchster Stufe bei dem Sonderkorps und im Militärkreis Karpato-Ukraine an. Wie wenig sich die Sowjets um Formalitäten kümmerten, zeigt folgende Episode: Im Laufe der Vorbereitung ihrer Aktion befragten sie den von ihnen politisch kaltgestellten früheren Diktator Rákosi, der sich in Moskau «in ärztlicher Behandlung» befand, wie die Chancen eines eventuellen Einmarsches in Budapest seien. Unter anderem wollten sie wissen, ob die ungarischen Genossen laut Rákosis Meinung bereit wären, eine diesbezügliche Bitte nach Moskau zu senden. Der Exparteichef antwortete mit Ja, aber einige Mitglieder des Präsidiums hegten Zweifel. Daraufhin machte der Spitzenfunktionär Kaganowitsch die böse Bemerkung: «*Wenn sie nicht um unsere Hilfe bitten, dann sind sie der letzte Dreck.*»

Auf der Krisensitzung des höchsten Parteigremiums vertrat allein Anastas Mikojan den Standpunkt, mit der Invasion zumindest noch zu warten. Er schlug vor, die Krise «*mit den Händen der Ungarn zu lösen*», denn «*dies würde uns weniger kosten*». Die Mehrheit jedoch war für rasches Eingreifen. Der «flexible» Mikojan und der «prinzipielle» Michail Suslow sollten im Tandem unverzüglich nach Budapest fahren und den ungarischen Genossen vor Ort Hilfe leisten. Gleichzeitig sollten der Armeegeneral und stellvertretende Chef des Generalstabs, Malinin, sowie der KGB-Chef Iwan Serow nach Ungarn fliegen. Zur gleichen Zeit setzten sich die in Süd- und Westungarn stationierten sowie in Rumänien und der Ukraine mobilisierten sowjetischen Panzereinheiten in Bewegung.

Moskau wollte schnell handeln und dachte an eine Demonstration der Stärke, wie sie am 17. Juni 1953 in Ostberlin wirksam geworden war – General Laschenko war daran beteiligt gewesen. Chruschtschow forderte Gerő ausdrücklich auf, vor dem Eintreffen der beiden Emissäre keinerlei Entscheidung zu treffen und das Zentralkomitee erst nach der Lösung des Konflikts zusammenzurufen. Obwohl es wahrscheinlich war, daß Imre Nagy bei der Regelung der Situation eine Rolle haben würde, gab der erste Mann der KPdSU seinen Leuten die Instruktion mit auf den Weg, *«ihn vorerst nicht zum Ministerpräsidenten zu machen»*.

Der Plan der blitzartigen Besetzung der ungarischen Hauptstadt wurde nicht von einem militärischen Faktor, sondern von der Naturkraft Wetter vereitelt: In der Stunde, als die von Moskau nicht sanktionierte Sitzung des ungarischen Zentralkomitees nach langem Zögern zusammentrat, lag über Budapest und Westungarn dichter Nebel. Die Vorposten der Panzer erreichten den Rand der Donaumetropole gegen 4 Uhr nachts. Mikojan und Suslow landeten auf dem Militärflughafen in Šzékesfehérvár und trafen erst am Vormittag des 24. Oktober in Budapest ein.

Das blutige Patt

4.30 Uhr

Liebe Hörer, wir wünschen Ihnen einen guten Morgen! Hören Sie bitte unsere erste Sendung des Tages. Liebe Hörer, wir verlesen zunächst eine Verlautbarung des Ministerrats der Ungarischen Volksrepublik:

Faschistische, reaktionäre Elemente haben einen bewaffneten Angriff gegen unsere öffentlichen Gebäude begonnen und auch unsere Streitkräfte angegriffen. Um die Ordnung wiederherzustellen und bis zur Einleitung weitergehender Maßnahmen sind alle Versammlungen und Demonstrationen untersagt. Die Streitkräfte sind angewiesen, mit der ganzen Strenge des Gesetzes gegen alle vorzugehen, die diesem Befehl zuwiderhandeln.

Zwischen den Wiederholungen dieser Meldung tönte Musik von einer hörbar stark strapazierten Schallplatte. Der Abhördienst des Münchner Senders Freies Europa konnte die Jammerlaute, die an Katzenmusik erinnerten, nicht identifizieren. Viele meinten später, das Musikstück sei Beethovens «Schicksalssymphonie» gewesen, was eher eine Projektion des dramatischen Moments gewesen sein mochte. Jedenfalls sollte sich das musikalische Angebot den ganzen Tag über nicht mehr bedeutend erweitern. Immerhin brachte man später aus einem aufgebrochenen Schrank einige Platten mit Operettenarien in das provisorische Studio, das in der Pförtnerloge des Parlaments eingerichtet worden war, damit der Sender auch zwischen zwei offiziellen Mitteilungen ein Lebenszeichen von sich geben konnte.

Der Wiener Journalist Fritz Molden sagte über die in dieser Situation eher makabre Begleitmusik: «*Ein Leben lang werde ich nicht Sindings Frühlingsrauschen vergessen, das mir immer wieder in den Ohren klang.*» Neben diesem sicherlich populärsten Stück des eingeschränkten Repertoires, einem sehr bekannten Ohrwurm, waren «*Kanonenschüsse und Karabinersalven, die anscheinend in allernächster Nähe abgefeuert wurden, vernehmbar. Ich blickte auf die Uhr, um zu notieren: Es war*

5.40 Uhr. In meiner Wohnung draußen in Hietzing schlief noch meine Familie. (…) Die ganze große Welt schien zu schlafen.»

Die erste, mehrmals wiederholte Verlautbarung wurde bald um die Aufforderung an die Bevölkerung ergänzt, diese solle die Straße bis 9 Uhr vormittags ohne zwingende Gründe nicht betreten, *«da die Niederwerfung der plündernden konterrevolutionären Banden noch im Gange ist»*.

Kurz nach 8 Uhr folgte ein Kommuniqué über die Nachtsitzung des Zentralkomitees der Partei. Das klang eintönig und langweilig wie alle ähnlich verfaßten Dokumente der fünfziger Jahre. Zudem hatte sich die Zusammensetzung des höchstens Gremiums des Landes kaum geändert – jedenfalls hatte Ernö Gerő seinen Posten behalten. Die einzig wichtige Information bestand darin, daß Imre Nagy zum Ministerpräsidenten erkoren worden war. Offensichtlich diente diese Schnellnachricht dazu, die nächste dringliche Mitteilung vorzubereiten.

8.45 Uhr

Achtung, Achtung! (…) Die Regierung der Ungarischen Volksrepublik verkündet für das gesamte Landesgebiet das Standrecht bei folgenden Verbrechen: staatsfeindliche Tätigkeit; Aufruhr; Anstiftung zum Aufruhr; Mord, Brandstiftung; Besitz von Sprengstoffen oder deren unautorisierte Verwendung; Gewalttätigkeit gegen Amtsträger des Staates oder gegen Zivilpersonen; unerlaubter Waffenbesitz. Alle Verbrechen, die unter das Standrecht fallen, werden mit dem Tode bestraft. Diese Verordnung tritt sogleich in Kraft. Gezeichnet: Imre Nagy, Ministerpräsident.

Wer, wie der Autor dieser Zeilen, damals im Stadtzentrum, am Großen Ring wohnte, der wurde nicht von den Nachrichten, sondern vom Kanonendonner und Dröhnen der Panzer geweckt. Die Rundfunksendung diente bestenfalls als Kommentar zu den Geräuschen der Außenwelt. Wenn man die Fenster öffnete und durch die Nebenstraße den Leninring (heute Terézring) erblickte, wurde gleich die aus den sowjetischen Filmen wohlbekannte imposante Kriegstechnik sichtbar, und wenn in der Luke eines Panzers plötzlich der Kopf eines Soldaten auftauchte, dann war er eindeutig Kämpfer der Roten Armee. Die sowjetischen Truppen hielten sich bereits seit einigen Stunden auf den Straßen von Budapest auf, sie besetzten Debrecen, Szeged, Szolnok und Kecskemét, aber sie waren von niemandem angekündigt worden. Naive Betrachter konnten zunächst nicht entscheiden, ob sie ihren Augen oder eher den Ohren Glauben schenken sollten. Der scheinbare Widerspruch wurde erst um neun Uhr aufgelöst, und zwar als Nebeninformation in einer neuen, geschwätzigen Tirade:

Achtung, Achtung! Die heimtückischen bewaffneten Angriffe konterrevolutionärer Banden während der Nacht haben eine äußerst ernste Lage geschaffen. Die Banditen sind in Fabriken und öffentliche Gebäude eingedrungen, wo sie zahlreiche Zivilisten, Angehörige der nationalen Verteidigungskräfte und Vorkämpfer der Staatssicherheitsorgane ermordet haben. Die Regierung war auf diese blutigen, hinterhältigen Angriffe nicht vorbereitet und hat sich daher, gemäß den Bestimmungen des Warschauer Paktes, an die in Ungarn stationierten sowjetischen Verbände um Hilfe gewandt. In Übereinstimmung mit dem Wunsche der Regierung beteiligen sich die sowjetischen Verbände an der Wiederherstellung der Ordnung. Wir rufen die Öffentlichkeit auf, Ruhe und Ordnung zu bewahren, darüber hinaus aber die ungarischen und sowjetischen Truppen bei der Erfüllung ihrer Aufgaben zu unterstützen!

Worin eine derartige Unterstützung konkret bestehen konnte, wurde erst zwanzig Minuten später sehr lakonisch erläutert: *«Der Innenminister verhängt Ausgehverbot bis nachmittags 14 Uhr.»*

Die nach 1990 zugänglich gewordenen Archivmaterialien erklären vieles, wenn auch nicht alles von den chaotischen Vorgängen jener Tage. So wissen wir heute, daß die fatale Entscheidung über die Einbeziehung der Sowjetarmee von András Hegedüs, und auch von ihm erst vier Tage später, zurückdatiert zur Rechtfertigung des Einmarsches bei der UNO-Vollversammlung, gegengezeichnet wurde. Auch die Todesdrohung für all diejenigen, die das Standrecht verletzten – auch wenn sie davon vielleicht gar nichts wußten –, war nicht von dem frisch ernannten Ministerpräsidenten, sondern während seines Schlafes ebenfalls von Hegedüs verfaßt worden. Dieser gab später in seinen Memoiren ehrlich zu, daß Imre Nagy wegen der drastischen Verordnung, deren Entstehung man ihm später angelastet hatte, völlig aus der Fassung geraten war und das Fait accompli empört zurückgewiesen hatte.

Allerdings können wir Nagy, ungeachtet seiner späteren heroischen Haltung, nicht ganz von der Verantwortung für das Geschehene freisprechen. Nach seinem mißlungenen Versuch, die Menge vor dem Parlamentsgebäude zu beschwichtigen, ging er in die nahe gelegene Parteizentrale und beteiligte sich an sämtlichen Beschlüssen jener Nacht. Als er kurz nach zehn Uhr Gerős Zimmer betrat, sprach dieser soeben mit dem Moskauer Parteichef über die bevorstehende Militäraktion. Davon war Nagy sicherlich nicht begeistert, zeigte jedoch auch kein Zeichen des Protestes. Auch hätte er die Notverordnung wohl kaum so plump wie Hegedüs formuliert, aber im Prinzip teilte er die Meinung des Politbüros, daß man der chaotischen Situation nur mit außergewöhnlichen Mitteln beikommen konnte. Vor allem jedoch ließ er sich bedingungslos von dem Gremium in das höchste Amt der Regierung katapultieren und stellte dem Politbüro damit einen politischen Blankoscheck aus.

Dieses Fehlverhalten ergab sich aus seiner jahrzehntelangen Zugehörigkeit zur kommunistischen Bewegung: Er war es gewohnt, sich an die Parteidisziplin zu halten und bereits gefaßte Beschlüsse selbst dann zu vertreten, wenn er mit ihnen nicht einverstanden war. Als eklatantes Beispiel hierfür diente sein Engagement in der Agrarpolitik zu Beginn der fünfziger Jahre. Nagy beanstandete parteiintern die gesamte Agrarpolitik als zu intolerant und zumindest verfrüht. Daraufhin mußte er öffentlich Selbstkritik üben und wurde schließlich zum «Minister für staatliche Erfassung» ernannt, dem die Aufgabe zukam, den «Überfluß» der bäuerlichen Produktion einzutreiben. Er wurde somit gezwungen, ausgerechnet die Politik zu verantworten, als deren Kritiker er galt. Die gegen ihn fortwährend vorgebrachte Anklage, er organisiere aus seinen Anhängern eine Fraktion – Todsünde für jede KP! –, brachte ihn, selbst als diese Fraktion in der Tat existierte, in eine ständige Beweisnot hinsichtlich seiner Treue gegenüber der Partei.

Andererseits fügte er sich der erneuten Zusammenarbeit mit seinen ihm vorwiegend feindlich gesinnten Genossen aus einem Gefühl der moralischen Überlegenheit heraus. Als er nach anderthalb Jahren das Gebäude betrat, in dem er als «Rechtsabweichler» Hausverbot gehabt hatte, konnte er hier jedem mit dem Bewußtsein in die Augen schauen, daß die tragischen Ereignisse ihm recht gaben, was für seine verletzte Eitelkeit sicherlich ein Trostpflaster war. Mit seinem weichen, menschlichen, vielleicht allzu menschlichen Charakter wollte er eine neue Zeitrechnung beginnen und erwartete von anderen eine ähnliche Großzügigkeit. Es dauerte nicht sehr lange, bis er seinen Irrtum einsah. Und bevor wir über seine Labilität den Stab brechen, müssen wir gleich vorausschicken, daß mächtigere Gestalten an diesem Tag viel größere Böcke geschossen haben.

Jedenfalls wurde dem Land an diesem Morgen ein Doppelschock verpaßt. Der Einmarsch der Roten Armee erfüllte die meisten Menschen – selbst wenn sie mit den Ereignissen des Vortages oder mit deren Tempo wenig anfangen konnten – mit einem Gefühl der Verzweiflung und Ohnmacht. Es war, als hätte eine übernatürliche Kraft in das ungarische Geschehen interveniert. Zudem wurde eine schwerwiegende historische Reminiszenz aktualisiert: Im nationalen Bewußtsein der Ungarn rief der 23. Oktober 1956 Erinnerungen an den 15. März 1848 hervor, ein Tag, der allerdings weitgehend friedlich verlaufen war. Den 24. Oktober assoziierte man mit jenem Maitag des Jahres 1849, als der russische Zar Nikolai auf Bitten des entthronten Kaisers Franz Joseph sein 200 000 Mann starkes Heer gegen die rebellischen Ungarn in Bewegung setzte. Alle Forderungen des Dienstags, von den gemäßigten bis zu den radikalen, traten am Mittwoch in den Hintergrund und überließen die Priorität einem völlig absurd erscheinenden, um so heißeren Verlangen, dessen zwei Worte zum Hauptslogan der Ereignisse wurden: *«Ruszkik haza!»* (Russen raus!)

Das Erscheinen des Namens Imre Nagy im Zusammenhang mit der Intervention bedeutete den zweiten schweren Schlag für die Öffentlichkeit. Trotz der mißglückten Rede am Vorabend war er in den Augen vieler immer noch der Kommunist, der den Weg aus der Krise weisen konnte, gewissermaßen der ungarische Gomułka. Er galt als jemand, der in einem solch kritischen Augenblick als Mann des Kompromisses den maximal möglichen Freiraum für das Land dem Kreml gegenüber durchsetzen und gleichzeitig die sowjetische Führung davon überzeugen konnte, daß ihre Interessen dadurch ungeschmälert blieben. Von welchem Kompromiß aber sollte jetzt noch die Rede sein, wenn bereits die Panzer rollten, Häuser zerstört wurden und es die ersten Opfer gab, sowohl bewaffnete als auch wehrlose? Wenn dieses alles zumindest *auch* im Namen des führenden Reformkommunisten geschah – auf wessen Nüchternheit und Autorität konnte man dann noch hoffen?

Die «Flottendemonstration» im Sinne eines demonstrativen Aufmarsches wie am 17. Juni in Ostberlin, mit der die militärische Führung der Sowjetunion zur Lösung der ungarischen Krise beitragen wollte, erwies sich als reine Wunschvorstellung. Anders als in Berlin während des Juniaufstandes trafen die gepanzerten, mechanisierten Einheiten der Roten Armee auf bewaffneten Widerstand. Dieser war militärisch gesehen noch kaum relevant, allerdings in seiner Art gefährlich. Vor allem die mehr als tausend schwerfälligen sowjetischen Panzer T-34 und die fast vierhundert gepanzerten Transportwagen konnten – zunächst ohne Schießbefehl – den Aufständischen kaum etwas antun. Diese folgten der Kampfmethode der klassischen Stadtguerilla, warfen mit Benzin gefüllte Flaschen auf die Tanks, schossen auf alles, was sich um die Kampffahrzeuge herum bewegte, und verfügten vor allem über exakte Ortskenntnisse. Das Fehlen der speziell für Straßenkämpfe ausgebildeten Infanterie machte die Präsenz der Truppen militärisch wenig wirkungsvoll und trug nur zum Anheizen der Leidenschaften bei.

Die ungarische Volksarmee befand sich im Zustand einer kollektiven Lähmung. Die Befehle der Kommandeure unterschiedlicher Waffenarten und diverser Ebenen neutralisierten sich gegenseitig und konnten kaum in Einklang gebracht werden. Höchstens die Truppenmitglieder der ÁVH blieben noch einigermaßen handlungsfähig. Im Ergebnis fielen in den ersten Tagen mehr als 100 Sowjetsoldaten, was sich auf die Kampfmoral der Besatzer negativ auswirkte.

Dabei waren die an den Operationen führend beteiligten Hauptoffiziere keine Anfänger oder Dilettanten. Die Marschälle Schukow, Konew, Sokolowski, der Armeegeneral Malinin, der Generalleutnant Laschenko – allesamt Helden der Sowjetunion – hatten sich während des Großen Vaterländischen Krieges im Kampf mit der deutschen Wehrmacht bewährt. Jedoch hatte keiner von ihnen außer Pjotr Laschenko und dem Chefberater Michail Tichonow früher mit Ungarn zu tun gehabt, und vor allem waren sie auf die politisch extrem verwickelte Lage unvorbereitet.

Der Oberst Jewgeni Malaschenko (geb. 1924), der die Operative Gruppe des Sonderkorps leitete, erinnerte sich im Jahre 1995 an die Erarbeitung des Militärplans der Operation «Welle». Der Plan sah vor, daß vierzig Objekte unter den Schutz der sowjetischen Verbände gestellt werden sollten – unter ihnen das Rundfunkhaus und das Gebäude des ZK, das Parlament, die Telefonzentrale, das Außenministerium und die Donaubrücken. Für Ordnungsaufgaben und Sicherung der Kundgebungen waren die ungarischen Genossen zuständig. Im Detail enthielt der Plan Hinweise auf den Kontakt mit den ungarischen Streitkräften. Vorsichtshalber wurde jedoch auch eine Variante entwickelt, nach der die sowjetische Seite allein, ohne ungarische Beteiligung handeln sollte. Als schließlich die Operation «Welle» mit der Losung «Kompaß» eingeleitet wurde, haperte es ausgerechnet an dem Punkt der Zusammenarbeit mit den Ungarn.

Gleichzeitig war auch der KGB nicht auf der Höhe seiner Aufgaben. General Serows Berichte an das Moskauer Präsidium kann man weder konkret noch präzise nennen. Mal benannte er die Partei der Ungarischen Werktätigen falsch, mal wußte er den Namen des Innenministers Münnich nicht, mit dem er täglich konferierte. Mit Vorliebe hörte er sich die Intrigen der hohen Funktionäre gegeneinander an, die selbst in diesen Tagen nicht aufhörten. In einem Rapport sprach er über die Beruhigung der Lage und die wachsende Gefahr der Kommunistenverfolgung. Von Ungarn schien er recht wenig Ahnung zu haben – wozu denn auch? Die ruhmreichste Seite seines Dienstbuchs datierte vom Herbst 1944, als er in Stalins Auftrag die Zwangsumsiedlung der Bevölkerung Tschetscheniens leitete. An den Folgen leidet Rußland heute noch.

Man könnte sagen, Politik sei nicht die Angelegenheit von Haudegen, sondern von professionellen Politikern. Aber wo waren die? Was hielten die Herren des Kreml für die wirklichen Ursachen der Revolte in den kleinen Ländern nebenan? Originalton Nikita Chruschtschow am 24. Oktober 1956 während der Beratung der Bruderparteien: «*Es ist kein Zufall, daß es in Polen und Ungarn zu Unruhen kam und nicht in der Tschechoslowakei. Die Erklärung hierfür ist, daß in der Tschechoslowakei das Lebensniveau unvergleichlich höher ist. In der Sowjetunion wurden mehr als zehntausend Parteimitglieder rehabilitiert und mehr als eine Million aus dem Gefängnis entlassen. Aber diese Leute haben keine bösen Gefühle gegen uns, denn sie sehen, daß viel für die Erhöhung des Lebensniveaus in unserem Land getan wird. Die Leute hören auch bei uns BBC und Freies Europa. Wenn aber der Bauch des Menschen gefüllt ist, wird er nicht auf den Feind hören.*» Ohne Chruschtschows praktische Fähigkeiten oder sogar seine Verdienste bei den positiven Veränderungen in der UdSSR leugnen zu wollen, wird hier deutlich, daß die höchsten Entscheidungsträger des größten Imperiums der Welt auf der Ebene von Stammtischgesprächen dachten.

Einzig und allein der kurzfristige Machtinstinkt funktionierte bei Chruschtschow einwandfrei. Als Emissäre des Politbüros wählte er zwei Menschen aus, deren Habitus kraß unterschiedlich war. Der ältere, der Armenier Mikojan, seit 1935 Mitglied des Präsidiums, galt als Mann für heikle Situationen. Er erfüllte öfters geheime diplomatische Aufträge – unter anderem spielte er eine maßgebliche Rolle während der Kubakrise 1962, als er gleichzeitig John F. Kennedy und Fidel Castro beschwichtigen sollte. Zwei Jahre später, zur Zeit des Staatsstreichs des Politbüros gegen Chruschtschow, trat er in genauer Kenntnis der Vorbereitungen als «Vermittler» zwischen den Putschisten und ihrem Opfer auf.

Der jüngere Funktionär, Michail Suslow, diente, beginnend mit den späten vierziger Jahren, als Hauptinquisitor des Systems. Wie eingangs behauptet, galt er als besonders prinzipienfest. In Wirklichkeit vertrat er im Verlauf seiner überlangen Amtszeit einander völlig widersprechende Grundsätze. Er unterstützte Titos Verdammung ebenso wie einige Jahre später die Versöhnung mit ihm; er war an Stalins Verherrlichung ebenso maßgeblich beteiligt wie an der Abschaffung des Stalin-Kultes. Er war Baumeister der sowjetisch-chinesischen Freundschaft und später Spiritus rector der Kampagne gegen Mao Tse-tung. 1957 schützte er Chruschtschow gegen den Coup von Molotow und seiner Gruppe, 1964 ergriff er für Breschnews Anhänger Partei, die nun den Chef entmachten wollten. Seine Aufgabe bestand darin, die ewig changierenden Interessen der Sowjetmacht mit der ewig grauen Theorie in Einklang zu bringen und zu jeder taktischen Wendung das entsprechende Lenin-Zitat zu finden. Dieser Funktionär dachte nicht nur in imperialen, sondern auch in epochalen Maßstäben. So sagte er 1964 über den von der Zensur verbotenen Roman *Leben und Schicksale* von Wassili Grossman, dieser werde in der Sowjetunion *«nicht früher als in zweihundert Jahren»* veröffentlicht.

Gegen Mittag des 24. Oktober in Budapest eingetroffen, konstatierte das Duo als erstes in einer telefonischen Mitteilung nach Moskau, daß *«die Lage nicht so katastrophal ist, wie sie von den ungarischen Genossen und dem sowjetischen Botschafter geschildert wird»*. Irritiert waren sie zunächst von Gerős Äußerung, daß *«die Ankunft sowjetischer Truppen in der Stadt eine negative Wirkung auf die Stimmung der Einwohner, unter ihnen auf die Arbeiter, ausübt»*.

In einem chiffrierten Telegramm, das allerdings erst am Morgen des nächsten Tages seinen Bestimmungsort erreichte, zeigten sie sich ebenfalls zuversichtlich: Im Verteidigungsministerium hätten sie einen Stab angetroffen, dessen Aufgabe in der Unterdrückung der Unruhen bestand, und im Zentralkomitee habe man ihnen versichert, daß die ungarischen Genossen aus dem Fehler von gestern – nämlich keinen Schießbefehl erteilt zu haben – gelernt hätten. Zusammen mit den sowjetischen Truppen liquidierten sie jetzt die Unordnung, in die übrigens die Mehrheit der Arbeiter nicht verwickelt sei. *«Auf unsere Frage, ob wir unserem ZK berichten können, daß die ungarischen Genossen die Lage beherrschten und überzeugt sind, die Situation lösen zu können, antworteten sie positiv.»*

Als einzigen möglichen Streitpunkt bei aller Betonung der Einheit innerhalb der ungarischen Führungsgremien erwähnten die Emissäre die politische Zukunft von Ernö Gerő. Dieser selbst gestand, daß immer mehr Stimmen seine Ablösung forderten und ihn wegen seiner Rede am Vortag für das Blutbad verantwortlich machen wollten. Die Forderung nach Gerős Abdankung wurde auf der Straße überall gestellt, aber kein Mitglied des Politbüros fand den Mut, sie offen auszusprechen. Vielmehr demonstrierten die Genossen Einheit und hörten während ihrer Sitzung abends um halb neun Mikojans Ratschläge an. Diese richteten sich vor allem darauf, die Arbeiter in den Versuch, Ordnung zu schaffen, mit einzubeziehen und das Rundfunkgebäude von den Aufständischen zurückzuerobern.

Die erste Forderung erwies sich als illusionär, die zweite hatte rein symbolischen Charakter, denn das provisorische Parlamentsstudio sendete ohnehin pausenlos. Um den Verbreitungsgrad der Ausstrahlung zu erhöhen, bat man die Hörer, ihre Geräte in das offene Fenster zu stellen. Dies war ohne Schwierigkeiten machbar – die Tagestemperatur lag zwischen 12 und 14 Grad Celsius. Allerdings nützte es dem System überhaupt nichts, das einzige öffentliche Medium kontrollieren zu können. Vielmehr geriet dieses Sprachrohr der Regierung aufgrund seiner unbrauchbaren und einseitigen Informationen sehr bald in den Mittelpunkt der Verachtung, ja des Massenhasses.

Sowjetische Panzer vor dem Budapester Parlament

Gleichzeitig schenkte man dem täglich achtzehn Stunden lang aktiven amerikanischen Sender Freies Europa beinahe grenzenloses Vertrauen, ähnlich wie dem RIAS in der DDR während der Junitage 1953. Im Oktober/November 1956 fand nicht zuletzt der heftigste Radiokrieg der beiden Systeme statt.

«Man log tags, man log nachts, man log auf allen Wellenlängen», mit diesem zum geflügelten Wort gewordenen Spruch versuchte der Schriftsteller István Örkény einige Tage später die Tätigkeit des Regierungs-

senders zu bilanzieren. Das Bonmot, dem der Urheber womöglich fünf Jahre Schreibverbot nach der Unterdrückung des Aufstandes zu verdanken hatte, streifte jedoch nur die Oberfläche des Problems. Anders als die gewöhnlichen Unwahrheiten der Propaganda waren die Äußerungen der Tage nach dem 23. Oktober vor allem Notlügen, und zwar von der ungeschicktesten, weil leicht nachprüfbaren Sorte. Sie kaschierten den klassischen Fall, den John Cage in einem anderen Kontext mit den Worten formuliert hatte: *«Ich habe nichts zu sagen, und deshalb sage ich es.»* Die einzige Botschaft von Guglielmo Marconis Erfindung unter der lückenlosen Kontrolle der ungarischen Parteiführung lautete: «Ich sende, also bin ich.»

Mehr als drei Stunden nach der Verkündigung des Standrechts sprach Imre Nagy zum ersten Mal seit seiner Ablösung als Regierungschef im Frühjahr 1955 an das Volk von Budapest: *«Um weiteres Blutvergießen zu vermeiden, teile ich euch mit, daß niemand unter Anklage gestellt wird, der bis heute um 14 Uhr die Waffen niederlegt und zu kämpfen aufhört. Gleichzeitig versichere ich, daß wir mit allen uns zu Gebote stehenden Mitteln so bald wie möglich die systematische Demokratisierung unseres Landes (...) verwirklichen werden.»*

Dieser Aufruf wurde unterstützt durch eine Erklärung von Zoltán Tildy, früher ein leitender Politiker der großen Agrarpartei der Kleinen Landwirte, bis 1948 Präsident der Republik, bis er von den Kommunisten zum Abdanken gezwungen worden war, des weiteren durch den Studentenverband MEFESZ, der zu den Initiatoren der Kundgebung am Vortag zählte. Um die schnelle Wirkung der Rede zu zeigen, wurde bereits um 12.20 Uhr mitgeteilt, eine Abordnung von bewaffneten Kämpfern in der Nähe des Ostbahnhofs habe sich bereit erklärt, die Waffen niederzulegen. Eine Stunde später sollten dem löblichen Beispiel andere Aufständische gefolgt sein, die angeblich *«an der Ecke Szondi- und Vörösmartystraße»* die Waffen niedergelegt hätten. Allerdings endete nun bald die gesetzte Frist, und die Regierung (die Leute sprachen schlicht vom «Radio») fühlte sich gezwungen, eine neue Erklärung verlesen zu lassen:

13.54 Uhr
Achtung, Achtung! In wenigen Minuten ist es 14 Uhr. Wer sich vor diesem Zeitpunkt ergibt, kommt nicht vor ein Kriegsgericht. Achtung, Achtung! Wir bitten unsere Hörer, ihre Radiogeräte in die Fenster zu stellen. Wir wollen den Konterrevolutionären und Irregeleiteten mitteilen, daß sie nicht vor ein Kriegsgericht gestellt werden, wenn sie vor Ablauf der Frist die Waffen strecken.

Zwölf Minuten nach der bedrohlichen Deadline sprach dieselbe Stimme:

«Achtung, Achtung! Wir senden eine wichtige Nachricht: Die Regierung hat den Beschluß, daß allen, die ihre Waffen bis 14 Uhr, 2 Uhr nachmittags, strecken, das Gerichtsverfahren erlassen wird, modifiziert: die letzte Frist ist 18 Uhr, 6 Uhr nachmittags.»

Als hätte man die späteren absurden Stücke und Novellen von Örkény vorwegnehmen wollen, wiederholte der Sender um Viertel vor sechs mehrmals die Warnung: *«Noch ein paar Minuten! Alle, die den Staat des werktätigen Volkes mit Waffen angegriffen haben, verfügen nur noch über ein paar Minuten, um von der Großzügigkeit unserer Regierung zu profitieren und dem Todesurteil durch ein Kriegsgericht zu entgehen.»*

Der letzte diesbezügliche Aufruf des Tages (20.50 Uhr) entbehrte bereits jeglicher Drohgebärde und verwies nur noch auf den bedauerlichen Umstand, daß *«vereinzelte Gruppen weiterhin Widerstand leisten, auch noch zu dieser Stunde, und zwar einfach, weil sie die Situation falsch beurteilen oder gar nicht kennen. Diese Gruppen werden erneut aufgefordert, die Waffen niederzulegen, da ihre Lage hoffnungslos ist.»*

Diese tragikomische Standrechtskampagne führte dazu, daß man nicht nur die späteren, zumeist erfundenen Erfolgsmeldungen skeptisch aufnahm, sondern auch die sicherlich ehrlich gemeinten Friedensappelle von kirchlichen Persönlichkeiten und dem früheren Vorsitzenden der Sozialdemokratischen Partei, der unter Rákosi im Gefängnis gesessen hatte. Noch schlimmer war, daß wegen des nach wie vor militanten Vokabulars (*«Konterrevolutionäre und Irregeleitete»*) der Mitteilungen niemand die feine Verschiebung bemerkt hatte. Am

Morgen hatte die Macht noch ultimativ mit Kopfschüssen gedroht, am Abend flehte sie darum, sie nicht in die Situation zu bringen, Hinrichtungskommandos Befehle erteilen zu müssen. Währenddessen fielen überall Schüsse, und die Tötungsmaschinerie konnte niemand mehr aufhalten. Offensichtlich paßte dazu eine Aussage, die dem Philosophen György Lukács zugeschrieben wurde: *«Es gibt nichts Fürchterlicheres als eine Tyrannei mit schwacher Hand.»*

Vor allem aber verwandelte sich die Lüge – nicht die des Radios, sondern die der ganzen Führung und sogar der sowjetischen Machthaber – in eine Selbsttäuschung. Die improvisierten Protokolle des Politbüros und des ZK, aber auch die von ihnen kontrollierten Sendungen des Rundfunks zeugten von einer totalen Unkenntnis der Kräfteverhältnisse. Am frühen Morgen des 25. Oktober wartete der Sender mit einer Erfolgsmeldung auf: *«Die konterrevolutionären Banden sind im wesentlichen aufgerieben.»* Obwohl die Wortwahl «im wesentlichen» im volksdemokratischen Duktus praktisch mit der Zurücknahme einer Behauptung gleichbedeutend und daher Vorsicht geboten war, bestätigte man die Aussage mit einer direkten Aufforderung: *«Die Werktätigen müssen wieder mit der Arbeit beginnen. Die Fabriken sollten die Produktion aufnehmen, die Büros und Betriebe wieder in Gang kommen. Hingegen bleiben sämtliche Volks- und Mittelschulen sowie höhere Studienanstalten bis auf weiteres geschlossen. Die Läden sind zur üblichen Zeit zu öffnen. Die Regierung und der Stadtrat von Budapest haben eine ordnungsgemäße Versorgung der Bevölkerung mit Waren und Lebensmitteln sicherzustellen.»*

Zu derselben Zeit lasen die Sowjetbürger in allen Tageszeitungen des Imperiums die anonyme Korrespondenz der Nachrichtenagentur TASS unter dem Titel: *«Zusammenbruch der volksfeindlichen Abenteuer in Ungarn.»* Aus dem auf den 24. Oktober datierten Bericht vernahm man zum ersten Mal, daß überhaupt irgend etwas im Nachbarstaat geschehen war, daß der Ministerpräsident dort neuerdings Imre Nagy hieß, obwohl die Partei nach wie vor von Ernö Gerő geleitet wurde. Bevor jedoch die Leser über den merkwürdigen Vorgang nachdenken konnten, wurde ihnen bereits beruhigend zugesichert, die ungarischen Behörden hätten mit Hilfe der Sowjettruppen Gesetz und Ordnung wiederhergestellt: *«Aus allen Ecken des Landes strömen Telegramme an die Adresse des ZK der Partei der Ungarischen Werktätigen, in denen die Werktätigen Ungarns ihrer Empörung über die verbrecherischen Handlungen der Konterrevolutionäre Ausdruck verleihen und Partei und Regierung ihre Bereitschaft versichern, die volksdemokratische Ordnung vor dem Angriff jedes Feindes zu verteidigen ...»*

Wieder greife ich auf persönliche Erinnerungen zurück. Meine Mutter arbeitete im siebten Bezirk, ungefähr zwanzig Minuten zu Fuß von dem Haus entfernt, in dem wir wohnten. Der Arbeitsplatz meiner Großmutter war näher, vielleicht zehn Minuten weit weg. Als die beiden Frauen den Aufruf hörten, waren sie bereit, pünktlich um 8 Uhr an ihrem Arbeitsplatz zu erscheinen. Gewöhnlich gingen sie gemeinsam bis zum Oktogon, damals Platz des 7. November. Sie packten ihre Sachen und gingen die Treppe hinab. Ich begleitete sie aus purer Neugier: In der Tür stand unser Hausmeister und riet ihnen von ihrem Vorhaben dringend ab. Er zeigte auf das Kino «Szikra» schräg gegenüber, wo die Reihe der Panzer begann. An der Ecke zwischen Ring und der Rudas-László-Straße (heute Podmaniczkystraße), dort, wo früher der Friseur gewesen war, gähnte eine Lücke – sicherlich das Ergebnis nächtlicher Kämpfe. Meine Angehörigen kehrten sofort um. Erst in den Nachmittagsstunden verließen wir wieder das Haus – auf der anderen Seite der Nebenstraße, vor dem Spital des Rettungsdienstes, stand man Schlange um frische Milch und Brot.

Am frühen Vormittag marschierten durch den sechsten und auch den siebenten Bezirk Tausende von unbewaffneten Demonstranten in Richtung des Parlaments. Sie forderten Gerős Abdankung, ließen Imre Nagy hochleben, skandierten *«Wir sind keine Faschisten»*, *«Nieder mit dem Standrecht!»*, *«ÁVHs sind Mörder»* und *«Russen raus!»* Die sowjetischen Panzer begleiteten sie bereits vom Hotel Astoria an, gaben jedoch nicht einmal Warnschüsse ab. Diese Haltung nahmen viele als ermunterndes Zeichen. Vor allem Schüler und Studenten sprachen die Sowjetsoldaten an – Russisch war in allen Schulen des Landes Pflichtfach – und versuchten ihnen zu erklären, daß sie keine Konterrevolutionäre, sondern Anhänger des Sozialismus seien. Diese Versuche der Verbrüderung erreichten ihren Höhepunkt am Parlamentsplatz, wo viele Jugendliche auf die Panzer kletterten und in deren Rohre ungarische Fahnen steckten. Es ging das freudige Gerücht um: «Die Russen sind mit uns!» Kurz nach elf Uhr knatterte die erste Salve und löste eine Schießerei von zehn bis zwanzig Minuten Dauer aus, die rund sechzig Todesopfer und Dutzende von Verwundeten zur Folge hatte. Tausende versuchten in Panik den Platz zu verlassen.

Später gingen die Meinungen der Augenzeugen darüber auseinander, wer woher und womit das Feuer eröffnet hatte: Einer Version zufolge schossen ÁVH-Leute mit Maschinengewehren von den Dächern der gegenüberliegenden Häuser, einer anderen Auffassung nach gingen die sowjetischen Kanonen plötzlich los, und es gab sogar die Annahme, Panzer der ungarischen Armee, welche die in der Nähe liegende Parteizentrale sichern sollten, seien in die Aktion verwickelt gewesen. In ihrem Tagestelegramm vom 25. Oktober 1956 an das ZK der KPdSU gaben sich Mikojan und Suslow lakonisch: *«Auf dem Platz vor dem Parlament versammelte sich eine riesige Menge, welche die Forderung der sowjetischen Militärs, sich aufzulösen, nicht befolgte. Zudem wurden auf unsere Truppen einige Schüsse von den Dächern der benachbarten Häuser abgefeuert, eine Brandflasche zündete einen unserer Tanks an. Im Ergebnis von alledem wurde das Feuer eröffnet, und wie mitgeteilt wird, sind sechzig Ungarn getötet worden.»*

Das Blutbad vor dem Parlament gehörte zweifelsohne zu den dunkelsten Seiten der sowjetischen Militäraktion, ein Thema, das in der Propaganda der Ära Kádár eher gemieden wurde. Anders als im Kampf um das Rundfunkgebäude, der von beiden Seiten Opfer forderte, fielen hier ausschließlich unbewaffnete Bürger. Vor allem bleibt bis heute die Frage offen, wer die mysteriösen Schützen gewesen sein könnten, die von den Dächern herab auf die Menge feuerten. Jedenfalls wird ein Kampfauftrag, Demonstrationen auseinanderzujagen, auch in den Memoiren des Leiters der operativen Gruppe, General Malaschenko, nicht erwähnt. Mit einiger Wahrscheinlichkeit stammte der Feuerbefehl vom KGB-Chef Serow, der durch den friedlichen Dialog zwischen Demonstranten und Sowjetsoldaten alarmiert war.

In der Akadémiastraße herrschte Chaos. Die Teilnehmer der Sitzung – Mitglieder des Politbüros, führende Funktionäre und die sowjetischen Emissäre – waren zumindest Ohrenzeugen des Blutbades nebenan. Zudem drang eine verirrte Salve eines sowjetischen Maschinengewehrs direkt in den Sitzungssaal und löste Panik unter den Anwesenden aus. Da alle bereits wußten, daß die Hauptforderung der Demonstranten die Ablösung Ernö Gerős war, faßten sie den schnellen Beschluß, den Ersten Sekretär – übrigens mit dessen Einverständnis – zu feuern und als seinen Nachfolger János Kádár zu ernennen. Kádár als Parteichef und Nagy als Ministerpräsident – eine Konstellation, die zum Beispiel noch Ende Juni die Situation hätte retten können. Nun war dies aber nur noch eine der vielen verspäteten Entscheidungen, die erneut die Schwäche der Führung offenlegten. Der Ministerpräsident geriet unter Zugzwang.

Als am Abend des 23. Oktober Imre Nagy, damals noch Privatperson und seit kaum einer Woche einfaches Parteimitglied, seine Villa in der Orsóstraße verließ, hatte er das Mandat seiner politischen Freunde, mit dem Massenprotest im Rücken radikale personelle Änderungen in den höchsten Machtstrukturen durchzusetzen. Obwohl es ihm gelungen war, seine beiden engsten Verbündeten ins Politbüro wählen zu lassen – Ferenc Donáth als ZK-Sekretär und Géza Losonczy als Mitglied –, fühlten sich beide von ihrem politischen Führer im Stich gelassen und verzichteten aus Protest auf die angebotenen Ämter. Sie warfen ihm das vor, was man im Jargon der kommunistischen Bewegung einen «faulen Kompromiß» nannte. In der Tat geriet Imre Nagy am frühen Morgen des 24. Oktober in eine seltsame Koalition aus drei Strömungen: Die Mehrheit des damaligen Parteivorstandes wurde von Funktionären gebildet, die noch vor ein paar Monaten fanatische Anhänger von Mátyás Rákosi und eingeschworene Feinde von Imre Nagy gewesen waren – ihr prominentester Vertreter war Ernö Gerő. Die zweitstärkste Strömung, die sogenannten «Unzufriedenen», wurden repräsentiert von dem aus Rákosis Gefängnis entlassenen János Kádár. Diese wollten die im Juni 1953 angekündigten Reformen durchführen, allerdings gleichzeitig ihre Loyalität gegenüber der Partei und der sowjetischen Führung in keinem Fall aufgeben. Schließlich gab es eine ziemlich kleine Gruppe – Zoltán Vas, Zoltán Szántó, Imre Mezö, Lajos Fehér und József Köböl gehörten dazu –, die kein Hehl aus ihren Sympathien für Nagy machte.

Der Einzug der Sowjetarmee schuf eine völlig verdrehte Situation. Zuvor bestanden zwei Optionen. Die eine war die in Polen versuchte politische Lösung – ein radikaler Austausch der ersten Garnitur und zumindest die Ankündigung tiefgreifender politischer Reformen mit einem höheren Grad an Freiheit. Die andere Möglichkeit bestand klipp und klar im harten Durchgreifen, was, ähnlich wie in der DDR im Juni 1953, angesichts der Schwäche der politischen Macht nur mit Moskaus direkter Hilfe vorstellbar war. Wie wir wissen, gab es diesbezügliche Pläne spätestens seit dem Sommer 1956. Theoretisch waren beide Lösungsmodelle denkbar, allerdings schwerlich miteinander in Einklang zu bringen.

Um die am frühen Morgen des 24. Oktober sanktionierte Liquidierung der Zentren des Widerstandes militärisch durchzusetzen, wollten die Hardliner ein strenges Ausgehverbot. Davon erhofften sie sich die gewaltsame Auflösung der damals noch schwachen Strukturen der Aufständischen. Allerdings hätten sie als Hilfskraft der sowjetischen Panzer massenhaft ungarische Soldaten einsetzen müssen, und ein Blutbad sowie Zerstörungen in der dicht bewohnten Stadt wären unvermeidlich gewesen. Dazu jedoch fehlte selbst den Betonköpfen in der Partei der Mut. Wer hingegen auf eine politische Lösung setzte, hätte zuerst die Straßen von den sowjetischen Streitkräften räumen und sämtliche aktuelle Forderungen der durch den Einmarsch emotional aufgewühlten Öffentlichkeit akzeptieren müssen. Dabei galt die von János Kádár in diesen Tagen auf den Punkt gebrachte Erkenntnis: *«Je stärker wir militärisch sind, desto schwächer werden wir moralisch.»* Dies bedeutete, daß die Parteiführung jeden Tag der sowjetischen Präsenz für den Preis immer neuer und größerer Zugeständnisse «erkaufen» mußte.

Die Moskauer Führung tolerierte zunächst diese Politik der kleinen Zugeständnisse. Sie war in der eigenen, ins Stocken geratenen Militäraktion gefangen. Vorsicht war aus mehreren Gründen geboten: Man wußte noch zuwenig über den Standpunkt des Westens, man befürchtete eine Auswirkung auf andere Staaten des Warschauer Vertrags, und schließlich bestand die Gefahr, daß die ungarische Krise das heikle Gleichgewicht zwischen den Halbgöttern im sowjetischen Olymp beeinträchtigen könnte. Vor allem aus diesem Grunde leiteten die Entsandten des Kreml in der Nacht auf den 26. Oktober mit besonderer Entrüstung einen Satz aus der Rundfunkansprache von Imre Nagy an ihre Auftraggeber weiter: *«Die ungarische Regierung wird* [nach Wiederherstellung der Ordnung, G.D.] *Gespräche mit der Sowjetunion aufnehmen, die (...) unter anderem den Abzug der in Ungarn stationierten Truppen zum Inhalt haben werden.»*

Der Aufstand der Namenlosen

Die improvisierten Protokolle der Sitzungen des Politbüros und des ZK der Partei der Ungarischen Werktätigen aus den späten Oktobertagen, deren Wortlaut 1997 veröffentlicht wurde, zeugen von einer Kopflosigkeit sondergleichen. Sogar der Personenkreis der potentiellen Entscheidungsträger änderte sich ständig, von Vorsitz und Reglement der Tagesordnung fehlt jede Spur. Im engeren Sinne traf auch das Wort Sitzung nicht zu. Als Bewegungsform dominierten Kommen und Gehen, impulsives Aufspringen, beleidigtes Verlassen des Konferenzsaals, Verschwinden von Anwesenden, Erscheinen von nicht Geladenen. Was aber wahrscheinlich alle am bedrückendsten fanden, war der Mangel an exakten Kenntnissen über die Situation. Darin rächte sich die Geheimniskrämerei der letzten Jahre – jedes geschlossene Informationssystem blockiert automatisch das Feedback.

Die Mitglieder des Politbüros saßen da wie ein Generalstab am Vorabend einer entscheidenden Schlacht, der nicht die geringste Ahnung von der zahlenmäßigen Stärke, den Angriffsplänen und Truppenbewegungen des Gegners hat. Fortwährend war die Rede von «feindlichen Kräften» und «bewaffneten Banden», aber niemand hätte auch nur einen einzigen Protagonisten nennen können. Die Stärke des Gegenübers lag nicht zuletzt in dessen Anonymität. Später, nach der Unterdrückung des Volksaufstandes, tauchten in Gerichtsakten und Propagandaschriften der Regierung Kádár immer häufiger Namen von Beteiligten auf, natürlich im Zusammenhang mit den meist drakonischen, in vielen Fällen tödlichen Gerichtsurteilen. Von einer einigermaßen sachlichen Untersuchung der Vorgänge konnte bis 1988 keine Rede sein. Da der harte Kern des bewaffneten Widerstands gewiß einige hundert Personen umfaßte, wollen wir hier nur wenige Fälle exemplarisch sichten, die im ungarischen Diskurs eine wichtige Rolle spielten oder immer noch spielen.

In einem der ersten telefonischen Berichte von Mikojan und Suslow an die Moskauer Zentrale wurde ein Flugblatt in russischer Übersetzung weitergegeben. Die Autoren verlangten unter anderem die Aufhebung des Standrechts, allgemeine Amnestie, den Abzug der sowjetischen Truppen und die Kündigung des Warschauer Vertrags. Der unerhörte Forderungskatalog wurde von einer «Neuen provisorischen ungarischen Revolutionsregierung und Ausschuß zur Verteidigung der Heimat» unterzeichnet.

Eine solche Organisation hat niemals existiert. Wie General Serow in einem chiffrierten Telegramm mitteilte, handelte es sich bei den Verfassern um drei von der ungarischen Volksarmee verhaftete Personen: um den Filmregisseur Per Olaf Csongovai, den Redakteur einer Zeitung der Volksarmee, József Értavi, sowie um den Hochschullehrer János Virág – alle Namen waren durch die russische Transkription verunstaltet. Keiner der Delinquenten besaß eine Waffe, und alle waren, wie Serow etwas befremdet anmerkte, Mitglieder der Partei der Ungarischen Werktätigen.

Für die surreale Atmosphäre jener Tage spricht nicht nur die Tatsache, daß die drei Intellektuellen die Frechheit besaßen, sich mit einem solchen Schreiben direkt an den Regierungschef zu wenden, sondern auch, daß sie am 25. Oktober um 17 Uhr tatsächlich von diesem empfangen wurden. Der Ministerpräsident las kopfschüttelnd den Text, bat jedoch diese erste «Delegation des Volkes» darum, den Aufständischen sein Versöhnungsangebot zu vermitteln. Sie sagten zu, wurden allerdings an der Erfüllung ihres Versprechens durch eine Verhaftung vorübergehend gehindert.

Der 28jährige Bauleiter István Angyal stand mit seinem Freund Csongovai bereits am 23. Oktober vor dem Rundfunksitz und marschierte zwei Tage später an der Spitze der sogenannten «Demonstration der blutigen Fahnen», eines Protests gegen das Massaker vor dem Parlamentsgebäude. Den Kontakt mit einer Gruppe von Aufständischen nahm er erst am 26. Oktober auf, lieferte ihnen Lebensmittel, Kaffee und Medikamente, die er in einem Krankenhaus beschafft hatte, wo seine Lebensgefährtin, eine Ärztin, arbeitete. Die Gruppe besetzte ein großes Garagengebäude an der Tüzoltó utca (Feuerwehrgasse) im neunten Bezirk, bekämpfte die sowjetischen Panzer mit Molotowcocktails und erbeuteten Waffen. Drei Tage später beteiligte sich Angyal bereits als Kommandant der Gruppe an den Verhandlungen mit der Regierung über einen Waffenstillstand.

Der 26jährige Lagerarbeiter László Iván Kovács befand sich ebenfalls unter den Demonstranten vor dem Rundfunkhaus und gehörte der Delegation an, die mit der Intendantin über das Verlesen der studentischen Forderungen verhandelte. Einen Tag später schloß er sich der Gruppe von Aufständischen in der Corvingasse an, die etwa fünfzig Mitglieder zählte, mehrheitlich Jugendliche. Er wurde zum Kommandanten gewählt. Über seine politische Einstellung wissen wir hauptsächlich das, was er nach der Niederwerfung des Aufstands vor der ermittelnden Behörde aussagte: *«Wenn ich die Geschichte der Kommunistischen Partei oder* Das Kapital *von Marx las, gefiel mir das. Ich hätte es auch irgendwie so gewollt, aber in der Realität sah und hörte ich anderes, und ich hatte Angst vor der Partei.»*

Die «Corvinisten» bildeten die militärisch stärkste Einheit der Freischärler – ihr Hauptsitz, das Kino «Corvin», lag an der Ecke Ferencring/Üllöistraße, im Dreivierteloval umgeben von Wohnhäusern, was eine Annäherung durch Panzer unmöglich machte. Diese vorteilhafte Lage nutzten die Gebrüder Pongrácz – fünf von insgesamt neun waren am Aufstand beteiligt – mit erstaunlicher militärischer Vernunft, erbeuteten wie viele andere auch am späten Abend des 23. Oktober Waffen in der «Lampenfabrik» und bauten ihre Stellung aus. Sie hießen jeden Nächstbesten willkommen, am 25. Oktober zählten sie bereits hundert, am 27. dreihundert und am 28. achthundert Leute. Einer der Brüder, Gergely (Jahrgang 1932), nach seinem männlichen Gesichtsschmuck «Schnauzbart» genannt, stieg dank seines Organisationstalents in der informellen Hierarchie rasch auf und wurde zum Erzrivalen von Iván Kovács.

Anders als Kovács, Angyal oder Csongovai war Gergely Pongrácz, vor dem Aufstand Viehzüchter in Cegléd, ein unversöhnlicher Geg-

Aufständische am Kino «Corvin», Ende Oktober 1956

ner des Systems. Dies äußerte sich hauptsächlich in seiner Abneigung gegenüber jeglicher Vereinbarung mit Regierungsvertretern. Militärisch setzte er auf eine offensive Taktik. Bei der Volksarmee und den Sowjets erbeutete er Maschinengewehre, Sturmgeschütze, Minenwerfer und sogar Kanonen – letztere wurden von den außer Gefecht gesetzten Panzern abmontiert. Meist jedoch kämpfte die Gruppe eher mit Handwaffen, Benzinflaschen, Granaten und mit der für den Aufstand emblematisch gewordenen Maschinenpistole, die im Volksmund «Gitarre» hieß.

Mit dieser «Gitarre» in der Hand schaute der «Unbekannte Aufständische», der Freiheitskämpfer düsteren Gesichts, auf die Leser der internationalen Presse, als «Hungarian freedom fighter», der auf dem Titelblatt des *Time Magazine* zum «man of the year» erkoren wurde. Im Hintergrund sah man noch einen anderen Mann mit Baskenmütze und eine Frau mit Kopftuch. Die Titelgeschichte des *Time Magazine* war bis dahin hauptsächlich Einzelpersonen vorbehalten, als erstem 1927 dem Ozeanflieger Lindbergh. Die Budapester Aufständischen teilten ihren Ruhm unter anderem mit Gandhi (1930), Roosevelt (1932), Haile Selassie (1935), Hitler (1938), Stalin (1939, 1942), Eisenhower (1944), Churchill (1940, 1949), der Queen Elizabeth II. (1952), Konrad Adenauer (1953), Frank Sinatra (1955) und – damit schließen wir die Auflistung – Nikita Chruschtschow (1957). Jedenfalls geschah es erst zum zweiten Mal, daß sich die Titelgeschichte mit einem kollektiven Helden befaßte – erstmalig war das 1950 der Fall, beim Ausbruch des Koreakrieges («Der amerikanische Soldat»). Ungefähr so kunterbunt wie die oben aufgeführte vielgestaltige Liste war auch die Zusammensetzung der Protagonisten des ungarischen Aufstands, den zu Scherzen neigende Zeitgenossen auch als «die kleine Oktoberrevolution» bezeichneten.

In der politischen Literatur der Ära Kádár überwog – wenn auch mit Nuancen – eine lineare Erklärung für die Ausweitung des Aufruhrs: Die Konterrevolution hatte mit Hilfe von ausländischen Geheimdiensten, Exilpolitikern, kleinbürgerlichen Intellektuellen sowie Verrätern innerhalb von Parteiführung, Armee und Polizei hauptsächlich die Repräsentanten der ehemals herrschenden Klassen sowie faschistische und kriminelle Elemente mobilisiert. Diese hetzten dann Arbeiter und Bauern, die aufgrund der Fehler der Parteiführung unter Rákosi irregeleitet waren, gegen die Regierung auf. Vor allem aber

«Time-Magazine»-Titelblatt

leugneten die Anhänger dieser Auffassung jede Spontaneität im Verlauf des Aufstands. Im Gegensatz dazu sahen die «Sechsundfünfziger», das heißt die Parteigänger des Oktoberaufstands jedweder Couleur, die allerdings nur in Exilpublikationen oder später im Samisdat zu Wort kamen, einen völlig spontanen Ausbruch der gerechten Volkswut, eine Heilige Revolution, die von niemandem organisiert oder bewußt gelenkt wurde. Die Wahrheit liegt nicht, wie dies gewöhnlich der Fall ist, zwischen, sondern außerhalb dieser Versionen. Geplant und organisiert wurde nämlich vieles und von vielen, allerdings kreuzten sich allzu oft die Pläne und Erwartungen und behinderten sich gegenseitig.

So forderten die Studenten in ihren sechzehn Punkten definitiv die Entfernung des Stalin-Denkmals «so schnell wie möglich», aber gestürzt wurde der Koloß viel schneller und von einer Menge, die von ihnen nicht mehr kontrolliert werden konnte. Die Soldaten gingen zum Radiogebäude mit dem klaren Befehl, die Demonstranten zu zerstreuen, und viele zogen von dort bereits als Aufständische weiter. Die Jugendlichen der Außenbezirke suchten bewußt nach Waffen, verfügten jedoch über keine militärischen Zielsetzungen. Erst in den späten Abendstunden erschienen winzige Einheiten am Eingang der Donaubrücken, als sich das Gerücht verbreitete, «die Russen kommen». Die Sowjets wiederum gaben bereits den entsprechenden Ukas aus, ohne zu ahnen, daß sie am Zielort auf Bewaffnete stoßen würden.

Die große Politik verlief ebenfalls ohne Koordination. Ernö Gerő strebte die Machterhaltung mit Hilfe der Sowjets und unter Einbeziehung seines Erzfeindes Imre Nagy an. Dieser wiederum setzte auf einen Kompromiß mit Gerő, um durch die Beruhigung der Situation seine Reformen doch noch durchführen zu können. János Kádár wollte ein vorübergehendes Bündnis mit beiden, um die Partei über die schwierige Zeit hinwegzuretten und Chruschtschows Vertrauen zu gewinnen. Der sowjetische Parteichef rechnete anfänglich mit diesen dreien als Triumvirat, das die Lage in Ungarn stabilisieren, die Störfaktoren seiner Politik in Osteuropa ausschalten und ihm in seinem Kampf gegen die Erzkonservativen der eigenen Partei den Rücken stärken konnte. Präsident Eisenhower baute den Wirrwarr in Osteuropa in seine Wahlkampagne gegen den Gouverneur von Illinois, Stevenson, ein, ohne eine direkte Einmischung zu erwägen. Sir

Anthony Eden, Guy Mollet und Ben Gurion warteten auf den geeigneten Augenblick, in dem keine der Großmächte sie daran hindern konnte, die ewige Nahostkrise in ihrem Sinne zu lösen.

Weniger ausgeprägt waren die Zielvorstellungen der Straßenkämpfer. Der Filmregisseur Per Olaf Csongovai, einer der Kommandanten in der Tüzoltó utca, war fest entschlossen, die Machtstruktur des Landes zu verändern. *«Ich hatte eine fixe Idee: den Arbeiterrat, und ich konnte mich mit niemandem darüber verständigen, so daß ich bereits selbst daran denken mußte, verrückt geworden zu sein.»* László Iván Kovács aus der Corvin-Gruppe sah den Sinn des Aufstands in dem Erkämpfen von freien Wahlen: *«Den Kommunismus als Herrschaft einer Partei wollte ich ein für allemal liquidieren. (...) Ich trat dem Kampf für die Verwirklichung eines auf nationaler Basis ruhenden demokratischen Systems bei und wollte die Hemmschuhe der Demokratisierung beseitigen.»* Demgemäß war er auch bereit, mit den gemäßigten Elementen in der Regierung zu verhandeln.

Sein Nebenbuhler um die Gunst der Revolution, Gergely Pongrácz, sehnte sich hingegen eher nach militärischen Lorbeeren. Mit Hilfe seiner Militanten, deren Zahl er mit einer gewissen Phantasie auf fünfzehntausend schätzte, versprach sich der Kommandant unter Einbeziehung von hunderttausend Zivilisten und Teilen der Volksarmee die Bildung eines ganzen Heeres. Dieses wäre nach seiner Auffassung – die er allerdings erst im nachhinein, in seinen Exilmemoiren äußerte – sehr stark gewesen: *«...sollte ganz Rußland kommen, wir hätten vielleicht selbst einen solchen Angriff abwehren können.»* Der LKW-Fahrer Ekrem Kemal, der in der Széna-tér-Gruppe in Budas Zentrum tätig war, definierte deren Grundsatz während einer Verhandlung mit den Militärs in negativer Form: *«Die Mehrheit der Kämpfer vom Széna-tér sind werktätige arbeitende Menschen, sie wollen nicht das Vorkriegssystem durch Revolution wiederherstellen, denn dadurch wären auch die bisher erreichten sozialistischen Errungenschaften abgeschafft worden.»*

Ein anderes Mitglied dieser Gruppe, Róbert Bán, spürte eine eindeutige Aversion gegenüber den neu entstandenen Parteien. Als Delegationen der neu gegründeten Partei der Kleinen Landwirte, der Sozialdemokraten und selbst des Kardinals Mindszenty um bewaffnete Begleitung und Autos baten, wies er diesen Anspruch zurück: *«Ich habe ihnen gesagt, daß (...) die Freiheitskämpfer die Waffe nicht dafür in die Hand nahmen, damit sie sich Funktionen und führende Stellungen erwerben. (...) Dies lehnte ich ab, indem ich ihnen sagte, daß ich keine Partei haben will.»*

Viel mehr als das erfahren wir nicht über die Ansichten der Aufständischen, jedenfalls nicht aus zeitgenössischen Quellen. Die meisten dieser Leute waren mehrheitlich keine Männer oder Frauen der Rede, sondern des Handelns. Vor allem junge Menschen zwischen zwölf und zwanzig Jahren fühlten sich nicht unbedingt aus politischen Überzeugungen, sondern eher aus jugendlicher Abenteuerlust zu den Gruppen hingezogen. Je später, um so häufiger erschienen bei den Freischärlern die in jeder Revolution unvermeidlichen kriminellen und sozial depravierten Elemente. Nachweislich versuchten einzelne Aufständische, unter dem Vorwand der Requisition oder Hausdurchsuchung bei führenden Funktionären in die eigene Tasche zu arbeiten.

Trotzdem müssen wir mit Begriffen wie «Kriminelle» vorsichtig umgehen. In der Propaganda besonders der ersten Jahre nach der Niederwerfung der Revolte, in den sogenannten Weißbüchern, sprach man häufig über Aufständische, die vor 1956 *«mehrmals wegen gewöhnlicher Delikte gerichtlich verurteilt worden sind»*.

So stand über den Führer der Széna-tér-Gruppe, den Maschinenschlosser János Szabó («Onkel Szabó»), in den Annalen der Sieger, dieser sei «vorbestraft» gewesen. Formal war diese Behauptung richtig. Zum Beweis argumentierte man jedoch nicht einmal mit einem rechtskräftigen Urteil, sondern allein mit der Tatsache, daß er zweimal ins Gefängnis kam: 1949 wegen versuchter Republikflucht für drei Monate und 1953 wegen Spionage für neun Monate. Wer das damals übliche Strafmaß für solche Delikte kennt, kann nur vermuten, daß in beiden Fällen die Anklage aus der Luft gegriffen war. Außerdem fehlte in den Propagandabroschüren die für das Regime höchst unangenehme Tatsache, daß dieser älteste Rebellenführer – er war damals 59 Jahre alt, daher die Bezeichnung «Onkel» – als junger Mann in der Roten Armee der Räterepublik 1919 gekämpft hatte und vor der zu erwartenden Bestrafung durch das Horthy-Regime nach Rumänien geflohen war.

Was die Tätigkeit der Széna-tér-Gruppe anbelangt – ihre Höchstzahl betrug sechshundert Männer und Frauen –, so war diese am wenigsten kriegerisch und schloß mit den Einheiten der nahe gelegenen Militärakademie schon bald ein Abkommen über den Waffenstillstand. Danach waren sie als Ordnungshüter tätig, erfüllten Patrouillendienste im zweiten Bezirk und fahndeten nach Mitgliedern der Geheimpolizei ÁVH sowie nach Funktionären der KP. In einer von ihnen besetzten Kaserne hielten sie insgesamt 150 Gefangene, die sie trotz aller Drohgebärden relativ human behandelten – jedenfalls wurde ihnen nachträglich kein Mord nachgewiesen. Der martialisch aussehende Kommandant neigte zu einer gewissen Theatralik, zum Beispiel küßte er öffentlich sein Gewehr und empfing westliche Journalisten in seiner Kaserne, wo sie von den inhaftierten Sicherheitskräften Fotos machen durften.

Seine politische Philosophie paßte zu einem Simplizissimus: *«Den Sozialismus kann man nicht mit Stiefeln treten, er ist so groß und schön, man müßte ihn bloß verwirklichen. Vielmehr wäre es nach meiner bescheidenen Meinung leichter und heilsamer, von beiden Seiten Zugeständnisse zu machen, als einen solch furchtbaren Bürgerkrieg zuzulassen. Das tun nicht einmal die Tiere, selbst sie verfügen über eine schönere und bessere Staatsform als die Menschen.»* Diese Worte kamen von einem Todeskandidaten und wurden kurz vor der Hinrichtung im Januar 1957 zu Papier gebracht.

Die neunzehnjährige Straßenbahnschaffnerin Erzsébet Márton wurde während eines Einkaufs mit ihrer Mutter auf dem Széna-tér-Markt von Onkel Szabó direkt angesprochen, ob sie nicht Lust habe, den Aufständischen zu helfen. Es ging, versteht sich, um Dienstleistungen für die Militanten. Die junge Frau blieb jedoch nicht am Herd, sondern hielt es lieber mit den Bewaffneten und war an einem zweifelhaften Unternehmen beteiligt: Sie nahm gemeinsam mit anderen den führenden Kommunisten György Marosán in dessen Budaer Villa fest. In einem Fernsehinterview von 1993 erinnerte sie sich an den Fall wie folgt: *«Marosán war so überrascht, daß er nicht einmal protestierte. Zur Wahrheit gehört, daß ich mich ein wenig gewundert habe, wie es möglich war, daß so ein erwachsener Mensch sich die Verhaftung durch ein rotznäsiges Mädel nicht einfach verbat.»* Allerdings ließen Szabós Leute den Spitzenfunktionär bereits am Tor der Kaserne frei.

György Marosán (1908–1992) war ein Sozialdemokrat aus der Vorkriegszeit mit außergewöhnlichem Redetalent und 1948 einer der geistigen Väter der Zwangsvereinigung seiner Partei mit Rákosis KP. Aus «Dankbarkeit» wurde er 1950 verhaftet, als Spitzel der Horthy-Polizei angeklagt und zum Tode verurteilt. Die Begnadigung zu lebenslänglich «vergaß» man ihm mitzuteilen, so verbrachte er lange Monate in der Todeszelle. Nach 1956 galt er als einer der mächtigsten Repräsentanten der «harten Linie» gegenüber den Beteiligten am Volksaufstand. Ausschlaggebend für Erzsébet Mártons Schicksal war nicht, daß sie jemanden, sondern wen sie festgenommen hatte, nämlich eine später führende Gestalt der Partei. Nur so ist ihr Todesurteil vom Sommer 1957 zu erklären. Allerdings – eine merkwürdige historische Parallele – wurde auch die Straßenbahnschaffnerin in letzter Instanz begnadigt, nachdem sie 120 Tage auf ihre Hinrichtung gewartet hatte. Sie kam mit der Amnestie 1963 frei und lebt heute als Rentnerin in Budapest.

Der fünfzehnjährige Dreherlehrling Péter Mansfeld mit gewinnendem Gesichtsausdruck und erwachsener Gestalt leistete Kurierdienste für die Gruppe von «Onkel Szabó»: Er transportierte aus allen Ecken der Stadt Lebensmittel, Papier für Flugblätter und mitunter auch Waffen und Handgranaten. *«Ich ging zu Onkel Szabó, weil alle zu ihm gingen»*, sagte er später vor Gericht. Neben seiner Tätigkeit als Gruppenmitglied beteiligte er sich zusammen mit seinem drei Jahre älteren Kumpel, dem Dreher József Blaski, an einem Einbruch in die leerstehende Villa des Innenministers Piros. Gleichzeitig «organisierten» sie Pkws und wurden dabei ertappt. Offensichtlich wußte das Gericht von Mansfelds Tätigkeit als Aufständischer so gut wie nichts, denn er kam mit einem Jahr Freiheitsentzug auf Bewährung davon – für diese Zeit ein außergewöhnlich glimpfliches Urteil.

Mansfeld machte sich jedoch Sorgen um seinen Schwager, der zu der Zeit im Gefängnis saß, und wollte ihn zusammen mit drei weiteren Jugendlichen befreien. Mit einem geraubten Auto nahmen sie den vor der österreichischen Botschaft wachhabenden Polizisten fest. Ursprünglich wollten sie ihn töten, ließen den Mann jedoch später frei. Danach suchten sie einen ehemaligen Zellenkameraden von Mansfeld auf, den sie verdächtigten, Spitzel gewesen zu sein. Auch diesen wollten sie töten, verwirklichten diese Absicht jedoch nicht. Die Polizei war ihnen auf den Fersen. Mansfeld, der am Lenkrad saß, wollte schießen, dann aber gelang es ihm mit teuflischem Geschick ein letztes Mal, den Verfolgern zu entkommen.

Leider hingen der unglaubliche Mut und die Willenskraft dieses Jungen und auch seine aufrechte Haltung vor Gericht nicht mit den Idealen der Revolution, sondern mit der Unterweltsromantik der fünfziger Jahre zusammen. Mansfeld und seine Kameraden verkörperten den Typus des in Ungarn als «Hooligan» gebrandmarkten Aussteigers. Zu normalen Zeiten oder in einem Rechtsstaat hätten die von ihnen begangenen Delikte nicht für ein Todesurteil gereicht. Doch hier wurde das tödliche Verdikt in zweiter Instanz ausgesprochen. Der junge Mann kam kurz vor seinem achtzehnten Geburtstag im April 1959 an den Galgen.

In der Mythologie des Aufstands galt er lange als «jüngstes Opfer der Revolution». Die Wirklichkeit war in Mansfelds Fall desillusionierend, aber auch für die «Justiz» wenig schmeichelhaft. Die Prozeßführung fingierte – inzwischen in Kenntnis der Rolle der Angeklagten bei den Oktoberereignissen – aus dem Raubdelikt und dem beabsichtigten Mord ein politisches Verbrechen. Ohnehin hatte man das Gesetz, das ein Todesurteil für Jugendliche ausschloß, im Juni 1957 durch einen Erlaß aufgehoben. Sogar die Tatsache, daß die vier Täter aus der Arbeiterklasse stammten, was gemäß der damaligen Praxis als mildernder Umstand ausgelegt werden sollte, wurde im Sinne eines unglaublichen Pharisäertums umgekehrt: Zusätzlich wurden die Verurteilten als «Klassenverräter» gebrandmarkt.

Zu einem wahren Beelzebub wurde der Techniker József Dudás, Jahrgang 1911, hochstilisiert, was er allerdings teils sich selbst zu verdanken hatte.

Dieser Mann stammte, wie viele Aufständische, aus Siebenbürgen. Dort war er vor dem Krieg Mitglied der illegalen kommunistischen Partei Rumäniens gewesen und kam deshalb auch ins Gefängnis. Im Sommer 1944 war er bereits in Budapest Teilnehmer des antifaschistischen Widerstandes. Er gehörte zu der geheimen Delegation, die Horthy nach Moskau geschickt hatte, um die Möglichkeiten einer Waffenpause mit der Sowjetunion zu sondieren. 1946 wurde er als Mitglied einer illegalen nationalistischen Gruppe verhaftet, aber nicht verurteilt, sondern nach Rumänien abgeschoben. Von dort wurde er bald nach Ungarn zurückgeschickt und interniert.

Die Gefolgschaft von Dudás mit etwa 150 Mitgliedern hielt die Redaktion der Parteizeitung *Szabad Nép* besetzt. Dort gab er selbst die Zeitung *Magyar Függetlenség* (Ungarische Unabhängigkeit) in einer Auflage von 100 000 Exemplaren heraus. In seinem «25-Punkte-Programm» vom 28. Oktober verweigerte er die Anerkennung der Imre-Nagy-Regierung, deklarierte sich zum Leiter des Ungarischen Revolutionären Nationalausschusses und sogar zum Oberkommandierenden der Freiheitskämpfer. Er ließ sich von Leibwächtern umgeben, und *«in seinem Hauptquartier»,* so berichtet ein Zeitzeuge, *«lagen zwischen zwei Kerzen auf dem Tisch Geldscheine, Waffen, Revolver und Maschinenpistole»*. Für einige Stunden besetzte er das Gebäude des Außenministeriums und forderte die Sowjetarmee auf, das Land *«mit aufgepflanzten weißen Fahnen zu verlassen»*. Er muß schon etwas Faszinierendes an sich gehabt haben, denn Nagy empfing ihn auf seine Bitte hin im Parlament und erlaubte ihm, über die ansonsten erfolglosen Verhandlungen ein Kommuniqué zu veröffentlichen, was einer ungeheuren Aufwertung seiner Person gleichkam. Selbst unter den führenden Anhängern des Aufstands galt er als «faschistischer Abenteurer».

Ein Abenteurer war er unbedingt. Dudás war ein einsamer Kriegsherr, ein hemmungsloser Demagoge auf eigene Faust, sein Nationalausschuß ein Potemkinsches Dorf. Allmählich überwarf er sich mit allen aufständischen Gruppen und militärischen Autoritäten, wurde zuerst von der Armee, dann von der Militärakademie und schließlich von den eigenen Mitkämpfern vorübergehend verhaftet. Was aber das Adjektiv anbelangt: «Faschistisch» konnte man ihn nicht einmal im Sinne der ziemlich weit gefaßten Wortwahl der kommunistischen «Weißbücher» nennen.

Nach dem Massaker vor dem Sitz der Budapester Parteizentrale am 30. Oktober, auf das wir noch zurückkommen müssen, warnte er vor Ausschreitungen in seinem Leitartikel *«Denke nach und lynche nicht!»* Anfang November vertrat er die Ansicht: *«Die demokratische Ordnung verlangt es, daß jede Strömung, jedes Prinzip, das den Fortschritt auf seine Fahnen schreibt (so auch derjenige der Kommunisten), seine Lebensberechtigung hat!»* Ein ziemlich großzügiger Satz aus dem Munde eines zwei Monate später als «Faschist» gehenkten «Konterrevolutionärs».

Die Betrachtung einiger kleinerer Gruppen erlaubt mehr Einblicke in den Alltag der Aufständischen. Die ungefähr dreißig Militanten aus der Budapester Josephstadt ließen sich im Luftschutzkeller des Hauses Vajdahunyad utca 41 nieder. Von ihrem Kommandanten Károly Kiss, Arbeiter in einer Lederfabrik, weiß man eher Äußerlichkeiten – er lief mit einer Binde um den Kopf und einer Maschinenpistole herum und galt als Schürzenjäger. Sein Stellvertreter war der Maschinenschlosser Attila Jánoki, und sein Bruder, ein Tischler, sowie die Militanten mit Spitznamen «Bäcker», «Blonde», «Pelzmantel», «Geck» und relativ viele Frauen machten den «harten Kern» der Gruppe aus. Einige von diesen leisteten Küchenarbeit oder sorgten für Sauberkeit, aber mindestens zwei, die Maschinenarbeiterin Katalin Sticker und die gelernte Schreibkraft Mária Wittner, beteiligten sich an Kampfhandlungen.

Über die frühe Kampftätigkeit der Gruppe kann man wenig in Erfahrung bringen. Im Grunde beschäftigten sie sich mit Patrouillendiensten, Waffen-, Munitions- und Lebensmittelbeschaffung. Die im nahe gelegenen Schlachthof sowie bei anderen Gruppen eingesammelten Lebensmittel (Mehl, Zucker, Zitronen, Eier, Zwiebeln, Weintrauben, Fett, Fleisch, Speck, Fruchtkonserven, Kartoffeln) verteilten sie im ganzen Haus, das sie gleichzeitig in ihren proletarischen Mikrokosmos einbezogen. Gewissermaßen waren alle Bewohner gezwungen mitzumachen, inklusive des ÁVH-Mannes Pál Bertalan. Bei einem Besuch deutscher oder österreichischer Journalisten entstand von ihnen ein gemütliches Gruppenbild. Die Aufnahme erschien später im «Weißbuch» und gehörte zu den Beweisstücken während des Verfahrens gegen die Gruppe.

In der Vajdahunyadstraße herrschte strenge Disziplin und Autorität: Der Kommandant Kiss sammelte die Personalausweise der Gruppenmitglieder ein. Weggehen – auch zum Zwecke des Familienbesuchs – war nur mit seiner Genehmigung und tagsüber möglich. Vor dem Haus standen Tag und Nacht zwei Wachtposten, Fremde durften nur mit einer Parole hinein, die mit anderen Gruppen von Aufständischen täglich neu vereinbart wurde. Und *«Károly Kiss wagte niemand zu widersprechen, was er sagte, war Befehl»*.

So gut wie nichts wissen wir über ihre politischen Ansichten, um so mehr über ihre tragischen Schicksale. Nach dem hoffnungslosen Kampf gegen die sowjetischen Panzer verließen viele das Land. Allerdings fühlten sich die meisten jungen Menschen ohne Sprachkenntnisse in den Flüchtlingslagern in Österreich, der Schweiz und Deutschland wurzellos. Zunächst hofften sie auf eine zweite Auflage der Rebellion, einige kamen mehrmals nach Budapest zurück. Später blieb ihnen nur noch die Hoffnung auf die versprochene Amnestie der Regierung für alle Aufständischen und Republikflüchtigen (in Ungarn nannte man sie «Dissidenten»). Unter anderem kehrten Katalin Sticker und Mária Wittner zurück – letztere wegen ihres in Un-

Aufständische Frauen auf der Ullöistraße,
Ende Oktober 1956

garn gebliebenen kleinen Kindes. Beide Frauen wurden ein halbes Jahr später verhaftet und 1958 zum Tode verurteilt. Bei Katalin Stikker wurde das Urteil vollstreckt, während Mária Wittner zu lebenslanger Haft «begnadigt» wurde. Nach allen weltweit verkündeten

Amnestien, die das Prestige des Systems als «fröhlichste Baracke im Lager» mitbegründeten, öffnete sich das Gefängnistor für sie erst im Herbst 1970.

Wer waren diese Leute wirklich, die, wie bereits erwähnt, zwischen Frank Sinatra und Nikita Chruschtschow auf das Titelblatt des *Time Magazine* kamen, obwohl sie keineswegs nur Titelgeschichte machten? Vor allem waren sie schlaflose Menschen, und das war das einzige, was sie mit ihren Gegnern gemeinsam hatten. Revolutionen sind für deren aktive Teilnehmer Zeiten der Schlaflosigkeit. Zeit zählt zum teuersten Gut, Verschlafen zur höchsten Gefahr. Kaffee, Centedrin und Koffein wurde in diesen Tagen in rauhen Mengen verbraucht. Die außergewöhnliche Nervenanspannung löste eine enorme Klarheit des Denkens und Handelns, aber mitunter auch eine an Paranoia grenzende Besessenheit aus. Viele erzählten später von einer Art tragischen Glückszustands und gaben zu, daß sie schlicht und einfach durchgedreht waren. Ansonsten ähnelten sie ihrem Aufstand und konnten sein wie dieser: mild und brutal, argwöhnisch und naiv, dumm und klug, kühl rechnerisch und verträumt, großartig und verkitscht.

Eine Klassifizierung der Aufständischen nach dem Schema «rechts» und «links» geht an der Konstellation völlig vorbei. Für eine politische und militärische Bewegung, in der die Ablehnung der sowjetischen Intervention Kommunisten und Antikommunisten zumindest vorübergehend in einem Lager vereinte, läßt sich die Frage so nicht formulieren. Die Geschichte der Wende von 1988/89 zeigt, wie wenig Aussagekraft die im allgemeinen demokratischen Slogans für die spätere Differenzierung enthalten. Zudem bildeten in den deutlich plebejischen Gruppen des Herbstes 1956 die Theoretiker eine schwindende Minderheit, selbst wenn sie führend aktiv waren. Politische Ansichten, sofern sie in diesen Kreisen vorhanden waren, bezogen sich auf ein paar aktuelle Fragen.

Um so faszinierender erscheint uns das Phänomen István Angyal.

Während Gergely Pongrácz aus einer armenischen Sippe stammte, die ihre Wurzeln im siebenbürgischen kleinen Beamtentum hatte, kam Angyal aus einer jüdischen Handwerkerfamilie in Budapest. Die ganze Familie war im Frühjahr 1944 nach Auschwitz deportiert worden, wo Mutter und Schwester umkamen. Angyal überlebte und lernte im Vernichtungslager den späteren Bühnenautor József Gáli kennen. Ihre Freundschaft verband Angyal mit dem Kreis der nach 1953 «rebellierenden Schriftsteller». Angyal gehörte jedoch nicht in die Kategorie der enttäuschten Kommunisten. «Bereits 1949 hängte er Stalins Bild mit dem Kopf nach unten in seiner Toilette auf, und das war damals ein lebensgefährlicher Scherz», schreibt István Eörsi über ihn. Aus Protest gegen die Sturheit der offiziellen Ideologie brach er sein Studium ab und ging nach Sztálinváros – eine ungarische Entsprechung osteuropäischer Industriegiganten wie Eisenhüttenstadt in der DDR, Nowa Huta in Polen und Oraşul Stalin (Braşov) in Rumänien. Später arbeitete er in Budapest beim Straßenbau.

Er war ein fanatischer und doktrinärer Kommunist, der in der Mittagspause den Hilfsarbeitern Lenin-Texte vorlas, die – ernst genommen – haargenau den Hetzeparagraphen des Strafgesetzbuchs erfüllten: «*Die uneingeschränkte Wählbarkeit und die jederzeitige Absetzbarkeit ausnahmslos aller beamteten Personen, die Reduzierung ihrer Gehälter auf den gewöhnlichen Arbeitslohn, diese einfachen und selbstverständlichen demokratischen Maßnahmen (...) dienen als Brücke, die vom Kapitalismus zum Sozialismus führt.*» Viele Kollegen waren über den Paradiesvogel sicherlich erstaunt, schätzten aber seine Offenheit und solidarische Haltung.

Als geistiger Führer der Aufständischen in der Tüzoltó utca blieb er seinem Glauben an einen echten, puritanischen Sozialismus treu. An der Wand in seinem Hauptsitz hing eine Tafel mit der Aufschrift: «*Die Revolution ist kein Mittel zur Bereicherung.*» Als die Machthaber Verhandlungen mit den bewaffneten Gruppen begannen und ihn als Kommandanten in das Gespräch einbezogen, hoffte Angyal mehr auf den aus proletarischem Milieu kommenden Parteichef János Kádár als auf den Intellektuellen Imre Nagy, hinter dem er das von ihm nur mit Verachtung so genannte «Parlament» sah. Selbst in den Novembertagen des Kampfes um Leben und Tod gegen die sowjetischen Panzer ließ er am Feiertag der russischen Revolution neben der ungarischen Trikolore auch die rote Fahne hissen – er war der Meinung, daß die Zielsetzungen der beiden Umstürze identisch seien. Dieser späte Seelenverwandte des Matrosenführers der Kronstädter Rebellion von 1921, Stepan Petritschenko, war großzügig genug, um zwanzig uniformierte Soldaten des Innenministeriums in seinem Hauptquartier vor dem Volkszorn zu verstecken. Einer von ihnen sagte: «Er ist wirklich ein Engel» (die deutsche Bedeutung des Namens Angyal). Allerdings war keiner von ihnen während des Prozesses gegen den Rebellenführer als rettender Zeuge geladen.

Er wußte genau, daß er die Revolution nicht lange überleben würde, und er hatte auch keine Lust, wie er sich gegenüber István Eörsi im Gefängnis äußerte, um den Preis «schmutziger Kompromisse» weiterzuleben. Kurz vor der Hinrichtung ließ er diesem Freund und Mitgefangenen ein Kassiber zukommen, in dem er sein pathetisches, aber unsentimentales Vermächtnis formuliert hatte: *«Ich will, daß ein großer rustikaler Stein das Andenken an den namenlosen Mob bewahrt, aus dem wir geworden sind, mit dem wir eins waren und mit dem wir gemeinsam heimkehren werden.»* Dieses beinahe religiöse Ansinnen wurde auf Vorschlag des Schriftstellers Rudolf Ungváry von dem Bildhauer György Jovánovics 1992 erfüllt: Das Marmordenkmal «Rustikaler Stein» steht heute in der Parzelle 301 des Friedhofs Rákoskeresztúr am Stadtrand von Budapest.

Die Regierung ergibt sich dem Volk

Die beinahe stündlich erfolgende Verlängerung des Ausgehverbots sowie Signale der Versöhnungsbereitschaft seitens der Regierung, die zeitgleich mit Drohgebärden erfolgten, wurden von den Machthabern nach 1956 dahingehend gedeutet, dass sie auf die Sabotage von Entscheidungen hinauslaufen sollten, die mit den Sowjets gemeinsam gefasst worden waren. Wenn der Begriff Sabotage nicht seit den zwanziger Jahren in der UdSSR eine Todsünde bezeichnet hätte, die nur mit der Hinrichtung des Delinquenten oder einer langen Lagerhaft geahndet werden konnte, so wäre ich versucht, diese Wortwahl zu akzeptieren. Ja, nicht nur Imre Nagy, sondern viele andere Entscheidungsträger hatten in diesen Tagen den dringenden Wunsch, die Katastrophe aufzuhalten. Wenn es ihnen möglich gewesen wäre, dann hätten sie die sowjetische Einmischung rückgängig gemacht oder wenigstens die Präsenz der Truppen, die längst nicht mehr Folge der Unruhen war, sondern deren hauptsächliche Ursache, auf ein militärisch notwendiges Minimum reduziert. Die Motive der einzelnen Protagonisten konnten dabei ganz unterschiedlicher Art sein: Sie reichten von dem Zurückschrecken vor den Folgen der militärischen Präsenz bis zur ehrlichen Empörung über das Geschehene.

Der Einsatz fremder Soldaten zur Lösung innenpolitischer Konflikte in Mitteleuropa – das war eine Entscheidung, mit der sich sogar die Sowjets schwergetan hatten. Zwölf Jahre später, im August 1968, bei der militärischen Unterwerfung des weitgehend friedlichen Prager Frühlings, sahen sie sich gezwungen, die Verantwortung zumindest pro forma mit ihren Verbündeten zu teilen. Die Liste der Parteiführer, die damals angeblich um «brüderliche Hilfe» gebeten hatten, wurde der Öffentlichkeit niemals preisgegeben. Im Dezember 1981 schließlich ging die Vorsicht der Kremlherren so weit, daß sie die Niederschlagung der Gewerkschaftsbewegung Solidarność lieber ihren polnischen Partnern anvertrauten – die Aktion der Volksarmee und der Sondereinheiten ZOMO hieß auch im Volksmund «Autoinvasion». Es handelte sich dabei um einen ordinären Militärputsch, hinter dem politisch zweifellos Moskau stand, aber alles – die Uniformen, die Offiziersmützen, selbst die Stiefel – war «made in Poland». Und die polnischen Machthaber konnten mit einem verstohlenen Blinzeln auf den Druck hinweisen, den die benachbarte Supermacht ausübte.

Außer in der von sowjetischen Panzereinheiten gesicherten Parteizentrale in der Akadémiastraße hatte sich die Regierung auch im Parlament sowie im Verteidigungsministerium in der Honvédstraße niedergelassen. Hier arbeitete die am 24. Oktober eingesetzte Militärkommission bzw. der «Stab», später auch «Sonderausschuß» oder «Direktorium» genannt, dessen Aufgabe in der Beschaffung exakter Informationen über die Gesamtsituation sowie in der Koordination der ungarischen militärischen Maßnahmen mit der sowjetischen Operation «Welle» bestand. Zu Fuß lagen die drei Standorte zehn bis fünfzehn Minuten auseinander.

Bereits in der Zusammensetzung des Stabs zeigte sich die ambivalente Haltung des Parteivorstandes bezüglich der Art und Weise, mit der Krise umzugehen. Immer mehr Funktionäre, die bereit waren, eine militärische Lösung zu bevorzugen, wurden in diese Körperschaft delegiert. Dazu gehörten Personen, die sich zu Rákosi-Zeiten stark kompromittiert hatten, zum Beispiel der Erste Sekretär des Budapester Parteikomitees István Kovács, der Generalleutnant und Verteidigungsminister István Bata, der in Fragen der Streitkräfte allgemein als Laie galt, der Innenminister und ÁVH-Mann László Piros, der sich durch das Verbot und die unmittelbar darauffolgende Zulassung der Demonstration vom 23. Oktober nicht nur verhaßt, sondern auch noch lächerlich gemacht hatte, sowie der Leiter der politischen Hauptverwaltung der Volksarmee, Jenö Hazai. Die «Nagy-Linie» wurde im Stab einzig und allein durch Lajos Fehér vertreten. Über eigene Kampferfahrung verfügten im Stab Ferenc Münnich, ehemaliger Spanienkämpfer und eindeutig ein Mann Moskaus, László Földes, ein Partisan von 1944, Stellvertretender Minister für Außenhandel, der ebenfalls zum harten Durchgreifen tendierte, und schließlich Imre Mezö, Zweiter Sekretär des Budapester Parteikomitees, der auch in der Internationalen Brigade am Río Jarama gekämpft hatte – allerdings als Mitglied der belgischen KP. Mezö stand politisch sowohl Imre Nagy als auch János Kádár nahe, was in diesem Fall die Option für eine politische Lösung bedeutete.

Währenddessen bildeten im Politbüro und Sekretariat die Gemäßigten (Imre Nagy, János Kádár, Géza Losonczy, Ferenc Donáth, Gyula Kállai, Zoltán Szántó und György Lukács) die relative Mehrheit, sie übten jedoch einen starken moralischen Druck auf die ungefähr achtzig anwesenden Mitglieder des Zentralkomitees aus – entweder weil sie Opfer des Rákosi-Terrors waren oder weil sie bereits früh den Parteivorstand kritisiert hatten. Überhaupt war für diese Körperschaft die offene Positionierung der Meinungen relativ neu – das Zentralkomitee der kommunistischen Partei war sonst nur eine Akklamationsmaschine.

Die Mitglieder des Militärstabs waren es allmählich leid: Während sie gemeinsam mit den Sowjets die große Konfrontation vorbereiteten, plädierten die «Zivilen» in der Akadémiastraße für Verhandlungen im Hintergrund. Außerdem dachten manche von ihnen nicht ganz zu Unrecht, ihr ehrenvoller Auftrag in der Honvéd utca ziele darauf ab, sie von den wesentlichen Entscheidungen fernzuhalten. Der Eklat ließ nicht lange auf sich warten – Auszüge aus dem Protokoll der Nachmittagssitzung des ZK am 26. Oktober:

Géza Losonczy, Kandidat des Politbüros: *«4–5 Genossen (...) vom Schriftstellerverband waren hier und führten mit uns Gespräche. (...) Sie beurteilen die Bewegung als eine, die in ihren Hauptforderungen richtigen Wünschen Ausdruck verleiht. (...) Wir müssen unverzüglich mit den Führern dieser Bewegungen, unter denen es viele Parteimitglieder gibt, Gespräche anfangen. (...) Ort der Versammlungen sollte das Parlament sein. (...) Die allgemeine Amnestie sollte nicht erst nach den Kämpfen erfolgen, sondern mitten im Kampf. (...) Die* [aufständischen, G. D.] *Formationen müssen wir als organischen Teil der demokratischen ungarischen Nationalarmee betrachten ...»*

Ferenc Donáth, Sekretär des ZK: *«Es gibt Arbeitermassen von mehreren Zehntausend. Das kann man nicht mehr als Einfluß der Konterrevolution betrachten. Mit entscheidender Mehrheit handelt es sich um eine demokratische Massenbewegung.»*

István Kovács, Mitglied der Militärkommission, vormals Sekretär des Budapester Parteikomitees: *«Wenn wir dies als eine berechtigte Bewegung akzeptieren, machen wir einen Fehler. (...) Genossen: Wir haben Jahrzehnte unseres Lebens geopfert. Wir dürfen nicht freiwillig die Macht aufgeben. (...) Es stimmt nicht, daß wir die Lage nicht beherrschen können! Das ist Öl aufs Feuer! Genossen, ein derartiger Beschluß ist Verrat gegen die Partei, gegen die Arbeiterklasse. Ich werde nie dafür stimmen. Eher sterbe ich ... Wir können der Arbeiterklasse Waffen geben!»*

Jenö Hazai, Leiter der Politischen Hauptverwaltung der Volksarmee: *«Genosse Donáth verlangt, daß wir den Aufstand gegen die Regierung, den bewaffneten Aufstand als berechtigt anerkennen. Dies würde bedeuten, daß wir diejenigen, die ihr Leben für die Volksrepublik geopfert haben, als Konterrevolutionäre betrachten (...). Wenn das Zentralkomitee der Partei die Soldaten und ÁVH-Leute verurteilt, welche das System verteidigt haben, wird es in Ungarn keine Macht geben, die noch einmal Ordnung machen kann. Es wird nie mehr eine Regierung geben, welche die öffentliche Ordnung aufrechterhalten kann. Nie im Leben!»*

György Lukács, Mitglied des Zentralkomitees: *«Wir brauchen eine eindeutige Erklärung zum friedlichen Einvernehmen, mit einem Wort über die Amnestie.»*

Imre Nagy, Ministerpräsident: *«Das ist der einzige Ausweg.»*

János Kádár, Erster Sekretär der Partei: *«In dieser Situation, die aus der Bewegung von friedlichen Demonstranten entstand, der sich konterrevolutionäre Putschisten angeschlossen haben, stehen uns faktisch Arbeitermassen gegenüber. Wir haben entschieden, mit jedem, der auf dem Boden der Volksdemokratie steht, zu verhandeln. (...) Die Generallinie des Zentralkomitees ist auf die Aufrechterhaltung der Ordnung gerichtet, aber wir müssen gleichzeitig die Massen von den konterrevolutionären Elementen tren-*

nen. (...) Die Macht der Arbeiterklasse geben wir in keinem Fall auf. Das Zentralkomitee muß bestimmen, wie weit wir [bei den Zugeständnissen, G. D.] *gehen können.»*

Sándor Nógrádi, General, Mitglied der Militärkommission: *«Das Politbüro hat uns durch seinen Beschluß ein Bein gestellt. Gestern erhielten wir Vollmachten vom Zentralkomitee. Wir hätten gestern abend Schluß machen können – wenn den ganzen Tag niemand sonst als nur die Rettungsdienste auf der Straße gewesen wären.»*

Imre Nagy: *«Es gab keinen Beschluß des Politbüros, daß die Bevölkerung keine Lebensmittel aufnehmen darf. (...) Man kann nicht für einen ganzen Tag die gesamte Hauptstadt der Möglichkeit berauben, die notwendigsten Dinge zu beschaffen.»*

István Kovács: *«Während der Belagerung* [von Budapest durch die Rote Armee 1944/45, G. D.] *gingen die Leute wochenlang nicht auf die Straße.»*

Imre Nagy: *«Wir haben keine Belagerung, bitte! (...) Sie haben die Entscheidung* [über die Verlängerung der Amnestie, G. D.] *gehört. Bei Ihnen dominiert der militärische Gesichtspunkt über den politischen.»*

Sándor Nógrádi: *«Wir brauchen 24 Stunden* [um die Straßen zu säubern, G.D.]. *Die Lage wird jetzt am schwersten. Wenn die sich weiter versammeln, dann gibt es ein Blutvergießen.»*

György Marosán, Mitglied des Politbüros: *«Wo die Waffen sprechen, kann man kein Weihwasser sprengen. Gegen Waffen helfen nur Waffen. Nationale Regierung? Soll sie sich nennen, wie sie will. Die Bedingungen der Amnestie? Darüber verhandeln wir danach. Jetzt brauchen wir ein Direktorium! Wir verfügen über Militärkraft. Ich plädiere dafür, sofort zu einer militärischen Organisation zu werden!»*

Ohne die guten Absichten der Anhänger einer friedlichen Lösung bezweifeln zu wollen, muß darauf hingewiesen werden, daß die Kampfaktionen bereits in vollem Gange waren, und sie schienen – neben der Beibehaltung der meisten Mitglieder des früheren stalinistisch geprägten Parteivorstandes – alle zivilen Vorschläge von vornherein zu kompromittieren. Zudem offenbarte die Debatte über die Zusammensetzung der neuen «nationalen» Regierung eine erkennbare Ratlosigkeit. An der von Imre Nagy vorgeschlagenen Kabinettsliste hätte bis auf einige Ausnahmen selbst Rákosi nichts beanstandet: Von den 24 Ministerkandidaten hätte er zwanzig ohne weiteres mit dem Wort «Genosse» anreden können. Lediglich der als Kulturminister ursprünglich vorgesehene populäre Schriftsteller «Genosse Áron Tamási» war kein Parteimitglied.

Als kommunistische Alternative zu Tamási hatte man in der Debatte György Lukács vorgeschlagen. Der Philosoph ergriff jedoch zunächst für seinen Kontrahenten Partei, indem er sagte: *«Von den Schriftstellern, denen in der Ära Rákosi die größten Ungerechtigkeiten passierten, muß einer in der Regierung Platz finden, um das Vertrauen sowohl der Parteilosen als auch der Parteimitglieder gewinnen zu können.»* Diese Geste der Großzügigkeit markierte den kläglichen Diskussionsstand, der dem Ernst der realen Situation nicht entfernt gewachsen war: Sogar der kluge Lukács schien also der Meinung zu sein, die Aufnahme eines ehemaligen Rákosi-Opfers in die Regierung könne etwas anderes sein als eine rein kosmetische Maßnahme. Ebenso typisch wie anekdotenhaft erschien die Frage nach dem neuen Gesundheitsminister, den Nagy nicht benennen konnte: Sollte diesen Posten ein Genosse bekommen, der gleichzeitig Internist war, oder lieber ein parteiloser Urologe?

Die einzige Sensation auf der Liste war der Name Béla Kovács, der bei Rákosi sicher einen Wutanfall ausgelöst hätte. Dieser Mann, vor und nach 1945 führender Politiker der Agrarpartei der Kleinen Landwirte, ein überzeugter Antifaschist, war ein Dorn im Auge der sowjetischen Besatzungsmacht. Daher ließ sie ihn im Februar 1947 trotz seiner Immunität als Abgeordneter verhaften und «wegen Spionage» zu 20 Jahren Freiheitsentzug verurteilen. Er hatte Straflager und Gefängnisse in Sibirien, Mordwinien, Wladimir und Moskau kennengelernt und war erst 1955 in seine Geburtsstadt Pécs zurückgekehrt. Seine Bereitschaft, sich an der Regierung zu beteiligen, zeugte von menschlicher Größe. Dennoch wäre die Rolle des Beschwichtigers, die er und Tamási im Kabinett spielen sollten, für beide eher demütigend gewesen und hätte bestenfalls eine symbolische Wirkung gehabt.

Die Forderungen der Straße gingen nämlich inzwischen viel weiter. Die Provinz meldete sich zu Wort. Eine Arbeiterdelegation aus Miskolc, Komitat Borsod in Nordungarn, hatte Imre Nagy am 25. Oktober noch einen relativ bescheidenen Forderungskatalog überreicht: Sie verlangten *«die Durchführung einer Gerichtsverhandlung gegen Mihály Farkas und seine Helfer; Revision und Veröffentlichung der Außenhandelsabkommen* [gemeint waren vor allem die entsprechenden Verträge mit der UdSSR, G. D.], *Berichtigung von schweren Fehlern in der Planwirtschaft und Entfernung der dafür Verantwortlichen von ihren Posten; Nutzbarmachung des Urans, das zu den wichtigsten Bodenschätzen des Landes gehört* [eine damals weit verbreitete Annahme, die jedoch keineswegs der Realität entsprach, G. D.], *im Einklang mit den Interessen der Nation. (...) Erhöhung der verschiedenen Grundlöhne, Aufhebung der verschleierten Preissteigerungen, Herabsetzung des Pensionsalters, Erhöhung von Renten und Familienzuschüssen, Abschaffung der Kinderlosensteuer* [vier Prozent des Gehalts von alleinstehenden Männern oder kinderlosen Ehepaaren – neben dem drakonischen Abtreibungsverbot eines der am meisten entwürdigenden Mittel der «Bevölkerungspolitik», G. D.], *Förderung des Wohnungsbaus ...»* Nach diesen Punkten, die in der Situation jeder ungarische Politiker, aus Angst oder Überzeugung, ohne weiteres unterzeichnet hätte, folgte wie ein Ceterum censeo jener Tage: *«Die Arbeiterschaft von Borsod (...) verlangt den Abzug der sowjetischen Truppen aus ungarischem Gebiet bis spätestens 1. Januar»* [1957, G. D.]. Das war eine Forderung, deren Erfüllung keine ungarische Regierung garantieren konnte, egal wie patriotisch ihre Gesinnung war. Um so erstaunlicher klang einen Tag später die pauschale Siegesmeldung des Senders Freies Miskolc: *«Genosse Imre Nagy erwiderte den Arbeitern (...), daß er in allen Punkten mit ihnen einig sei.»*

Selbst die Gewerkschaften, die bis dahin willige Instrumente («Transmissionsriemen», wie Lenin sie nannte) der Partei gewesen waren, gaben sich radikaler denn je seit 1948. Sie forderten 15 Prozent Lohnerhöhung – die Regierung sprach von 10 Prozent – und *«Beseitigung der Produktionsnormen außer in Fabriken, in denen die Arbeiter oder Arbeiterräte deren Beibehaltung wünschen».* Die feine Differenzierung galt einem neuen Protagonisten der Volksbewegung: Seit dem 24. Oktober existierte in der Vereinigten Lampenfabrik der erste Arbeiterrat. Obwohl diese Form der Selbstverwaltung erst später zu einem wichtigen Faktor der Ereignisse wurde, zeugte schon die bloße Erwähnung davon, daß sie als mögliche Alternative zu den Gewerkschaften in Betracht kam. Und obwohl in der Erklärung die Frage der Invasion taktvoll verschwiegen wurde, publizierte die Gewerkschaftszeitung an diesem Morgen die Forderung des Schriftstellerverbandes: *«Die sowjetischen Einheiten sind an ihre Stützpunkte zurückzuordern.»* Wer aber befugt gewesen wäre, einen solchen Befehl zu erteilen – diese Frage konnte niemand beantworten. Die Regierung verhieß in ihrer Erklärung lediglich, daß sie *«auf der Basis der Unabhängigkeit, der völligen Gleichberechtigung und der Nichteinmischung in die inneren Angelegenheiten des Landes Verhandlungen mit der sowjetischen Regierung aufnehmen wird, um die beiderseitigen Beziehungen zu regeln. Als erster Schritt in Richtung auf dieses Ziel werden die sowjetischen Truppen nach Wiederherstellung der Ordnung unverzüglich in ihre Stützpunkte zurückkehren.»*

Die Tragik dieser Versprechungen bestand jedoch darin, daß selbst die Verfasser nicht daran glauben konnten. Schon die Stimmung der aufgebrachten Volksmassen schien dafür zu garantieren, daß jede Wiederherstellung der Ordnung illusorisch bleiben mußte, solange sich sowjetische Einheiten in Budapest aufhielten, und – sogar in der positiven Formulierung wird das deutlich – dieser Zusammenhang bestand auch umgekehrt. Was für ein Teufelskreis! Außerdem gab es für einen Abzug von sowjetischen Truppen bisher nur ein einziges Beispiel – den aus Österreich. Folglich mußte jeder, der diese Form der Entmilitarisierung befürwortete, sie gezwungenermaßen mit der Kündigung des Warschauers Vertrages und einer eventuell von den Großmächten garantierten Neutralität verbinden. Das war jedoch ganz sicher nicht die Ordnung, welche Moskau wiederherstellen wollte.

Vor dem inneren Auge zahlloser Ungarn standen immer noch die ergreifenden Bilder der Kino-«Filmchronik», die knapp anderthalb Jahre zuvor gezeigt worden war: Die riesige jubelnde Menge im Mai

1955 vor dem Wiener Schloß Belvedere, wie sie eine Freiheit feierte, die den Ungarn wie ein Hauptgewinn in der Klassenlotterie der Weltgeschichte vorkam. Womit hatten gerade die Österreicher dieses Glück verdient? fragten sie sich. Sie hatten eine Monarchie aufgebaut, während sie selbst – die Ungarn – nicht nur Österreich, sondern gleich ganz Europa vor den Mongolen und dem Osmanischen Reich bewahrt hatten! Und jetzt, 1956, schien den Ungarn die ersehnte Neutralität plötzlich zum Greifen nahe zu sein. Die stockenden sowjetischen Kampfhandlungen und das sichtbare Zaudern der Regierung ließen einen nationalen Wunderglauben aufkeimen, im Vergleich zu dem selbst die berühmte Fata Morgana, die Luftspiegelung in der Pußta Hortobágy, eine bodenständige Realität war.

Währenddessen wiederholte das Radio Beschwörungen, Drohungen und Erfolgsmeldungen wie eine automatische Gebetsmühle:

16.13 Uhr
Die Regierung gewährt sämtlichen Teilnehmern an den Kämpfen volle Amnestie, unter der einzigen Bedingung, daß sie die Waffen sofort niederlegen, spätestens jedoch bis heute abend 22 Uhr.

17.34 Uhr
Das Präsidium des Präsidialrates [höchstes Staatsorgan, G. D.] *der Volksrepublik Ungarn hat aufgrund der ihm durch Artikel 20 der Verfassung zustehenden Vollmacht folgende Gesetzesverordnung Nr. 30/1956 erlassen: «Allen Teilnehmern am Kampf, der in der Nacht vom 23. Oktober begann, wird Amnestie gewährt, sofern sie die Waffen bis zum 26. Oktober 22 Uhr niederlegen. Gezeichnet: István Dobi, Vorsitzender des Präsidiums.»*

20.04 Uhr
Im Geiste der Befriedung dehnt die Regierung ihren Amnestieerlaß auf alle Personen aus, die ihre Waffen bis 22 Uhr am heutigen Tag, dem 26. Oktober, niederlegen.

20.08 Uhr
Das Zentralkomitee hat an die Streitkräfte, Soldaten, bewaffneten Arbeiter und Genossen den folgenden Aufruf erlassen:
«Behandelt menschlich jene, die ihre Waffen niederlegen. Laßt sie nach Hause gehen, nachdem sie sich ergeben haben. Nach Ablauf der Frist jedoch holt zum vernichtenden Schlag gegen alle aus, die mit Waffengewalt den Kampf gegen die Volksmacht fortsetzen.»

21.50 Uhr
In den Straßen von Budapest nimmt die Waffenübergabe ihren Fortgang. Da sehr viele irregeleitete Jugendliche, die ihre Waffen übergeben möchten, nicht genau wissen, wie sie dabei vorgehen sollen, teilen wir folgendes zu ihrer Information mit:
Nachdem eine weiße Fahne erhoben worden ist, sollen Waffen und Munition der nächsten militärischen Einheit oder Streife ausgehändigt werden. Falls sich keine solchen Einheiten oder Streifen in der Nähe befinden, sind Waffen und Munition an einem Hauseingang niederzulegen. Jeder, der die Waffen niederlegt, darf seinen Weg ungehindert fortsetzen.

Mikojan und Suslow teilen ihren Auftraggebern am 26. Oktober um 18 Uhr Beruhigendes mit: *«Die Lage in der Stadt ist ruhig, außer daß unsere Truppen aus Panzerkanonen und Maschinengewehren auf einzelne Dachbodenräume schießen, in denen Heckenschützen der Aufständischen Stellungen halten. Massenunruhen und Demonstrationen gingen heute nicht vonstatten.»* Für Unbehagen sorgten höchstens die Gespräche mit den führenden Persönlichkeiten des Landes, die auf wachsende Unstimmigkeiten aufmerksam machten. Während Imre Nagy die Emissäre durch sein wiederholtes Versprechen des Abzugs sowjetischer Truppen brüskierte, bereitete ihnen nun Ernö Gerő, der immer noch Mitglied des Politbüros war, eine unangenehme Überraschung. Er zeigte sich gegenüber dem Zugeständnis des Regierungschefs loyal, indem er behauptete: *«Angesichts der massenhaften Forderung nach dem Abzug sowjetischer Truppen durch Arbeiter, insbesondere der größten Arbeiterzentren und sogar einer Reihe von Parteiorganisationen, unter ihnen Miskolc und Debrecen, waren sie gezwungen – um die Situation zu beherrschen und den Einfluß auf die Arbeiter zu bewahren –, diese seiner Meinung nach gemäßigte und nicht kategorische Formulierung zu akzeptieren.»* Das aus der Luft gegriffene plumpe Gegenargument von Mikojan und Suslow, ein eventueller Abzug der sowjetischen Truppen würde unvermeidlich den Einmarsch der Amerikaner nach sich ziehen, ließ die Ungarn ziemlich kalt.

Gleichzeitig bat Gerős Nachfolger János Kádár um Truppenverstärkung gegen die Aufständischen, eine Bitte, die den Emissären hinunterging wie Öl. Er deutete an, Losonczy und Donáth – Imre Nagys einzige direkte Verbündete – hätten sich auf der Sitzung des ZK wie «Kapitulierer» verhalten. Gleichzeitig meldete der Innenminister László Piros dem KGB-Chef Serow persönlich, Sándor Kopácsi, der Budapester Polizeipräsident, sei ein Verräter, der den bewaffneten Aufstand für berechtigt erklärt habe. In Wirklichkeit wissen wir nur, daß der 34jährige Oberst Kopácsi der Regierung als erster über die Bereitschaft der Aufständischen zu Verhandlungen Bericht erstattet hatte. Beide Äußerungen der Loyalität können wir als eine Art Profilierungsversuch deuten. Allerdings begriffen die Sowjets sehr wohl, wer tatsächlich wertvoll für sie war. Während Kádár ihnen bereits in diesen Tagen als einer der Männer der Zukunft erschien, hatten sie von dem übereifrigen Innenminister eine weniger hohe Meinung. Piros kehrte nie mehr in den Machtbereich zurück. Man ernannte ihn 1957 zum Direktor der Salamifabrik in Szeged. Diese Arbeit entsprach seinem gelernten Beruf als Fleischer.

Am kritischen Tag, dem 27. Oktober 1956, war der Regierungschef mit seinen Kräften am Ende. Am Vormittag überreichte ihm Ernö Gerő ein vorformuliertes Dokument zum Unterzeichnen: *«Im Namen des Ministerrates der Ungarischen Volksrepublik bitte ich die Regierung der Sowjetunion, sowjetische Truppen nach Budapest zu schicken, um die in Budapest entstandenen Unruhen zu liquidieren, die Ordnung möglichst schnell wiederherzustellen und Bedingungen für die friedliche und schöpferische Arbeit zu schaffen. Budapest, 24. Oktober 1956.»* Nagy verweigerte das Gegenzeichnen bzw. überließ den zweifelhaften Ruhm der historischen Urkundenfälschung seinem Stellvertreter András Hegedüs, der im Augenblick der Entscheidung – wenn es überhaupt eine solche gab – tatsächlich der Ministerpräsident des Landes war. Bald darauf bekam Nagy Herzstörungen, die angesichts seines Infarktes im Vorjahr kaum harmlos erscheinen konnten. Mikojan und Suslow berichteten Moskau fernmündlich von diesem Vorfall– das chiffrierte Telegramm war bereits ein zu langsamer und schwerfälliger Weg der Kommunikation: «*Nach der Sitzungspause fanden wir Imre Nagy in seinem Kabinett in bewußtlosem Zustand, und der ungarische Arzt wußte nicht, wie er vorgehen sollte. Zum Glück hatte Genosse Suslow Validol bei sich, mit dessen Hilfe Nagy in Normalzustand gebracht werden konnte, wofür er uns danach sehr dankbar war.*» Validol – in der sowjetischen Alltagssprache auch liebevoll «Validoltschik» genannt – galt in Funktionärskreisen als Wundermittel gegen Herzbeschwerden. Heute werden diese Tabletten nicht mehr im Arzneimittelkatalog geführt – jedenfalls soll das Medikament sublingual in fünf Minuten gewirkt haben. Den beiden Sowjetmenschen blieb so die peinliche Szene eines Herzstillstands ihres Verhandlungspartners erspart.

Nachdem Imre Nagy zu sich gekommen war, empfing er eine angebliche Arbeiterdelegation, zu der jedoch seine engsten Parteigänger gehörten, u.a. Miklós Gimes und József Szilágyi, die nur mit diesem Trick eine Audienz erzwingen konnten. Sie baten Nagy, den hoffnungslosen Standort in der Akadémiastraße zu verlassen und als faktischer Leiter des Landes ins Parlament – zu ungarisch wörtlich «országháza», Haus des Landes – umzuziehen. Der Ministerpräsident sicherte dies zu, brach jedoch während des Gesprächs in Tränen aus – was durchaus eine Nebenwirkung der verabreichten Medizin gewesen sein konnte.

Inzwischen verlor das Moskauer Parteipräsidium allmählich die Geduld. Bezeichnenderweise kritisierte man von den beiden Delegierten nur Anastas Mikojan wegen seines «unrichtigen Standpunkts» bzw. seiner Nachgiebigkeit gegenüber Nagy. Besonders unduldsam waren diejenigen Funktionäre – Molotow, Kaganowitsch, Malenkow und Schepilow –, die später, im Sommer 1957, einen Putschversuch gegen den Parteichef Chruschtschow unternehmen sollten. Für Außenminister Schepilow war eine rasche Entscheidung besonders wichtig – ihm standen schwere Stunden in der UNO-Vollversammlung bevor, die am 28. Oktober in New York eröffnet werden sollte.

Dieser undiplomatischste aller sowjetischen Außenpolitiker erlaubte sich, am 25. Oktober auf einem Empfang im Kreml zu Ehren des belgischen Regierungschefs van Acker die Ereignisse in Ungarn mit dem Satz zu kommentieren: *«Meine Herren, die Erde dreht sich weiter.»* Die belgischen Gäste waren brav bemüht, ihre Gastgeber kein Zeichen etwaiger Unzufriedenheit spüren zu lassen. Sie absolvierten ihr volles Programm, als sei nichts geschehen: Sie besuchten das Bolschoi-Ballett und sahen den unvermeidlichen *Schwanensee*, hielten Reden an der Moskauer Universität und eröffneten eine belgische Kunstausstellung. Zum Abschluß der Verhandlungen legten sie ihre Kränze am «Mausoleum von Lenin und Stalin» nieder. Außenminister Spaak machte sogar noch eine Rundreise durch die Sowjetunion (Stalingrad und Taschkent) und traf erst am 2. November 1956 wieder in Brüssel ein, was bei seinen Landsleuten heftige Kritik auslöste.

Ansonsten jedoch beherrschte das Thema Ungarn die Weltpresse, und die sowjetischen Führer konnten diese Tatsache bei all ihrer Kaltblütigkeit nicht ignorieren. Angesichts der bevorstehenden Debatten in der UNO befürchteten sie vor allem einen Übertritt der bisher eher passiven ungarischen Volksarmee auf die Seite des Volkes. Zwar hätte dies die militärische Lage wenig beeinflußt, aber dem internationalen Ansehen der Sowjetunion massiven Schaden zugefügt. Offensichtlich war die Angst vor einer derartigen Wende so groß, daß die Sowjets Mikojans «Nichteinmischung» (Chruschtschows Ausdruck) und sogar die Position von Imre Nagy zunächst tolerierten. Jedenfalls verzichteten sie auf den ursprünglichen Plan, die Mission in Budapest um Molotow, Malenkow und den Marschall Schukow zu ergänzen.

Die Einsicht, daß die Beurteilung des Charakters der Ereignisse wie auch die daraus zwangsläufig folgende Handlungsweise eigentlich eine Identitätsfrage war, kam zunächst von den Betonköpfen der ungarischen Partei. Der eiserne Apparatschik Jenö Hazai hatte das am 26. Oktober exakt formuliert: *«Genosse Donáth verlangt, daß wir den Aufstand gegen die Regierung, den bewaffneten Aufstand, als berechtigt anerkennen. Dies würde bedeuten, daß wir diejenigen, die ihr Leben für die Volksrepublik geopfert haben, als Konterrevolutionäre betrachten (...).»*

In dieselbe Kerbe schlug János Kádár am 28. Oktober auf der Sitzung des Politbüros: *«Die Bewegung kann man nicht einfach nationale Revolution nennen, denn dies würde bedeuten, daß alle, die gegen uns sind, Revolutionäre, während wir selbst Konterrevolutionäre sind.»* Allerdings machte er eine beinahe spitzfindige Distinktion: *«Man muß die Niederlegung der Waffen für die Kämpfenden ermöglichen, ohne sie als Konterrevolutionäre zu betrachten.»*

Imre Nagy formulierte die Frage existentiell, auf der Ebene des Entweder-Oder: *«Es gibt zwei Möglichkeiten. Wenn wir die auf breiter Basis beruhende Bewegung als Konterrevolution einschätzen, wie wir sie zuerst eingeschätzt haben, dann bleibt uns nichts anderes übrig als der Weg, sie mit Hilfe von Panzern und Artillerie niederzuwerfen. Das ist eine Tragödie. Jetzt sehen wir, daß dieser Weg nicht unser Weg ist. Für die Sowjetunion schaffen wir eine außergewöhnlich schwierige Lage und für das Land die Gefahr, daß es von der Konterrevolution überschwemmt wird. (...) Solange gewaltige Volkskräfte in Bewegung sind, muß man sich auf sie stützen, sich an ihre Spitze stellen.»*

Diese dem heutigen Leser etwas kirchendogmatisch erscheinende terminologische Debatte verfügte über einen eher allgemeinen und einen ganz konkreten Hintergrund. Die kommunistische Bewegung führte ihre Legitimation auf eine Kette von Umstürzen zurück, beginnend mit der großen Französischen Revolution über den Völkerfrühling 1848 bis zum russischen Oktober 1917. Die enorme Vielfalt von sozialen Bewegungen versuchte man in eine klare Hierarchie zu bringen. Man sprach von bürgerlichen Revolutionen mit einer demokratischen und/oder nationalen Ausrichtung sowie von proletarischen oder sozialistischen Revolutionen mit vorwiegend internationalem Charakter.

Dazu kam die Rezeption der marxistischen Theorie von den sozialen Formationen: Auf die Urgemeinschaft folgt die Sklavenhaltergesellschaft, die vom Feudalismus abgelöst wird, dem wiederum der moderne Kapitalismus den Garaus macht, bis endlich die Arbeiterklasse an die Macht kommt und über den Sozialismus den Kommunismus erreicht, der jede Ausbeutung und Unterdrückung endgültig abschafft. Dies bedeutete nicht zuletzt, daß eine Volksbewegung nach dem Sieg des Proletariats per definitionem nur als überflüssig, schädlich und reaktionär begriffen werden konnte, egal wie berechtigt ihre einzelnen Forderungen waren.

Allerdings beanspruchten bei weitem nicht alle Bewegungen gegen den Sozialismus sowjetischen Typs die Bezeichnung «Revolution»: Dubčeks Partei schrieb das Wort «Reform» auf ihre Fahne, und Wałęsas Solidarność hieß einfach «selbstverwaltete Gewerkschaftsbewegung». Die Umschreibung der Wendeereignisse in Mitteleuropa als «samtene», «singende,» «orange» usw. Revolution gehörten eher in die Kategorie politischer Lyrik und wurzelten nur schwach in der jeweiligen Tradition. Die deutsche Prosa sprach im Hinblick auf die DDR von der Wende, und als einzige bestanden die Rumänen darauf, die Ereignisse vom Dezember 1989 als Revolution schlechthin zu charakterisieren. Als die Aufständischen von Budapest sich 1956 als Erben der Märzrevolution von 1848 definierten, empfand die KP-Elite bereits die Wortwahl als Provokation.

Auf der konkret politischen Ebene bedeutete die Anerkennung der Aufständischen als legitime, jedenfalls nicht konterrevolutionäre Bewegung den Versuch, sich selbst als kommunistische Partei neu zu legitimieren, und zwar als Teil der nationalen Bewegung, die am Tag zuvor noch mit Hilfe der Sowjetarmee bekämpft worden war.

Heute ist schwer nachzuzeichnen, wie sich die radikale Wende von Parteiführung und Regierung bei der Beurteilung und dem weiteren Umgang mit dem Aufstand vollzog. Aufgrund der nach 1990 veröffentlichten Dokumente, vor allem derjenigen, die Boris Jelzin 1992 während seines Besuchs in Budapest dem Regierungschef der Republik Ungarn, József Antall, übergab, läßt sich einiges erahnen. So meldeten Suslow und Mikojan bereits am 27. Oktober nach Moskau, sie hätten sich *«mit Kádár und Imre Nagy geeinigt, am Abend vertraulich* [russisch: «pa duscham», von Seele zu Seele, G. D.] *und inoffiziell miteinander zu reden»*. Sehr wahrscheinlich trugen die Ungarn den beiden an diesem Abend ihre neue Sichtweise vor und stießen dabei vermutlich auf Wohlwollen. Dies wird durch die Tatsache bestätigt, daß Anastas Mikojan am nächsten Morgen bei der Sitzung des ungarischen Politbüros anwesend war. Danach folgte um elf Uhr ein Plenum des Zentralkomitees, in dem die neue Regierungserklärung verlesen und offensichtlich angenommen wurde. Das Plenum übertrug seine Machtbefugnisse bis zum nächsten Parteitag auf die sechs Mitglieder des Politbüros, zu dessen Vorsitzendem János Kádár gewählt wurde. Die Zusammensetzung – Kádár, Nagy und Szántó auf der einen, Károly Kiss (nicht zu verwechseln mit dem Aufständischen gleichen Namens), Ferenc Münnich und Antal Apró auf der anderen Seite – brachte eine Parität der beiden Machtfraktionen zum Ausdruck. Die Anwesenden konnten kaum ahnen, daß dies der letzte Beschluß der im Juni 1948 durch die Vereinigung der Kommunistischen und der Sozialdemokratischen Partei Ungarns geschaffenen Einheitspartei werden sollte.

Noch weniger wissen wir über das, was vor der Sitzung des Politbüros geschah, und vor allem ist bis heute unklar, ob die wirklich schicksalhaften Entscheidungen der frühen Morgenstunden ebenfalls von den Sowjets abgesegnet worden waren, und wenn ja, was jene sich dabei gedacht hatten. Es geschah nämlich folgendes:

Die Militärkommission (oder der Stab) plante in der Nacht vom 27. auf den 28. Oktober mit Hilfe der Einheiten des Armeegenerals Malinin den Sturm auf die stärkste Stellung der Aufständischen, die Corvingasse. Dies war eine angeblich von der Regierung und Imre Nagy persönlich genehmigte Aktion. Eine Kolonne von Panzern fuhr gegen sechs Uhr morgens zur Ecke Ferenc körút und Üllöi út vor,

Siegesstimmung in Budapest nach dem temporären Abzug
der Sowjettruppen Ende Oktober 1956

wurde jedoch von den Dächern und aus den Fenstern der naheliegenden Häuser mit massivem Feuer konfrontiert. Vier von sechs Panzern des Typs T-34 und T-54 waren damit außer Gefecht und standen teilweise in Flammen. Ihre Wracks bildeten eine natürliche Barrikade im engen Eingangsbereich.

Um die Corvinstellung zu erstürmen bzw. den Weg dorthin für den als Beteiligten vorgesehenen Sturmtrupp der ungarischen Armee frei zu machen, hätte man eine stärkere Vorbereitung durch Artillerie gebraucht. Praktisch hätte der Häuserblock durch schwere Artillerie zerschossen werden müssen, was jedoch eine enorme Zerstörung bedeutet hätte. Die Sowjets wollten jedenfalls nicht auf eigene Faust handeln und ließen aus dem Verteidigungsministerium Imre Nagy anrufen. Der diensthabende General István Kovács zeichnete die Antwort des Regierungschefs in seinem Arbeitsheft auf: *«Der Wohnblock soll nicht beschossen werden. Das würde pol.*[itisch, G. D.] *eine sehr schwere Lage schaffen. Imre Nagy bittet ausdrücklich darum, die Aktion so nicht durchzuführen.»* Das Zitat entstammt der Anklageschrift gegen den Ministerpräsidenten – es sollte seinen «Verrat» beweisen. Allerdings ist es unvollständig. Kovács' Notiz beinhaltete zwei weitere Sätze: *«Er bittet, diese Unmenge von schrecklichem Blutvergießen zu vermeiden, er habe Angst vor den Folgen ... er würde abdanken. (...) Eine neue Regierung würde die Lage nicht lösen, man müsse auf diese Jugendlichen mit anderen Methoden einwirken.»*

Zwei Stunden später nutzte Nagy auf der Sitzung des Politbüros – in Anwesenheit von Mikojan – den Vorfall als Argument zugunsten einer sofortigen Waffenpause. Und diese wurde kurz nach der letzten Sitzung des Zentralkomitees angekündigt.

13.05 Uhr

Um weiteres Blutvergießen zu vermeiden und eine friedliche Entwicklung der Dinge zu sichern, hat die Regierung der Ungarischen Volksrepublik allgemeine, sofortige Waffenruhe angeordnet. Den Streitkräften wird der Befehl erteilt, von ihren Waffen nur dann Gebrauch zu machen, wenn sie angegriffen werden.

Obwohl zu dieser Zeit zwischen Aufständischen und Behörden bereits einige informelle Beziehungen bestanden und Vertreter der bewaffneten Gruppen in der Parteizentrale über die Bedingungen eines Waffenstillstands verhandelten, war die stärkste Gruppe der «Corvinisten» mitnichten bereit, der Aufforderung der Regierung zu folgen. Die Stimmung auf der Straße war immer noch regierungsfeindlich und der Haß auf die Sowjetarmee überall spürbar – wenn auch gelegentlich mit grimmigem Humor vermischt. So erschien auf manchen Hauswänden eine an die Anti-US-Kampagne während des Koreakrieges erinnernde englischsprachige Aufforderung: «Russies go home!» Unter diesen Umständen war die einseitig angebotene Waffenruhe ein ziemlich riskantes Spiel. Ohne präzise Klärung der Bedingungen der anderen Seite konnte sie genau das Blutvergießen auslösen, vor dem Nagy und seine Mitstreiter am meisten Angst hatten.

Aber Improvisieren gehört eben zur ungarischen Tradition: Von der Entthronung der Habsburger durch Kossuth im April 1849 über die Abtretung der Macht zugunsten der kommunistischen Räterepublik durch den Regierungschef Graf von Károlyi 1919 bis zur Rundfunkrede des Reichsverwesers Horthy über den Kriegsaustritt im Oktober 1944 – vieles geschah in Ungarn innerhalb weniger Stunden und traf die Öffentlichkeit unvorbereitet. Diesmal bot die Regierung eine echte Überraschung: Sie ergab sich, sozusagen, dem Volk. Denn die Erklärung, an deren Text die engsten Freunde des Premiers – unter ihnen der Schriftsteller Tibor Déry – mitgefeilt hatten, erfüllte so gut wie alle, selbst die unerfüllbar erscheinenden Forderungen der letzten Tage:

17.25 Uhr

Es spricht Ministerpräsident Imre Nagy:

Die Regierung lehnt es ab, die gewaltige Volksbewegung als Konterrevolution zu betrachten ...

Die ungarische Regierung ist mit der sowjetischen zu einem Übereinkommen gelangt, wonach die sowjetischen Truppen sofort aus Budapest abziehen und – zugleich mit unserer Aktivierung der neuen Streitkräfte – die Stadt räu-

men sollen. (...) nach Wiederherstellung der Ordnung werden wir eine neue Staatspolizei organisieren, und die Staatsschutz-Behörde [ÁVH, G.D.] *wird aufgelöst. Kein Teilnehmer der bewaffneten Kämpfe braucht Repressalien zu befürchten.*
Die Regierung wird eine Gesetzesvorlage in die Nationalversammlung einbringen, wonach das Kossuth-Wappen wieder auf unserer Fahne anzubringen ist und der 15. März zum Nationalfeiertag erklärt wird.

Es fehlen konkrete Zeugnisse, was Moskau sich dabei dachte, aber etwas Atmosphärisches läßt sich feststellen. Die Anredeform «Genosse» oder die abgekürzte Form «Gen.», T. aus dem russischen «Towarisch», die sowohl in den Berichten der Emissäre als auch in den hastigen Protokollen des Krisenstabs im Kreml den Namen der ungarischen Funktionäre gewöhnlich vorausgeschickt wurde, verschwand allmählich. So verhandelten Mikojan und Suslow noch am 25. Oktober mit den «Genossen» Kádár und Nagy, am 26. Oktober mit einem «Genossen» Kádár, während der Regierungschef nur noch «Imre Nagy» hieß und nie mehr als «Towarisch» erwähnt wurde. Auf der Sitzung des Präsidiums des ZK der KPdSU, welche auf die Waffenruhe folgte, tauchte die Betitelung nur noch vor den Namen der sowjetischen Beteiligten auf. Man wußte in Moskau zu dieser Zeit in der Tat nicht mehr, auf wen man am Donauufer noch als «Genosse» rechnen konnte.

Das labile Gleichgewicht

Der 28. Oktober 1956 war ein Sonntag, das erste Wochenende des Volksaufstands. Eine Stunde vor der Ankündigung der Waffenpause meldete sich der Budapester Rundfunk am Mittag mit Glockengeläut. In Ungarn konnte kaum ein besseres Signal für Versöhnungsbereitschaft gefunden werden. Der Überlieferung zufolge war das tägliche Glockenläuten in Europas Kirchen von Papst Kalixtus III. im Sommer 1456 angeordnet worden, und zwar zu Ehren des Feldherrn János Hunyady, der drei Jahre nach dem Fall von Konstantinopel das Heer des Osmanischen Reiches bei Nándorfehérvár (Belgrad) aufgehalten hatte. Das Läuten der Kirchenglocken wurde erstmalig 1928 im Radio gesendet, 1949 jedoch wegen seiner «klerikalen» Konnotation aus dem Programm entfernt. Seine Wiederzulassung in diesem historischen Moment bedeutete für die symbolempfindliche ungarische Öffentlichkeit eine Rückbesinnung auf nationale, christliche und zugleich europäische Werte.

Die Nachrichtensendung begann mit einer überaus friedfertigen Information: *«Sämtliche 228 Bäckereien von Budapest sind in vollem Betrieb. Mehrere Pferdefuhrwerke und 150 Lastwagen bringen Brot in alle Teile der Hauptstadt. Die Bäckereien sind für einige Wochen mit Mehl und Brennstoff eingedeckt. Auch die Molkereien arbeiten. Die Versorgung mit Milch, Butter, Käse, Fleisch, Fett und Tabak ist ebenfalls zufriedenstellend.»*

Ruhe und Versöhnung suggerierten auch die Radiostationen der Provinz. Sender Freies Raab (Györ) teilte bereits am Morgen um 8.13 Uhr – vor der amtlichen Bekanntgabe der Waffenpause – mit, daß der sowjetische Kommandeur der Stadt nicht die Absicht habe, sich in die inneren Angelegenheiten der Ungarn einzumischen.

«Der kommandierende Offizier brachte seine Dankbarkeit all denen gegenüber zum Ausdruck, die sich selbst gestern nach den materiellen Bedürfnissen der sowjetischen Garnison erkundigt und unaufgefordert 40 Liter

Milch für die Kinder [wohl der in Györ und Umgebung stationierten sowjetischen Offiziere, G.D.] *zur Verfügung gestellt hatten. Er bat uns, ihn von jedem Verstoß gegen die Bestimmungen seitens der sowjetischen Soldaten in Kenntnis zu setzen, da Übergriffe streng bestraft werden müßten. Bei seinem Abschied versicherte uns der Kommandeur abermals, daß die sowjetischen Truppen keinerlei Angriff vorbereiteten, da ihnen der Weltfrieden ebenso wichtig sei wie der der Stadt Raab.»*

Eine folkloristisch anmutende Episode aus derselben Sendung: *«Zwei italienische Journalisten sind, aus Budapest kommend, in Raab eingetroffen (...). An der Stadtgrenze von Budapest wurden die beiden Journalisten gebeten, ihre Dokumente vorzulegen. Nachdem sie sich als italienische Zeitungsleute ausgewiesen hatten, ließen die sowjetischen Soldaten Garibaldi hochleben, wünschten ihnen alles Gute und gaben den Weg frei.»* Manches von diesen idyllischen Geschichten wurde sicherlich erdichtet, aber die Motive konnten echt sein: Nach Tagen sinnloser und blutiger Kämpfe waren beide Seiten ermattet, und dies galt erst recht für die unbeteiligten Bürger.

Als ich, damals 13 Jahre alt, an diesem Sonntagvormittag auf dem Großen Ring spazierenging, sah ich einerseits Erfreuliches: Die Straße war voller friedliebender Menschen, die, wenn sie sich auch immer wieder mißtrauisch umblickten, deutlich erleichtert ihre Einkäufe tätigten. Andererseits war nun die Zerstörung unübersehbar. Man sah die zerschossenen Waggons der Straßenbahn Nr. 6 vor dem Westbahnhof, die blinden Fenster des Kinos «Szikra», mit dem großen Plakat des jugoslawischen Kriegsfilms *Tal des Friedens* (in der Hauptrolle John Kitzmiller) an der Fassade, die Ruine eines sowjetischen Panzers am Oktogon zwischen den Restaurants Savoy und Abbázia. Auf der anderen Seite der Majakowskistraße waren die Häuser besonders arg zugerichtet. Schräg gegenüber vom Royal war die Vorderfont eines vierstöckigen Wohnhauses völlig entblößt. Auf der dritten Etage war eine beinahe intakte Wohnung, an der Wand hinter einem breiten Sofa die gemalten Porträts der Vorfahren der Bewohner – ganz im Stil des seligen 19. Jahrhunderts. In der Mitte stand ein großes beigefarbenes Klavier mit einem Bein über dem Abgrund. Ringsumher herrschte zweifellos Frieden, aber die Welt war nicht mehr heil.

Eine schlichte Waffenübergabe wurde von den meisten aufständischen Gruppen, die sich als Sieger über die größte Panzerarmee der Welt wähnten und dies auch in einem eng gefaßten taktischen Sinne waren, strikt verweigert. Während die Sowjeteinheiten allmählich mit dem vereinbarten Abzug aus der Stadt begannen, sollte das so entstehende militärische Vakuum überall von Einheiten der ungarischen Volksarmee ausgefüllt werden, was allerdings voraussetzte, daß die Tuchfühlung zwischen Armee und Bevölkerung zu keinem erneuten Aufflammen der Kämpfe führte. Die Führer der Streitkräfte erwogen eine spezielle Lösung – die der Integration. Man hatte den Plan, die Tausende von Aufständischen den «bewaffneten Körperschaften», also Polizei und Armee, einzuverleiben. Den Kommandeuren wollte man einen Offiziersrang verleihen und die Halbwüchsigen zur Militärschulung schicken. Diese Konstruktion war jedoch eher deklariert als durchdacht, und ihre Verwirklichung hätte viel Zeit gebraucht – das einzige Gut, worüber niemand verfügte. Zeit hätte Leben sichern können, Zeitmangel hingegen war in dieser Situation todbringend.

Die Hauptschwäche der Integrationslösung lag in der Unklarheit, wie im weiteren Verlauf mit den Sicherheitstruppen der ÁVH umgegangen werden sollte. Da der offizielle Beschluß, diese Truppen aufzulösen, zunächst durch nichts spezifiziert wurde, waren sie eine «entlassene Legion» (so der Titel eines Romans von György Moldova), also praktisch vogelfrei.

Ohnehin konnten die ÁVH-Leute unmöglich als «Volksfreunde» auftreten, sie konnten nicht einmal entfernt mit diesem Gedanken kokettieren. Anders als den Ordnungshütern oder den Soldaten verzieh man ihnen keinen einzigen Schuß, allein aufgrund der Tatsache, daß sie den Namen der gefürchteten Behörde trugen. Ihre Firma wurde mit dem jahrelangen Terror der Parteiherrschaft, mit erfolterten Geständnissen und Verhaftungen im Morgengrauen assoziiert. So blieb ihren Leuten praktisch kein anderer Weg, als entweder zu desertieren – was durch die strenge Kampfesmoral erschwert wurde – oder aber dem jeweiligen Feuerbefehl zu gehorchen und dabei der Urteilskraft der nicht immer vernünftigen Kommandeure ausgeliefert zu sein. Sie verkörperten den schlechten Ruf der Partei, die sie deswegen ständig loswerden wollte, ohne auf ihre Dienstleistungen wirklich verzichten zu können.

«Objektschutz» war eine Grundpflicht aller Militärs, das galt auch für die Sicherheitstruppen. So erließ am 25. Oktober der Direktor des Polizeigefängnisses von Györ den Ukas, auf die unbewaffnete Menschenmenge, welche die Befreiung der Inhaftierten forderte, das Feuer zu eröffnen. Im Ergebnis starben vier Personen. Am nächsten Tag erstürmte eine immer noch unbewaffnete Menge die Kaserne der ebenfalls in die Zuständigkeit der ÁVH gehörenden Grenztruppen im benachbarten Mosonmagyaróvár. Deren Kommandeur ließ auf telefonische Anordnung seiner Obrigkeit hin ebenfalls das Feuer eröffnen – im unvorstellbaren Chaos einer Massenflucht gab es sechzig Tote, unter ihnen Frauen und Kinder, die auf dem Pflaster vor der Kaserne lagen. Dabei hatte jemand aus dem Nachbarhaus beim Parteikomitee angerufen, um zu verhindern, daß auf die Menschen geschossen würde. Die Partei mischte sich nicht ein.

Nach diesem Massaker löste sich die Disziplin unter den Verteidigern der Kaserne auf, einige Soldaten lehnten die bestialische Anordnung des Kommandeurs ab und wollten eine zweite Salve verhindern. Doch es war bereits zu spät, die verzweifelten Demonstranten drangen in das Haus ein und rächten sich für ihre Toten. Drei Soldaten, unter ihnen auch einer derjenigen, die sich für Mäßigung eingesetzt hatten, überlebten die Vergeltung nicht. Der Kommandant floh über die nahe gelegene Grenze in die Tschechoslowakei. Noch kurz vor seinem Tod 2002 fand ein Prozeß gegen ihn und zwei seiner Untergebenen statt.

Es gab auch jemanden von außen, der sich für Versöhnung einsetzte: Gábor Földes, Regisseur des Györer Kisfaludy-Theaters, ein stadtbekannter Intellektueller und Leiter des am 23. Oktober gegründeten lokalen Petőfi-Kreises. Er bot sich als Vermittler sowohl in Györ als auch in Mosonmagyaróvár an. Im ersten Fall hatte er Erfolg, im zweiten drangen die Angreifer hinter ihm in das Gebäude ein. Nach seiner Verhaftung wurde Földes zunächst des Mordes in drei Fällen bezichtigt. Später ließ man diese Klage fallen, aber das änderte nichts daran, daß der Weg des Theatermanns zum Galgen führen sollte.

Fast zur gleichen Zeit intervenierte in einem ähnlichen Fall Attila Nagy, Schauspieler des Miskolcer Nationaltheaters. Er begleitete die Menge von Demonstration zu Demonstration, und zwischen dem 23. und 26. Oktober hielt er sie kraft seiner persönlichen Ausstrahlung, seines waghalsigen Mutes und Erfindungsreichtums unter anderem von einer Kollision mit Sowjeteinheiten zurück. Dennoch erwiesen sich seine Schlichtungsversuche letzten Endes als vergeblich. In der Hauptstadt Nordostungarns kam es zu einem Blutvergießen, als die Verteidiger des Polizeipräsidiums in eine Menschenmenge schossen, die sich bereits auf dem friedlichen Rückzug befand. Auf die hysterische Aktion der Verteidiger folgte die kaum mehr vermeidbare Rache – mehr als zwanzig Opfer fielen auf beiden Seiten. Der Schauspieler Attila Nagy verbrachte mehrere Jahre hinter Gittern. Nach der Wende 1989 wurde er zum Parlamentsabgeordneten der Sozialistischen Partei gewählt.

Vor allem das Blutbad in Mosonmagyaróvár zeigte, wie wenig die menschliche Vernunft gegen jene Psychose ausrichten konnte, die durch die Konfrontation von Masse und Macht ausgelöst wurde. Dies war keineswegs ein Spezifikum der Begegnung zwischen bewaffneten Kommunisten und wehrlosen Demonstranten. Denn die Logik wirkte auch in umgekehrter Richtung und führte zu einem der tragischsten Intermezzi des Jahres 1956.

In den Tagen nach der Waffenruhe verbreitete sich das Gerücht, daß im Sitz des Budapester Komitees der Partei der Ungarischen Werktätigen am Köztársaság-tér (Platz der Republik) bewaffnete Gruppen der

ÁVH einen Angriff gegen Aufständische planten und daß unter dem Gebäude in Kellern oder Tunneln junge Aufständische gefangengehalten würden. Letztere Annahme erwies sich im nachhinein als völlig frei erfunden, aber die erste Vermutung war nicht ganz unbegründet.

Unter der Führung ihres Zweiten Sekretärs, des ehemaligen Spanienkämpfers Imre Mezö, wollte die Budapester Parteiorganisation tatsächlich Arbeitermilizen aufbauen, um den Kampf mit den als Gegnern eingestuften Aufständischen auch ohne Unterstützung der Roten Armee aufnehmen zu können. Diese Vorbereitungen wurden auch nach der Waffenruhe fortgeführt, befanden sich allerdings noch im Anfangsstadium. Insgesamt verfügte das «Parteihaus» – so nannten die Budapester das dreistöckige Gebäude gegenüber dem Operntheater «Erkel» – außer seinem Personal über etwa fünfzig Bewaffnete aus den Reihen der ÁVH und der Volksarmee, die mit Handwaffen, Maschinengewehren und Handgranaten ausgerüstet waren. Sie sollten das Haus verteidigen, unternahmen einzelne Streifzüge in die Umgebung und nahmen ihnen verdächtige Personen, die das Gebäude betraten, vorübergehend fest.

Der Sitz des Budapester Parteikomitees befand sich an der Grenze des siebten und achten Bezirks der Hauptstadt und damit im Fadenkreuz der wichtigsten Zentren des bewaffneten Widerstands. Unter den Belagerern des «Parteihauses» gab es mindestens vier Gruppen von Aufständischen: die Corvinisten, die vom Barossplatz, die von der Hársfa utca und die von der Vajdahunyad utca. Eine Koordination der Kampfhandlungen vor Ort schien wahrscheinlich. Die Ausrüstung der Gruppen war ähnlich wie die der Verteidiger, denen es zunächst gelang, die Angreifer vom Gebäude fernzuhalten. Erst als das Haus mit Artillerie beschossen wurde und jeder Hilferuf an höhere KP-Instanzen und an das Verteidigungsministerium ergebnislos blieb, mußten Mezös Leute sich geschlagen geben.

Der Zweite Sekretär gab also den Befehl «Feuer einstellen!», ließ in ein Fenster die weiße Fahne hängen und ging mit seinen Begleitern auf den Platz, um sich zu ergeben. Was danach geschah, ist in der

Literatur häufig beschrieben worden, wurde von der Propaganda der späteren Sieger mächtig ausgeschlachtet und durch Filmaufnahmen und noch mehr durch die Fotos von John Sadovy im *Life Magazine* weltbekannt. Nach mehr als vier Stunden erstaunlich zähen Verteidigungskampfes sahen sich die als Polizisten verkleideten ÁVH-Leute, Armeesoldaten und Parteifunktionäre einer Masse ausgeliefert, die weder Kriegsethik noch Menschlichkeit kannte.

Dem darauffolgenden Gemetzel fielen 24 Personen zum Opfer, unter ihnen Imre Mezö, der vor dem Haus zusammenbrach. Er lebte noch sechs Stunden und sagte im Krankenhaus: «Wegen diesem Schurken muß ich sterben», womit er den früheren Parteichef Rákosi meinte. Die Funktionärin Éva Kállai, ein ehemaliges Mitglied der illegalen KP Ungarns, warf sich vor Angst, den Sturmtruppen in die Hände zu fallen, aus einem Fenster im zweiten Stock auf die Straße. Sie starb erst ein halbes Jahr später an ihren Verletzungen. Die Angreifer schleppten viele der Verteidiger aus dem Haus und überließen sie der tobenden Menge.

Dabei verhielten sich einzelne auch mutig und human. Einige Aufständische, die am Sturm des Hauses beteiligt waren, lehnten jede Lynchjustiz ab. Mitarbeiter des Rettungsdienstes nahmen ihre Pflicht im wörtlichen Sinne wahr, indem sie auf dem Boden liegende Verteidiger schnell in Krankenwagen versteckten. Einfache Passanten, unter ihnen ein ehemaliger Gendarm, halfen bei der Rettung, doch viel konnten diese Maßnahmen nicht ausrichten.

Ich möchte das Volksurteil nicht in seinen sadistischen Einzelheiten schildern, wie dies etwa David Irving in seiner Kolportage *Uprising!* tat. Es kann hier nur nüchtern konstatiert werden, daß diese traurige Episode von vielen Zeitgenossen, die sich für Imre Nagy engagierten, als Sündenfall des Aufstands betrachtet wurde. Die 24 Todesopfer dienten später als Begründung für die Vergeltung, als im Namen der Gerechtigkeit 42 Personen hingerichtet wurden, in deren Anklageschrift das Wort «Köztársaság-tér» auftauchte. Auge um Auge, Zahn um Zahn – so wie László Benjámin, der Lyriker der Sechsundfünfziger-Generation, es beschrieb:

Ist er Sünder? Söldner? Gekränkter?
Für das Grab sind alle gleichmäßig gut.
Sobald der Gemeinsinn in Stücke zerrissen,
man urteilt nur nach der eigenen Wut.
Es stockt das Wort, und es bleibt zurück
Nur das Blut, nur das Blut.

Vielleicht vom schlechten Gewissen getrieben oder aus purer Unkenntnis wurde gleich eine Kampagne gestartet: Man suchte nach den Katakomben unter dem Platz, in denen die blutjungen Gefangenen angeblich litten und hungerten. Das Volk hat der ÁVH damals vieles unterstellt, was sie nicht getan hat, und manches, was sie tat, war so aberwitzig oder ungeheuerlich, daß es kaum jemand geglaubt hätte. Möglicherweise hielten viele in der allgemeinen Hysterie jener Tage die zugeschütteten unterirdischen Gänge des Großprojekts Budapester Metro für Folterkammern.

Eines scheint sicher zu sein: Die Annahme, das Blutbad vor dem «Parteihaus» sei für den zweiten Einmarsch der Sowjettruppen verantwortlich, ist unbegründet. Weder *Prawda* noch *Neues Deutschland* hielten das Ereignis in ihrer nächsten Nummer für erwähnenswert. Zudem ist zu bedenken, daß Moskau auch Volksbewegungen zu unterdrücken wußte, in denen keinem einzigen Menschen auch nur ein Haar gekrümmt wurde.

Zwei hohe Offiziere, Pál Maléter und Béla Király, spielten eine wichtige Rolle bei der Integration der aufständischen Truppen in die Armee, deren Stärke nach der Waffenruhe sprunghaft auf fünfzehntausend anwuchs. Maléter hatte vor dem Krieg die Militärakademie Ludovika absolviert, geriet als Leutnant in sowjetische Kriegsgefangenschaft, wurde vom Kommunisten Zoltán Vas in die Partisanenschule geschickt und mit einer Fallschirmgruppe in Siebenbürgen eingesetzt, um dem Gegner in den Rücken zu fallen. Im Oktober 1956 hatte er den Rang eines Obersten Kommandeurs der technischen Truppen mit Sitz in der früheren Kaserne «Maria Theresia», die nach der Befreiung den Namen des kommunistischen Märtyrers György Kilián erhalten hatte.

Dieses schwerfällige k.u.k. Gebäude stand an der Ecke Üllöistraße/Ferencring, exakt gegenüber der Corvingasse. Ein Flügel gehörte nicht der Volksarmee, sondern diente als Arbeiterheim und wurde von den Aufständischen besetzt gehalten, die nach dem Besitz der ganzen Kaserne trachteten. Maléter wollte am 25. Oktober das Objekt zurückerobern und marschierte vom Verteidigungsministerium mit einer Panzerkolonne los. Dabei geriet er in das Feuer der Sowjets, gleichzeitig beschoß er selbst das Kino «Corvin», um die Aufständischen fernzuhalten. Er war kein Politiker und wollte im Sinne seines Soldateneids gegenüber der Nagy-Regierung loyal bleiben. Nach Verkündigung der Waffenruhe suchte er den Corvin-Kommandanten Pongrácz auf, der sein unmittelbarer Nachbar war. Dieser Schritt wurde ihm später als Beweis seines «Verrats» angelastet.

Die Freischärler der umliegenden Bezirke empfingen ihn mit Argwohn. Vor allem Pongrácz hielt ihn für einen kommunistischen Wendehals, der nichts anderes als eine Kugel in den Kopf verdient hatte. Sicher sah der gelernte Landwirt in dem schnittigen, fast zwei Meter großen, hageren Offizier auch einen unheimlichen Rivalen, der mit seinen Militanten recht souverän umging – einen von ihnen hatte Maléter wegen geraubter Schmuckstücke geohrfeigt. Obwohl sie von nun an zu derselben Streitmacht gehörten, war für Pongrácz klar, daß ihm der Kommandeur der Kilián-Kaserne hierarchisch haushoch überlegen war und auch ungleich mehr von der Kriegskunst verstand. Zudem wurde Maléter schon bald zum Stellvertretenden Minister und später sogar zum Verteidigungsminister ernannt, und dies im Range eines Generalmajors.

Die Integration verwandelte die Gruppen der Aufständischen in einen Teil der bewaffneten Kräfte. Sie erhielten in beliebiger Menge die über Nacht gedruckten Ausweise der Nationalgarde, so genannt nach dem Vorbild von 1848, blieben jedoch gegenüber den Berufssoldaten eindeutig unterlegen. Pongrácz war gezwungen, zum Zeugen des kometenhaften Aufstiegs Maléters zu werden, der außerdem, für ihn völlig unbegreiflich, immer mehr von der Aura des Volkshelden umgeben war.

Ebenso argwöhnisch wie der Corvin-Kommandeur beäugte Generalmajor Béla Király den Oberst Maléter. Király hatte ebenso wie dieser die Militärhochschule der Ära Horthy absolviert und im «nationalen Heer» sogar unter den Pfeilkreuzlern gedient. Allerdings galt er als Widerstandskämpfer und wurde nach 1945 von der neuen «demokratischen Armee» übernommen. Als diese nach 1949 in «Volksarmee» umbenannt wurde, bekleidete Király bereits das Amt des Kommandeurs der Ludovika-Nachfolgerin, der Zrínyi-Akadémia. Während der Säuberungen 1950 verurteilte man ihn wegen angeblicher Spionage zum Tode und begnadigte ihn dann zu lebenslanger Haft. Erst im September 1956 aus dem Gefängnis entlassen, suchte er nach alten Kontakten in der Heeresführung des Landes, und über solche verfügte er in Hülle und Fülle – fast jeder junge Offizier hatte seine Laufbahn in Királys Zrínyi-Akadémia begonnen. Die Regierung beauftragte ihn nach einer blitzschnellen Rehabilitierung Ende Oktober mit der Organisation der einheitlichen Streitkräfte. Gleichzeitig ernannte ihn Nagy zum Budapester Stadtkommandanten.

Beide ranghohen Chargen waren sich darin einig, die Dominanz der Volksarmee im Rahmen des am 31. Oktober geschaffenen Revolutionären Verteidigungsausschusses auf Kosten der Aufständischen ausdehnen zu wollen. Sie schickten ihre Experten in die Zentren des Widerstands, ließen das Arsenal inventarisieren und versuchten eine strenge Kontrolle durchzusetzen. Dies fiel mit dem Bestreben der Regierung zusammen, die Verhältnisse zumindest in militärischer Hinsicht so schnell wie möglich zu konsolidieren.

Politisch hinkte die Regierung auch nach der Waffenruhe den Forderungen der Öffentlichkeit hinterher. So wurde zum Beispiel in der Regierungserklärung vom 28. Oktober kein Wort über die Zulassung anderer Parteien verloren. Sogar das Revolutionskomitee der ungarischen Intellektuellen beschränkte sich in einem Aufruf vom 29. Oktober darauf, Wahlen zu fordern, «bei denen das Volk seine Kandidaten ungehindert nominieren kann». Die Studenten von Györ verlangten die Einbeziehung der lokalen Machtorgane, der soeben gegründeten Revolutionsausschüsse in das Parlament. Allerdings hatte die formal immer noch herrschende Partei in diesen Dorf- und Gemeindekomitees so gut wie keinen Einfluß. Das Parteiblatt *Szabad Nép* umschrieb diesen Sachverhalt vorsichtig: «In den meisten Orten wurden in die neuen Organe auch Kommunisten gewählt, die bei der Bevölkerung beliebt waren …»

Zu diesem Zeitpunkt zielten die meisten Appelle noch auf den Rückzug der Sowjetarmee, eine Forderung, welche die Regierung im günstigsten Fall mit Nachdruck an den eigentlichen Adressaten weiterleiten konnte. Als sich allerdings, mit dem Ziel des Abzugs der Sowjetarmee, seit dem 24. Oktober ein kaum organisierter Generalstreik auszuweiten begann, schwächte dies eindeutig die Position von Nagy und zeigte, wie dünn die Legitimation des durch wenige handverlesene Nichtkommunisten bereicherten Kabinetts war. So entstand die wahrscheinlich einzige Initiative der nationalen Regierung, welche die Forderungen der Straße in gewisser Weise überholte.

Dienstag, der 30. Oktober 1956, 14.28 Uhr

Das Wort hat der Vorsitzende des Ministerrates der Ungarischen Volksrepublik, Imre Nagy:

Ungarische Arbeiter, Bauern, Intellektuelle! (…) Im Interesse einer weiteren Demokratisierung (…) hat das Kabinett das Einparteiensystem abgeschafft und beschlossen, zu einer Regierungsform zurückzukehren, die ähnlich wie im Jahre 1945 auf der demokratischen Zusammenarbeit der Koalitionsparteien beruht. Gemäß dieser Entscheidung wurde ein neues Kabinett gebildet. Zu seinen Mitgliedern gehören Imre Nagy, Zoltán Tildy, Béla Kovács, Ferenc Erdei, János Kádár, Géza Losonczy sowie Persönlichkeiten, die von der Sozialdemokratischen Partei noch zu nominieren sind. Die nationale Regierung fordert das sowjetische Oberkommando auf, mit dem Abzug der Truppen aus Budapest unverzüglich zu beginnen. Gleichzeitig unterrichten wir das ungarische Volk davon, daß wir die Sowjetunion ersuchen werden, sämtliche Truppen aus Ungarn abzuziehen.

Dieses Zugeständnis war in dem Sinne legal, daß die Koalitionsparteien – bis auf die mit der KP 1948 zwangsvereinigten Sozialdemokraten – formal niemals aufgelöst worden waren. Jeder, der im Budapester Telefonbuch blätterte, konnte ihre Adresse dort finden. Allerdings hatten sie als juristische Personen nicht einmal soviel Gewicht wie die «Blockflöten» in der DDR oder ähnliche Frontorganisationen des polnischen Sejm und der tschechoslowakischen Nationalversammlung. Ihre Neubelebung diente zweifellos dazu, die Basis der Regierung zu verbreitern, war jedoch mit nicht wenigen Problemen verknüpft. Unter anderem war sicher, daß die Führungen der Koalitionsparteien Mitläufer der KP-Herrschaft in ihren Reihen nicht dulden würden und mit der Neugründung der Parteien auch erhebliche Rückerstattungsforderungen gestellt werden würden, die konfisziertes Vermögen betrafen.

Das Legitimationsproblem der Regierung lag nicht so sehr auf politischer, sondern eher auf nationaler Ebene. Ein rascher Rückzug der Sowjets hätte sogar eine rein kommunistische Regierung akzeptabel erscheinen lassen, während jede Minute weiterer Militärpräsenz auch eine lupenreine bürgerliche Koalition schwer kompromittiert hätte. Die Rückkehr zur Stunde Null 1945 mit (kontrollierter) Souveränität und (eingeschränkter) Demokratie bedeutete außerdem für die Kommunisten, daß sie unter Umständen auch Wahlergebnisse zu akzeptieren hatten wie das im November 1945, als die Agrarpartei 57 Prozent der Stimmen erhielt, während sich die KP Ungarns mit 17 Prozent zufriedengeben mußte. György Lukács schätzte die Chancen der Partei von Imre Nagy und János Kádár bei eventuellen Neuwahlen auf höchstens sechs Prozent ein. Allerdings gab seit der letzten Sitzung des Zentralkomitees am Sonntag, dem 28. Oktober, der ehemals millionenstarke Stoßtrupp kein Lebenszeichen mehr von sich – die alten Strukturen waren zerrüttet, und die neuen steckten in den Anfängen.

Währenddessen wirkte die Präsenz der Sowjettruppen beziehungsweise ihr Rückzug in einer Langsamkeit, die mit dem Tempo des Einmarsches kaum vergleichbar war, äußerst irritierend und blieb ein beständiger Faktor der Unsicherheit. In dieser Situation gingen die Forderungen, die aus einer gemeinsamen Sitzung des Arbeiterrats und des Studentenparlaments in Miskolc resultierten, noch einen Schritt weiter als bisher. In ihrem Kommuniqué formulierten sie glasklar: *«Der Beitritt Ungarns zum Warschauer Vertrag im Mai 1955 wurde von Rákosi und Gerő getätigt und ist daher nichtig. (...) Wir fordern die umgehende Revision des Warschauer Vertrages. Die Führer der Unterzeichnerstaaten müssen unverzüglich zusammentreten, um sich zu den Vorgängen in Ungarn zu äußern. Die Haltung der Sowjetunion widerspricht (...) dem Warschauer Vertrag völlig und verletzt die Souveränität des ungarischen Volkes.»*

Diese gedanklich logischen und juristisch korrekten Behauptungen führten in den Bereich der reinen Utopie, der bereits erwähnten Neutralitätsträumerei, die von Anfang an im Wunschpaket enthalten war, aber erst in diesen Tagen klare Konturen bekam. Das war einem Schritt der Regierung Nagy geschuldet, mit dem diese wahrscheinlich ihre Loyalität gegenüber Moskau bestätigen wollte. Am 28. Oktober schickte das ungarische Außenministerium eine Instruktion an den Vertreter des Landes bei der UNO, den Diplomaten Péter Kós. Dies war eine eindeutige und mit den Sowjets abgesprochene Instruktion, die zum Inhalt hatte, daß *«die Ereignisse am 23. Oktober 1956 und die der darauffolgenden Tage sowie die in deren Verlauf ergriffenen Maßnahmen die innere Angelegenheit der Ungarischen Volksrepublik bilden»*. Der Diplomat trug den Standpunkt seiner Regierung auf der Sitzung des Sicherheitsrates der UNO am 28. Oktober um 16.30 Uhr nach New Yorker Zeit wortgetreu vor. Zwei Tage später desavouierte ihn der Revolutionsausschuß des Außenministeriums, und die Presse startete sogar eine Kampagne gegen ihn als Landesverräter. Dabei spielte das Gerücht eine Rolle, der UNO-Vertreter habe ursprünglich Leo Konduktorow geheißen und sei sowjetischer Staatsbürger (was einen Landesverrat an Ungarn per definitionem ausgeschlossen hätte).

Kós wurde tatsächlich in der Sowjetunion als Sohn eines ehemaligen ungarischen Kriegsgefangenen und einer russischen Mutter geboren. Allerdings zog die Familie bereits in den zwanziger Jahren nach Ungarn und lebte in Karcag. Kós nahm den Namen seiner Mutter an und wählte aufgrund seiner russischen Sprachkenntnisse die diplomatische Karriere. Was er dreißig Jahre später in einem Interview über seine Mission erzählte, enthielt eine überaus aufschlußreiche Information. In einer Fernmeldung hatte der ungarische Vertreter Kós darum gebeten, beim Sicherheitsrat die Verschiebung der Diskussion beantragen zu dürfen, denn der sowjetische UNO-Gesandte *«Genosse* [Arkadi] *Sobolew will im Fall eines mißlungenen Versuchs, die Frage von der Tagesordnung zu nehmen, um deren Aufschub bis zum 31. Oktober bitten»*.

Warum dieses Datum? Offensichtlich waren die Sowjets über die bevorstehende, in der Presse als unvermeidlich betrachtete Eskalation des Nahostkonfliktes um den Suezkanal informiert. Nur der Zeitpunkt war noch unklar. Jetzt ging es für Moskau nur noch darum, Zeit zu gewinnen.

Am 28. Oktober hörte der Moskauer Krisenstab den aus Budapest abberufenen Emissär Michail Suslow an. Dessen Bilanz war mehr als pessimistisch: Nach 600 Todesfällen auf ungarischer und 350 Toten auf sowjetischer Seite war man einer Problemlösung noch nicht wesentlich näher gekommen. Die ungarische Regierung forderte den Abzug der Truppen und die Einhaltung der Waffenruhe. «Sollen wir diese Regierung unterstützen?» stellte Suslow die entscheidende Frage und beantwortete sie paradox: «Wir sollen. Es gibt keinen anderen Ausweg.» Der Parteichef Chruschtschow wies auf die Verstrikkung der Briten und Franzosen in Ägypten hin: «Wir sollten mit ihnen keinesfalls in dieselbe Kompanie geraten.» Offensichtlich war ihm daran gelegen, nicht zu den geächteten Aggressoren zu gehören.

Vom nächsten Tag ist kein Sitzungsprotokoll des höchsten sowjetischen Parteigremiums erhalten geblieben. Am 30. Oktober meldete sich Chruschtschow mit einem geradezu dramatischen Vorstoß zu Wort, den er mit dem anwesenden Sekretär der KP Chinas, Liu Shaoqi, vereinbart hatte. Es handelte sich um die Erneuerung der gesamten Moskauer Politik in bezug auf die Verbündeten in Osteuropa. Erwogen wurde unter anderem der Rückzug aller in diesen Ländern stationierten sowjetischen Berater. Die Anwesenden faßten den Beschluß, die Erklärung der sowjetischen Regierung *«Über die Grundlagen der Entwicklung und Weiterverstärkung der Freundschaft zwischen der Sowjetunion und anderen sozialistischen Staaten»* noch am selben Tag im sowjetischen Rundfunk zu senden und am 31. Oktober in der Presse zu veröffentlichen.

Die Genossen trafen allerdings auch eine andere Entscheidung, ohne sie an die große Glocke zu hängen: Der Marschall Iwan Konew, Oberkommandierender der Streitkräfte der Mitgliedstaaten des Warschauer Vertrages, sollte unverzüglich nach Ungarn fahren. Der inzwischen nach Budapest zurückgekehrte Suslow drängte zusammen mit Mikojan geradezu auf diese Reise. Denn die Lage sei *«so schlecht geworden, daß wir noch keinen endgültigen Standpunkt dazu haben»*.

Am Vorabend der Sitzung des Moskauer Politbüros, genau um 2 Uhr morgens am 30. Oktober, meldete der Botschafter Andropow aus Budapest, ihn habe der *«ungarische Außenminister, Genosse Horváth, zu sich gebeten, um eine offizielle Erklärung des Leiters der ungarischen Regierung mitzuteilen. (...) Nach Angaben der ungarischen Regierung haben große sowjetische Streitkräfte die ungarische Grenze im Bezirk von Záhony, Debrecen und Nyíregyháza überschritten und bewegen sich auf ungarischem Gebiet. (...) Genosse Horváth sagte, Nagy bat ihn, auszurichten, daß ‹wir uns in dieser Frage anders geeinigt hatten›. Ich versuchte die letzte Bemerkung von Nagy zu präzisieren, Horváth aber erklärte, daß diese ihm selbst unverständlich sei.»* Zehn Minuten nach seiner Rückkehr in die sowjetische Botschaft erhielt der Diplomat einen Anruf des stellvertretenden Außenministers, *«Genosse Szarka, der mitteilte, daß die Kontrolle der erwähnten Hinweise über die sowjetischen Truppenbewegungen der Wahrheit nicht entsprechen»*.

Außer dem mehr als auffälligen Spiel mit der Anrede «Genosse» müssen wir anmerken, daß die Informationen der ungarischen Regierung auf Tatsachen beruhten: Am 29. Oktober stieß, aus der Ukraine kommend, eine mechanisierte Division und eine Brigade von Eisenbahntruppen auf ungarisches Staatsgebiet vor. Ob die hochdekorierten Diplomaten Horváth und Szarka das Doppelspiel mit den Sowjets bewußt mitmachten, sei dahingestellt. Tatsache ist, daß beide nach der Niederwerfung des Volksaufstands nahtlos ihre Geschäfte weiterführen konnten.

Zunächst aber schien das Wunder sich tatsächlich zu vollziehen: Die Russen begannen, Budapest zu verlassen. Am Mittwoch, dem 31. Oktober, um 4.37 Uhr begann das Radio sein Tagesprogramm mit der Durchsage der sowjetischen Regierungserklärung vom 30. Oktober. Einige Stunden später wurde der Text als Flugblatt kostenlos auf den Straßen verteilt mit dem einleitenden Hinweis, jeder ungarische Patriot müsse von diesem Ereignis Kenntnis haben. Wer genug Geduld hatte, aus den barocken Sätzen die tatsächlichen Informationen herauszufischen, der fand die zwei wichtigen Passagen und konnte sich einbilden, endlich zu wissen, wo es langging: «*Auf Bitte der ungarischen Volksregierung erteilte die sowjetische Regierung ihre Genehmigung zum Einzug sowjetischer Militärverbände nach Budapest mit dem Ziel, der ungarischen Volksarmee und den ungarischen Machtorganen bei der Wiederherstellung der Ordnung in der Stadt zu helfen. Angesichts der Tatsache, daß der weitere Aufenthalt der sowjetischen Militärverbände in Ungarn zum Anlaß einer viel größeren Verschärfung der Situation werden könnte, hat die sowjetische Regierung der sowjetischen Kommandantur den Hinweis erteilt, die sowjetischen Militäreinheiten aus Budapest abzuziehen, sobald die ungarische Regierung dies als notwendig erachtet.*

Gleichzeitig ist die sowjetische Regierung bereit, entsprechende Verhandlungen mit der Regierung der ungarischen Volksrepublik und anderen Mitgliedstaaten des Warschauer Vertrags über die Frage des Aufenthalts der sowjetischen Truppen auf Ungarns Territorium zu führen.»

Je länger man diesen Text las, desto mehr stach seine grundsätzliche Sinnlosigkeit in die Augen: Heißt das, wenn man die sowjetische Armee am Dienstag um Einmarsch bittet, kommt sie gerne, und wenn sie am Sonntag darauf weggeschickt wird, geht sie ebenso gerne wieder? Vielleicht waren die Beschwörungen der sowjetischen Regierung auch ernst gemeint, vielleicht aber dienten sie, wie manche Hellseher bereits damals zu wissen glaubten, nur als Camouflage für ihre wirklichen Absichten. Auf den Verlauf des ungarischen Volksaufstandes übten sie jedenfalls keinen Einfluß mehr aus.

Die kurze Gnadenfrist

«Und Suez?» «Und Budapest?» Auf diese zwei Themen war nach Aussage der französischen Schriftstellerin Simone de Beauvoir das durchschnittliche Gespräch französischer Intellektueller im Oktober/November 1956 reduziert, ob sie nun aus dem linken oder dem konservativen Lager stammten. Die in vorwurfsvollem Ton erwähnten geographischen Punkte standen für die gleichzeitige Schuld der beiden Weltsysteme, deren Dichotomie das Denken in der freien Welt maßgeblich prägte.

In der Mythologie des ungarischen Volksaufstandes hält sich bis heute das Bonmot über den biederen Sowjetsoldaten, der sich in Budapest bei den Passanten ratlos erkundigt: «Sind wir hier in Suez?» Gleichzeitig war die ägyptische Hafenstadt Symbol für den Schiffbruch ungarischer Hoffnungen: Der glorreiche Westen engagierte sich anderweitig und war somit daran gehindert, in das Schicksal der kleinen mitteleuropäischen Nation helfend einzugreifen. Frankreich und Großbritannien, die USA und die UNO sahen beim Untergang des ungarischen Freiheitskampfes tatenlos zu.

Dieser bittere Vorgang paßte haargenau in das nationale Bewußtsein: Die Ungarn waren der Auffassung, sie hätten schon immer für die Freiheit der anderen gekämpft, seien jedoch von diesen stets im Stich gelassen worden. Die Freiheitskriege der siebenbürgischen Fürsten Bocskai, Bethlen und Rákóczi waren letzten Endes an der diplomatischen Kleinlichkeit ihrer westlichen Partner gescheitert, und auch Lajos Kossuth hatte im Mai 1849 vergeblich um Europas Unterstützung gebeten, als der russische Zar Nikolaus II. an der Seite der Habsburgermonarchie mit seiner 200 000 Mann starken Armee in Ungarn einfiel. Selbstverständlich gab es auch eine andere Tradition: Die des Kompromisses, des «Ausgleichs», des kleineren Übels. Aber die Idee eines ähnlich langatmigen Widerstandes wie in Polen war in Ungarn wenig populär und im Oktober 1956 geradezu ein Sakrileg.

Politik galt in der Tradition des Landes als Gefühlssache, analytisches Nachdenken als Privileg der Intellektuellen. Frauen und Männer dieser relativ unmodernen Gesellschaft dachten in einem nationalen Mikrokosmos. Wenn sie Vörösmartys *Mahnruf* aus dem ungarischen Vormärz deklamierten oder sangen, taten sie dies ohne innere Distanz, die Worte des Romantikers auf die aktuelle Lage beziehend:

Und Völkerheimat, Erdenrund!
Kühn ruft dich unsre Not:
Die Qual von tausend Jahren heischt
Uns Leben oder Tod.
Noch kommen wird, wenn kommen muß
Einst eine beßre Zeit,
Nach der inbrünstiges Gebet
Aus aller Herzen schreit.
Oder es kommt, wenn kommen muß
Das Sterben hochgemut,
Wo aufgebahrt als Leichnam liegt
Ein Land in seinem Blut.

Dieses für Ausländer oft befremdliche Pathos klang in den heimischen Ohren ebenso vertraut wie der saloppe Satz von Kossuth: «*Auf Ungarns Gebiet wird Europas Freiheit entschieden*» oder das stolze Urteil des 26jährigen Petöfi kurz vor seinem Heldentod: «*Verlassen ist, im Stich gelassen/ von feigen Völkern der Magyar ...*» Allerdings lebte die europäische Außenwelt in der Realität eines anderen Jahrhunderts.

Die Operation «Welle» war noch nicht befohlen, als am 22. Oktober 1956 auf einem Geheimtreffen in Sèvres, nahe Paris, die Operation «Musketier» exakt vorbereitet wurde. Die beteiligten «drei Musketiere» – Großbritannien, Frankreich und der Staat Israel – einigten sich auf das Drehbuch. Demgemäß sollte Israel am 29. Oktober über die Halbinsel Sinai in Richtung Suezkanal vorrücken. Anschließend wollten Großbritannien und Frankreich die kämpfenden Seiten in einer Note zur Räumung des gesamten Kanalgebiets auffordern. Sie rechneten mit Kairos Ablehnung, die sie als Vorwand für den Luftangriff gegen ägyptische Städte am 31. Oktober benötigten.

Der Kanal selbst, eigentlicher Zankapfel der Krise, war im Juli 1956 von der ägyptischen Regierung verstaatlicht worden. Kairo brauchte Geld, um das klaffende Loch in seinem Staatshaushalt zu füllen und den ehrgeizigen Plan zum Aufbau des «arabischen Sozialismus» sowie zum Bau des Assuan-Staudamms verwirklichen zu können. Außerdem wollte die Nilrepublik durch die Kontrolle von Ferdinand Lesseps' Bauwerk den Erzfeind Israel wirtschaftlich ruinieren, indem sie als Eigentümerin des Kanals die Bucht von Akaba mit versunkenen Schiffen absperrte und dadurch dem jüdischen Staat den Zugang zu den großen Seehandelswegen abschnitt.

Die Interessen des Trios von Sèvres waren unterschiedlich. Den Briten ging es vor allem um das verlorene Aktienpaket – obwohl sie entschädigt worden waren – und das alte koloniale Prestige, die Franzosen trachteten danach, den Präsidenten Gamal Abd el Nasser als tatkräftigen Förderer des algerischen Nationalaufstandes auszuschalten, und Israel wollte das Land zerschlagen, das hinter den seit 1948 gegen den jüdischen Staat gerichteten Terrorangriffen stand. Ägypten stützte sich auf die Sowjetunion, die seit der Beseitigung der Monarchie und dem Sieg der «Bewegung freier Offiziere» im Sommer 1952 der arabischen Welt erhöhte Aufmerksamkeit schenkte. Die Sowjets hegten die Erwartung, daß Panarabismus, ergänzt um einen «nichtkapitalistischen Entwicklungsweg» respektive «positive Neutralität», also Sowjetfreundschaft, die Position des Westens in dieser sensiblen Region schwächen könnte. Doch sogar eine indirekte sowjetische Einmischung konnte zum Ausgangspunkt einer weltweiten Konfrontation werden, was angesichts des damaligen Rüstungsstandes auch die Gefahr eines nuklearen Konfliktes in sich barg.

Wahrscheinlich erwogen die Regierungschefs Anthony Eden, Guy Mollet und Ben Gurion manche bei derartigem Pläneschmieden notwendige militärischen und politischen Gesichtspunkte, kalkulierten die zu erwartenden Reaktionen der arabischen Welt, der inneren

Opposition im eigenen Lande sowie die Reaktion der Sowjets. Offensichtlich wollten sie jedoch ihren Hauptverbündeten, die USA, keinesfalls in die Aktion einbeziehen, nicht einmal über ihr Projekt informieren. Und anders als viele Ungarn damals und danach es gerne gehört hätten, spielte bei ihren Verhandlungen der kleine Staat aus dem russischen Einflußbereich so gut wie keine Rolle. Jedenfalls schrieb Ben Gurion in seinem Tagebuch, daß er die Nachrichten über Ungarn erst nach seiner Rückkehr nach Tel Aviv lesen konnte. Angesichts der Tatsache, daß die Weltpresse an diesem Tag die sowjetische und offizielle ungarische Version übernahm, bedeutete dies: Die erste Information, die der israelische Premier über den Volksaufstand von Budapest erhielt, war die Mitteilung, daß dieser endgültig niedergeschlagen worden sei.

Am 29. Oktober, dem Tag, an dem die israelische Infanterie auf der Halbinsel Sinai aufmarschierte, sah es so aus, als könne die ungarische Krise zur allgemeinen Zufriedenheit gelöst werden. Der irritierte Sicherheitsrat der UNO vertagte zunächst seine Sitzung. Am späten Abend des 31. Oktober, des Tages, an dem Israels europäische Verbündete mit der Bombardierung der ägyptischen Flughäfen begannen, trommelten die erleichterten Sowjets bereits das höchste Friedensgremium der Welt zusammen, verurteilten leidenschaftlich die Aggressoren und stießen auf ungeahntes Verständnis: Die USA waren über die Eigenmächtigkeit ihrer britischen und französischen Alliierten erbost. Gleichzeitig verdrängte die akute Nahostkrise die Nachrichten über die ohnehin unklare Lage in Ungarn auf den zweiten Platz in den Schlagzeilen.

Die Regierungserklärung über die Zulassung der politischen Parteien sowie deren Einbeziehung in die Koalition vom 28. Oktober fand die unmittelbar Betroffenen nicht unvorbereitet. Als erste meldete sich die Nationale Bauernpartei zu Wort. Diese hauptsächlich aus Intellektuellen, den sogenannten Volksschriftstellern, bestehende Partei hatte nach 1945 nicht mehr als neun Prozent der Stimmen bekommen und bildete zusammen mit KP und Sozialdemokraten den Linksblock.

Einige ihrer Führer, die nach 1949 mit den Kommunisten kooperiert hatten, sollten nicht wieder aufgenommen werden. Die Bauernpartei gab sofort ihre alte Zeitung *Freies Wort* wieder heraus, mit dem wohlbekannten Erscheinungsbild. Einen Tag später ließ sie sich in Petöfi-Partei umbenennen. Ihr Vorstand erinnerte weniger an ein politisches Gremium als an eine Akademie der Schönen Künste: Gyula Illyés, László Németh, Áron Tamási – ein halber Parnaß. Allerdings delegierte die Bauernpartei schon bald den einzigen Menschen in die Regierung, der ein politischer Denker von europäischem Format war – István Bibó (1911–1979).

Die nächste in der Reihe war die Partei der Kleinen Landwirte, absolute Siegerin der Wahlen vom November 1945 mit führenden Persönlichkeiten wie Béla Kovács und Zoltán Tildy. Ein wenig später kam es zur Neugründung der Sozialdemokratischen Partei mit Anna Kéthly als Vorsitzender. Die vom Leid gezeichnete weißhaarige Frau war in Horthys Nationalversammlung eine der konsequentesten Oppositionellen gewesen und hatte unter Rákosi wegen der Verweigerung der Zwangsvereinigung mit der KP im Gefängnis gesessen. Die neue SDPU reagierte auf das Koalitionsangebot der kommunistischen Führung anfänglich zurückhaltend. Anna Kéthly wurde sofort nach ihrem politischen Comeback von der Sozialistischen Internationale zu deren Wiener Kongreß eingeladen, wohin sie am 1. November fuhr, um bis zu ihrem Tod 1976 im Exil zu bleiben.

Die Partei der Ungarischen Werktätigen selbst befand sich trotz ihrer betonten Aktivität in einem recht diffusen Zustand. Seit Imre Nagy am 30. Oktober seinen Sitz ins Parlamentsgebäude verlegt hatte, war die ehemals fast eine Million starke Organisation nur noch ihr eigener Schatten. Als auf den Vorschlag des Altkommunisten Zoltán Szántó hin die Gründung einer Ungarischen Sozialistischen Arbeiterpartei (USAP) verkündet wurde, erschienen beim improvisierten Gründungsakt am 1. November im alten ZK-Gebäude ungefähr hundertfünfzig Genossinnen und Genossen. János Kádár leitete die Sitzung, von der es heute kein Protokoll mehr gibt, sogar die Anwesenheitsliste wurde vernichtet. Viele der Teilnehmer bereiteten sich

Die sozialdemokratische Politikerin Anna Kéthly, hier mit dem australischen Labourpolitiker John Evatt, während der Konferenz der Sozialistischen Internationale in Wien 1956

seelisch auf die Illegalität vor – die bedrückenden Nachrichten vom Sturm auf das Haus des Budapester Parteikomitees verfehlten nicht ihre Wirkung. Am selben Abend gab Kádár die Neugründung in einer Rundfunkansprache bekannt.

Die Genehmigung des Mehrparteiensystems war seitens Imre Nagys und seiner Anhänger keineswegs nur als kurzfristiges Zugeständnis zur Beruhigung der Gemüter gedacht. Die Einbeziehung neuer Darsteller sollte die politische Bühne ausweiten, den Aktionsfilm der Aufständischen in ein ziviles Drama verwandeln, in dem die verschiedenen Akteure als Haupt- und Nebengestalten desselben Stückes spielen sollten. Die Umverteilung der Rollen begann mit der Ablösung der bisherigen Protagonisten.

József Kardinal Mindszenty, Primas von Ungarn,
nach seiner Befreiung vom Hausarrest am 31. Oktober 1956.
Im Hintergrund Major Antal Pálinkás-Pallavicini.

Kurz nach der letzten Sitzung des alten Parteivorstandes am 28. Oktober 1956 schlug der Botschafter Juri Andropow vor, die am meisten kompromittierten Politiker der Ära Rákosi außer Landes zu bringen. Entsprechend wurden Gerő, Hegedüs, Bata und Piros noch am selben Abend in die UdSSR ausgeflogen. Die Einsicht in die Notwendigkeit der Entfernung verbrauchter Kader lag durchaus in der Tradition des Kreml.

Sicher hatten die sowjetischen Machthaber nichts gegen die vom Landwirtschaftsministerium angekündigte Abschaffung der Sonderverordnungen und Schikanen, denen die Privatbauern in den Dörfern nach wie vor ausgesetzt waren. Auch das dreiminütige Glockengeläut im Rundfunk zu Ehren der Gefallenen brachte sie kaum in Verlegenheit. Außerdem feierte man am 1. November Allerheiligen, in den Fenstern der Häuser brannten Kerzen, und die Moskauer Führung wußte wohl, daß sie den Einfluß der katholischen Kirche bei ihren Verbündeten in Kauf nehmen mußte – jedenfalls solange dieser nur in passiven symbolischen Handlungen zum Ausdruck kam. Etwas mehr als passiv-symbolisch war allerdings die Geste der Regierung, József Kardinal Mindszenty am Allerheiligentag aus seinem Hausarrest im nordungarischen Dorf Felsöpetény zu befreien und ihm die Ausübung seines Amtes als Primas von Ungarn zu ermöglichen.

Der oberste Hirte der katholischen Kirche Ungarns war im Februar 1949 aufgrund eines durch Folter erzwungenen Geständnisses sowie aufgrund ebenfalls erpreßter Zeugenaussagen und falscher Beweise zu lebenslanger Haft verurteilt worden. An die Anklagepunkte wie Verschwörung oder Spionage glaubten die Richter selbst noch am wenigsten. Vielmehr ging es den Organisatoren des Schauprozesses darum, den einzigen Gegner der Volksdemokratie, der nach der Eliminierung der Parteien und der freien Presse noch übriggeblieben war, aus dem öffentlichen Leben auszuschalten.

Mindszenty vertrat die klassische konservative Haltung eines Kirchenfürsten mit vielen feudalen Relikten, kämpfte gegen die Verstaatlichung des immensen kirchlichen Vermögens sowie die Behinderung des konfessionellen Schulwesens und lehnte die Verhandlungen über ein Konkordat mit dem Staat vehement ab. Gleichzeitig kritisierte er in seinen Hirtenbriefen unaufhörlich die kommunistischen Übergriffe und verteidigte Volksdeutsche in Ungarn oder die ungarische Minderheit in der Tschechoslowakei vor der Willkür der Behörden. Kurz vor seiner Verhaftung ließ er seiner Umgebung eine Aufzeichnung zukommen, in der er mitteilte: *«Sollte man hören oder lesen können, daß ich ein Geständnis abgelegt oder abgedankt habe, und sollte man sogar meine eigene Unterschrift als Beweis dafür vorlegen können, so muß das als ein Zeichen menschlicher Unzulänglichkeit betrachtet werden, und ich erkläre dies von vornherein als ungültig.»* Persönlicher Mut, Ausdauer und Engagement fehlten ihm sicher nicht – eher der nüchterne Realitätssinn. In den Augen seiner Anhänger war er ein Märtyrer. Nachdem seine Gefängnisstrafe noch unter Rákosi suspendiert wurde, lag seine Rehabilitierung sogar noch mehr im Interesse des Systems als in dem der Kirche.

Die Kirchen als friedensstiftende stabilisierende Kraft – diese Idee lag auch in Ungarn auf der Hand. Allerdings hätte das Land dazu großzügigere Funktionäre mit weniger Vorurteilen gebraucht, etwa wie in Polen, wo die Hoffnungen auf die neue, Reformen versprechende Führung von der Autorität der Bischöfe untermauert worden waren. Allerdings wurde Mindszentys polnischer Schicksalsgefährte, Stefan Kardinal Wyszyński, schon 1955 aus der Haft entlassen und in Amt und Würden wieder bestätigt. Man war auch darauf vorbereitet, daß der Staat in seiner Person mit einem zähen Verhandlungspartner zu rechnen hatte.

Kardinal Mindszenty hielt nach einigem Zögern am Nachmittag des 3. November eine Rundfunkrede an die Nation. Ihm wurde später unterstellt, die Wiederherstellung der Vorkriegsverhältnisse gefordert zu haben – ebenso ein reiner Mythos wie das Wort «Mob», das viele in die berüchtigte Ansprache von Ernö Gerő «hineingehört» hatten. In Wirklichkeit schlug der Kardinal einen gemäßigten Ton an, sprach, wie immer kryptisch, über die Notwendigkeit eines «gerecht eingeschränkten Privateigentums» und verlangte lediglich «die Rückgabe der Institutionen und Gesellschaften der Kirche, darunter der katholischen Presse». Allerdings bezeichnete er die Regierung von Imre Nagy als «Erben des gestürzten Regimes», was in diesem Fall mit der Verweigerung gleichbedeutend war, sie zu legitimieren. Bei einer ungestörten Weiterentwicklung der Ereignisse wäre der Royalist Mindszenty sicherlich eine harte Nuß für die Machthaber geblieben – was er seit 1917 für jedes Regime außer dem Königreich des Admirals Horthy gewesen war.

Die kleineren christlichen Kirchen Ungarns – die calvinistische und evangelische – sowie die Israelitische Gemeinde, hinter der immerhin noch hunderttausend jüdische Bürger standen, versicherten die Regierung Nagy ihrer Unterstützung, konnten jedoch in den wenigen Tagen kaum etwas tun, um das Volk zu beruhigen. Unter optimalen Bedingungen eines relativen Friedens und Minimalkonsenses hätte die Gesellschaft mindestens ein halbes Jahr gebraucht, um zu den Erschütterungen der Oktobertage Distanz zu gewinnen und zur Ruhe zu kommen. Allerdings hatte die durch den Aufstand halbherzig legitimierte dünne Führungsschicht überhaupt keine Zeit – nicht einmal eine Atempause wurde ihr gegönnt.

Die friedlichen Träume der Bürger in diesen kalten, windigen Herbsttagen wurden in einer Schilderung festgehalten, die eher anekdotenhaft wirkt. *«Zwischen den zerstörten Häusern plaudert eine vorwiegend aus Jugendlichen bestehende Gesellschaft: «Kinder! Ich schlage vor, dieses Jahr Silvester im Wiener Prater zu feiern!» sagt der eine. «Und im Sommer machen wir eine Fahrradtour an der italienischen Küste!», so der andere. Beide Ideen werden begeistert aufgenommen. Darauf sagt ein Dritter in ruhigem Ton: «Bleiben wir bei den Realitäten. Ich habe ein gültiges Visum für die Tschechoslowakei und fahre in zwei Wochen hin.» Darauf antwortet jemand kopfschüttelnd: «Wieso? Was suchst du denn hinter dem Eisernen Vorhang?»*

Der Historiker Miklós Molnár, der im Genfer Exil eine auch für westliche Leser transparente Arbeit über den Volksaufstand schrieb (*Victoire d'une défaite*, Fayard, Paris, 1968), bezeichnete die kurze Zeit vom Rückzug der ersten sowjetischen Einheiten aus Budapest am 29. Oktober bis zur zweiten sowjetischen Intervention am 4. November 1956 als «die hundertfünfzig Stunden der Unabhängigkeit». Heute wissen wir, daß diese sechs Tage ebenso eine Gnadenfrist waren wie die acht Monate des Prager Frühlings 1968 oder die mehr als ein Jahr währende Betätigung der polnischen Gewerkschaftsbewegung.

In den letzten beiden Fällen gab es verhältnismäßig viel Zeit, innerhalb deren sich bestimmte Entwicklungstendenzen herauskristallisieren konnten. Der «Sozialismus mit menschlichem Antlitz» in Prag ging nicht über den Rahmen des Systems hinaus und scheiterte daran, daß die Sowjetunion nur eine genaue Kopie ihres eigenen Systems als Garantie ihrer militärischen Vorherrschaft akzeptieren konnte. Die Solidarność-Bewegung hatte es mit einem überreifen Regime in einer chronischen Krise zu tun und wollte dieses gar nicht verändern, sondern parallele Strukturen schaffen, die sich als Gegenpol zum Staat verstanden.

In Ungarn blieb alles, Gutes wie Schlechtes, in einem embryonalen Zustand.

Die Parteien – auch die paar christlichen Neugründungen, die nicht ganz in das Spektrum der Koalition von 1945 hineingepaßt hatten – wären bestimmt nicht die einzigen geblieben, die sich bei einem späteren Urnengang zur Wahl gestellt hätten. Angesichts des veränderten sozialen Umfelds kann man mit Sicherheit sagen, daß sie kaum ungebrochen an die Inhalte, die sie zwischen 1945 und 1948 vertraten, hätten anknüpfen können. Nebenbei bemerkt: Alle politischen Formationen der kurzlebigen Nachkriegsdemokratie feierten 1989 fröhliche Urständ – die Öffentlichkeit nannte sie mit zärtlicher Ironie «Nostalgieparteien» –, und keine von ihnen erwies sich als dauerhafte Einrichtung. Als letzte verließen die einst so mächtigen «Kleinen Landwirte» die politische Bühne.

Die bewaffneten Kräfte (Volksarmee und Polizei) erlebten soeben den bereits erwähnten Versuch, die jungen Kommandeure der Außenbezirke samt ihrer Gefolgschaft zu integrieren. Im Falle einer halbwegs demokratischen Entwicklung hätten die Aufständischen notwendigerweise den professionellen Militärs weichen müssen; sie wären womöglich in eine zivile Bürgerwehr umgemodelt, Armee und Polizei wieder voneinander getrennt worden. Die Arbeiterräte, deren Blütezeit im November und Dezember 1956 stattfand, hätten im Rahmen eines «jugoslawischen» Modells als Gegengewicht zur Partei eine Rolle spielen können, während sie bei einer westlich orientierten Wirtschaftsentwicklung vermutlich die Funktion der freien Gewerkschaften bzw. Betriebsräte übernommen hätten. Alle Versuche, diese Formen der Arbeiterselbstverwaltung neu entstehen zu lassen, endeten in den neunziger Jahren ergebnislos.

Die unorganisierten Strömungen – Molnár nennt sie «die Kräfte des Chaos» – hätten auch eine normale, das heißt demokratische Konsolidierung nicht lange überlebt. Die Lynchjustiz, die mit den grausamen Szenen vor dem Parteihaus ihren tragischen Höhepunkt erreichte, hätte auch von einer toleranten demokratischen Staatsmacht mit juristischen Mitteln radikal bekämpft werden müssen. Dasselbe betrifft auch die Handlungen einzelner Kommandeure, die Ende Oktober und Anfang November unter eklatanter Überschreitung ihrer Befugnisse eine regelrechte Jagd auf kommunistische Kader oder Angehörige des Staatssicherheitsdienstes gestartet hatten. Makellos demokratische Persönlichkeiten wie Anna Kéthly und László Németh erhoben Protest gegen diese Willkürakte, die sie – mutatis mutandis – an das Wüten des weißen Offizierskorps nach der Niederschlagung der Räterepublik im August 1919 erinnerten.

Höchstwahrscheinlich hätte eine demokratische Regierung Tausende von gewöhnlichen Kriminellen, die aufgrund der massenhaften Befreiung von Gefangenen an den Ereignissen teilnehmen konnten, wieder unter die Kontrolle des Gesetzes stellen müssen. Dabei sind große soziale Umbrüche – besonders wenn sie, wie der Volksaufstand, die Rechtskontinuität hinterfragen – in der Regel ohnehin mit einer Welle des Verbrechens verbunden.

In den Publikationen der Ära Kádár ist sehr oft von der Beteiligung faschistischer oder horthyistischer Kräfte an den Oktoberereignissen die Rede. Vor allem in den späten fünfziger Jahren neigten radikale Kommunisten oft dazu, den Aufstand pauschal als faschistisch zu beurteilen, mindestens aber als eine Bewegung zu schildern, deren Hauptziel in der Restauration des Kapitalismus bestand. Um diese These zu untermauern, versuchte man die Präsenz oder gar Dominanz der Vertreter der Vorkriegselite nachzuweisen. Dazu benutzten die Propagandisten Verschiebungen und Fälschungen jeder Art.

So figurierte der Vater des Freischärlers Pongrácz in den Weißbüchern als «horthyistischer Bürgermeister», was nicht den Tatsachen entspricht. In Wirklichkeit diente Pongrácz senior als Vizenotar in einer siebenbürgischen Kleinstadt, die erst nach dem Wiener Entscheid (1940) im Zuge der «Landesvergrößerung» an das Königreich Ungarn zurückfiel. Eine andere «Methode» bei der Erschaffung des «Klassencharakters» des Volksaufstands zeigte sich am Beispiel des Majors Antal Pálinkás, eines der Befreier des Kardinals Mindszenty. In der Propaganda wird er als Pálinkás alias Markgraf Pallavicini erwähnt, und dies war eine bewußte Verunglimpfung: Der Sprößling des Magnaten, der die Volksarmee infiltriert hatte. Man verschwieg allerdings, daß der Absolvent der Ludovika-Akademie im Herbst 1944 am antifaschistischen Widerstand beteiligt war, in der Volksarmee unter Rákosi eine Offizierskarriere machen konnte und den Kardinal auf Regierungsbefehl hin nach Budapest begleitete. Der Grund für seine Hinrichtung im Sommer 1957 war womöglich allein seine Herkunft.

Die Teilnahme von vielen einzelnen Darstellern der Vorkriegszeit am Aufstand ist nicht zu leugnen, obwohl es sich dabei keineswegs um die Crème de la crème der Ära Horthy, sondern eher um ihre untere Beamtenschaft handelte – Dorfnotare, das Richteramt ausübende Dorfälteste – oder, besonders in der Provinz, Gendarmen. Die Präsenz von Aristokraten ist kaum nachweisbar – mal ein Graf Esterházy, mal ein Festetich oder Zrinyi tauchte in Budapest, Sopron oder Györ auf, um ebenso schnell und kopflos nach Österreich zu flüchten. Unter den mehr als zehntausend Gefangenen, die vom Volk befreit wurden, gab es zweifellos faschistische Journalisten, Detektive der Horthy-Polizei oder Amtsträger der Pfeilkreuzler. Allerdings behauptet nicht einmal das *Weißbuch* (II. Band), daß sie sich aktiv in die Volksbewegung eingemischt hätten. Viele von ihnen nutzten den Anlaß, um das Land möglichst rasch zu verlassen.

Was die Rückkehr der Kapitalisten und Grundbesitzer betrifft, so gelang es den Propagandisten, insgesamt ein Dutzend konkreter Fälle zu sammeln – allesamt bescheidener Mittelstand. Ohnehin war das in grellen Farben geschilderte Szenario – der Eigentümer kommt in die Fabrik oder ins Dorf und fordert alles zurück – zu schablonenhaft und wenig lebendig. Das Wort «Kommunismus» hatte in ungarischen

Ohren sicher keinen guten Klang, aber an den Sozialismus waren noch Erwartungen geknüpft. Jedenfalls assoziierte man damit etwas mehr als Normen und Leistungswettbewerb. Ebenso waren die «Sowjets» und deren Vokabular durchweg negativ behaftet oder standen einfach für die unbeliebten «Russen». Hingegen war die ungarische Entsprechung des Wortes «Räte» oder, mehr noch, «Arbeiterräte» in aller Munde und ausschließlich positiv besetzt. Die LPG war sicher verhaßt, aber die Latifundien waren auch nicht unbedingt beliebt. Heute wissen wir übrigens, daß die Wiedereinführung der Marktwirtschaft auch ohne Beteiligung der alten Eigentümer möglich war und daß die kapitalistische Neuordnung der neunziger Jahre, die auch viele Opfer verlangte, durchaus nicht überall auf Begeisterung stieß.

Eine besondere Frage ist die nach der Bedeutung des Antisemitismus bei den Ereignissen des Oktobers 1956. Fast alle Historiker sind sich heute darin einig, daß Judenhaß keine gravierende Rolle während des Aufstands spielte. Das *Weißbuch* der Kádár-Regierung (IV. Band, 1957) registrierte aufgrund eines Berichts des Landbüros Ungarischer Israeliten 21 antijüdische Aktionen oder Proklamationen. Die absolute Mehrheit der Zwischenfälle geschah außerhalb Budapests, teilweise in Ortschaften mit früherer Pogromtradition. Der ekelhafteste Vorfall war der Angriff auf ein jüdisches Altersheim in der Nacht vom 24. auf den 25. Oktober, bei dem die schutzlosen Frauen und Männer aus ihren Betten geworfen und mit Schlägen traktiert wurden.

Ohne Zweifel gehörten derartige Ausschreitungen nicht zum Alltag des Volksaufstandes. Sie waren aber durchaus dazu geeignet, existentielle Ängste zu schüren. Das ungarische Judentum war nur zwölf Jahre vom größten Trauma seiner Geschichte getrennt, und viele hatten dabei ihre nichtjüdischen Mitbürger als notorische Wegseher oder gar Nutznießer und Denunzianten erlebt. Sie wußten, daß sich ein großer Teil der Mitglieder von Ferenc Szálasis Pfeilkreuzler-Partei noch im aktiven Lebensalter befand und daß der Antikommunismus, der sich in diesen Tagen stark und explosiv äußerte, in Ungarn traditionell eine judenfeindliche Konnotation hatte. Daß es diesmal anders kam, erstaunte viele Juden. Sie stellten mit Genugtuung das Ausbleiben des erwarteten Judenhasses fest und fügten im nachhinein hinzu: «Diesmal sind wir heil davongekommen.»

Jedenfalls stand die heikle Frage des jüdisch-ungarischen Zusammenlebens im Oktober 1956 nicht zur Debatte. Zweifellos war es ein Erfolg der zivilen Gesellschaft Ungarns, daß die Öffentlichkeit den jüdischen Hintergrund mancher Parteiführer und Offiziere der Staatssicherheit nicht der jüdischen Gemeinschaft anrechnete und die ebenfalls starke Beteiligung jüdischer Intellektueller an der Reformbewegung zwischen 1953 und 1956 als etwas akzeptierte, was keiner zusätzlichen Reflexion bedurfte. Offensichtlich hatte sich zwischen 1945 und 1956 in diesem Verhältnis eine gewisse Beruhigung eingestellt, und niemand hatte die Absicht, das schwer errungene, labile Gleichgewicht durch einen Vorkriegsdiskurs zu gefährden.

Die für alle Beteiligten peinlichen Einzelheiten des Abenteuers von Suez, inklusive der Geheimverhandlungen zwischen Großbritannien, Frankreich und Israel, kamen im Herbst 1957 an die Öffentlichkeit. Die konkreten Umstände der sowjetischen Invasion in Ungarn konnten erst 1992 erhellt werden. Allerdings bleiben die Informationen aufgrund fehlender oder mangelhafter Sitzungsprotokolle bis heute fragmentarisch.

Bereits in den frühen Morgenstunden des 30. Oktober, als der Rückzug der Sowjetarmee aus Budapest noch nicht begonnen hatte, erhielt die Budapester Regierung Militärberichte, denen zufolge an der Grenze zwischen Ungarn und der UdSSR neue Truppenbewegungen beobachtet worden waren. Solche Nachrichten wurden von nun an über die zahlreichen Sender systematisch verbreitet und sorgten für zunehmende Aufregung. Man erwartete konkrete Garantien für das sowjetische Versprechen. Statt dessen wiederholten sich am 31. Oktober die alarmierenden Berichte:

Sender Freies Miskolc, 13.17 Uhr

Achtung! Achtung! Wie schon gemeldet, hat der Abzug der sowjetischen Einheiten begonnen. Dennoch haben aus Gründen, die wir und die Bevölkerung des Landes nicht verstehen, große sowjetische Streitkräfte – Flakeinheiten, Panzer und Infanterie – ihre Richtung geändert. Über Záhony haben sie ungarisches Gebiet betreten und bewegen sich auf Nyíregyháza zu. Die Ursache dieser kreisförmigen Bewegung ist uns unbegreiflich. Wir haben sie (...) die ganze Nacht hindurch beobachtet und den Ministerpräsidenten (...) unterrichtet. Aufgrund unserer Bemühungen wurde der Ministerrat einberufen, doch erhielten wir von zuständiger Stelle heute morgen folgende Antwort: «Ich kann Sie über den Aufbau eines unabhängigen, freien und demokratischen Ungarn beruhigen.»

Auf der Vormittagssitzung des Ministerrates am 31. Oktober wurde in abstrakter Form beschlossen, «sich mit der Frage des Warschauer Vertrags an die Sowjetunion zu wenden». In einem Brief an den sowjetischen Staatschef Marschall Woroschilow, der wahrscheinlich am frühen Nachmittag entstand, allerdings bei dem sowjetischen Botschafter Andropow liegenblieb, sprach Nagy ebenfalls nur von der Erweiterung der Verhandlungen um andere Mitgliedsstaaten des Warschauer Vertrages.

Die Regierung geriet mit jeder neuen Information aus Ostungarn unter doppelten Druck: Die sowjetische Führung irritierte mit ihren mysteriösen Manövern des gleichzeitigen Ein- und Ausmarsches, während die Öffentlichkeit die ungarische Führung mit Forderungen bombardierte, die zu erfüllen allein Moskau imstande war. Unter diesen Umständen trat Nagy die Flucht nach vorn an.

Radio Budapest, 17.02 Uhr (31. Oktober)
Heute nachmittag versammelte sich eine große Volksmenge auf dem Kossuthplatz. Imre Nagy hielt am Kossuth-Denkmal eine Rede, in welcher er nachdrücklich betonte, daß nicht er die Hilfe der sowjetischen Truppen erbeten habe [eine wahre Behauptung, G. D.] *und daß diese Maßnahme ohne sein Wissen ergriffen worden sei* [eine Behauptung, die nur teilweise der Wahrheit entsprach, G. D.]. *Er erklärte, daß alle Ungarn gleichzeitig mit dem sofortigen Abzug den Austritt aus dem Warschauer Vertrag verlangen.*

Offensichtlich war auch dieser Auftritt lediglich als Gegendruck gemeint, was nicht nur die distanzierte Formulierung zeigt. Kurz nach seiner Ansprache empfing der Premier ausländische Journalisten im Parlament und gab unter anderem dem RIAS Berlin und dem Österreichischen Rundfunk ein Interview in deutscher Sprache. Das aufgezeichnete Gespräch vermittelt nicht den Eindruck eines zu allem entschlossenen Revolutionsführers:

Frage: *Herr Ministerpräsident, darf ich etwas fragen? Wie steht es jetzt mit dem Warschauer Pakt? Gehört Ungarn ihm an oder nicht?*
Antwort: *Vorläufig sind wir drinnen.*
Frage: *Wollen Sie aus dem Warschauer Pakt austreten, will Ungarn aus dem Warschauer Pakt austreten?*
Antwort: *Wir haben heute die Verhandlungen begonnen.* [Darüber sind keine Dokumente erhalten, G. D.]
Frage: *Nach dem Abkommen, das Sie bereits getroffen haben, ziehen sich die sowjetischen Truppen auf ihre ursprünglichen Stützpunkte in Ungarn zurück. Ist das richtig?*
Antwort: *Die in Budapest waren? Mir scheint, die aus Budapest sind vorläufig schon raus und sind auf ihre Basis zurückgekehrt.*
Frage: *Es sind einige da, die aus anderen Staaten* [gemeint sind wahrscheinlich die aus Rumänien einmarschierten Divisionen, G. D.] *über die Grenze nach Ungarn gekommen sind, gehen sie zurück?*
Antwort: *Mir scheint, ja, woher sie gekommen sind, woher sie, wenn nicht aus ungarischen Stützpunkten, kamen, das weiß ich nicht, aber sie werden zurückgehen dorthin, woher sie gekommen sind.*

Offensichtlich suchte Imre Nagy immer noch nach einer gütlichen Lösung. Es ist unklar, wann und aus welchem Grund ihm der Geduldsfaden riß. Tatsache ist, daß sich die Regierung auf ihrer Sitzung am 1. November um 16 Uhr bereits mit dem bevorstehenden Austritt aus dem Warschauer Vertrag befaßte. Diesen Beschluß wollte man unverzüglich der UNO mitteilen und die Weltorganisation um Hilfe bitten. Die atemberaubende Entscheidung erschien jedoch selbst den

Anwesenden offensichtlich als zu weitreichend, denn am Schluß versuchten die Ungarn die radikale Entscheidung abzuschwächen: *«Und schließlich hat das Kabinett dem Botschafter Andropow mitgeteilt, daß es bereit ist, im Fall des Auszugs der sowjetischen Truppen binnen einer für die militärischen Möglichkeiten vorstellbaren kurzen Frist das Telegramm an die UNO zu annullieren.»*

Kurz darauf lud man den Botschafter Andropow zur Regierungssitzung ein, damit er Zeuge einer Diskussion würde, in der es um die Zugehörigkeit des Landes zum östlichen Militärblock gehen sollte. Für den Fall, daß sich die sowjetische Seite an das Abkommen vom 28. Oktober hielt, wurde eine Zurücknahme des Telegramms in Aussicht gestellt. Nach Beendigung der Kabinettssitzung wurde dem sowjetischen Diplomaten offiziell der Protest der ungarischen Regierung wegen der Truppenbewegungen des Nachbarlandes zur Kenntnis gegeben und diesmal ohne Wenn und Aber deklariert, daß *«die ungarische Regierung mit sofortiger Wirkung aus dem Warschauer Vertrag austritt und Ungarn zum neutralen Land erklärt»*. Offensichtlich war man nun bereit, alle Brücken hinter sich abzubrechen, denn die Nachricht über den Regierungsbeschluß ließ man gleich telegraphisch dem Generalsekretär der UNO, Dag Hammarskjöld, sowie allen diplomatischen Vertretungen in Budapest zukommen.

Die Rundfunkrede des Ministerpräsidenten um 19.40 Uhr hörte sich am ehesten an wie das Finale einer Oper, welches das Leitmotiv noch einmal, fortissimo, unterstreichen sollte: *«Ungarisches Volk! Die Nationalregierung, erfüllt von tiefem Verantwortungsgefühl gegenüber dem ungarischen Volk und der Geschichte, erklärt die Neutralität der ungarischen Volksrepublik. Der Revolutionskampf, den das ungarische Volk und seine Helden führten, hat es ermöglicht, unser grundlegendes nationales Ansinnen zu verwirklichen: Die Proklamation der Neutralität.»*

Am selben Abend hörten die Ungarn mit angehaltenem Atem noch eine andere Ansprache – die von János Kádár, in der er die Gründung der Ungarischen Sozialistischen Arbeiterpartei bekanntgab.

22.00 Uhr

Der ruhmreiche Aufstand unseres Volkes hat Rákosis Joch von unserem Land abgeschüttelt und sichert dem Volk die Freiheit und dem Land die Unabhängigkeit, ohne die es auch keinen Sozialismus geben kann. Man kann ruhig sagen: Die Ideengeber und Organisatoren dieses Aufstandes sind aus unseren Reihen gekommen. Ungarische kommunistische Schriftsteller, Journalisten, Studenten, die Jugend des Petöfi-Kreises, Tausende von Arbeitern und Bauern, Veteranen der Partei, die aufgrund falscher Anschuldigungen in Gefängnissen saßen, waren in den ersten Reihen des Kampfes gegen die Tyrannei und die abenteuerliche Politik von Rákosi. Wir sind stolz darauf, daß wir, durchdrungen von der wahren Heimatliebe, vom Gefühl der Treue gegenüber dem Sozialismus, ehrenhaft auf der Seite des bewaffneten Aufstands waren und uns würdevoll in seiner Führung gezeigt haben.

Diese Passage der Rede mit ihrer mächtigen Überbetonung des Anteils der Kommunisten an dem *bewaffneten* Aufstand wurde sowohl in der Exilliteratur als auch in der Publizistik der demokratischen Opposition dem Machthaber Kádár häufig vorgeworfen als Beweis dafür, daß er sich durchaus mit den Idealen des ungarischen Oktobers identifizierte, sie jedoch später verriet, um den von ihm gerühmten Volksaufstand als Konterrevolution zu verdammen und mit Hilfe von Hinrichtungen und Gefängnissen im Blut zu ersticken. Dennoch erfordert es die Gerechtigkeit, einen anderen Teil der Ansprache zu zitieren, in dem der Redner mit verblüffender Offenheit verschiedene Szenarien skizziert, die sich aus der aktuellen Situation ergeben konnten: «*Wir sprechen ehrlich mit euch. Unsere Volksbewegung befindet sich an einem Scheideweg. Entweder reicht die Kraft der ungarischen demokratischen Parteien dazu aus, ihre Errungenschaften zu verteidigen, oder wir treffen uns von Angesicht zu Angesicht mit der offenen Konterrevolution. (…) Entweder sichert der Aufstand die grundlegenden Voraussetzungen der Demokratie: Freiheit der Versammlung und der Organisation, die Sicherheit, die Rechtsordnung, die Pressefreiheit, den Humanismus, die Menschlichkeit, oder wir sinken in die Sklaverei der vergangenen Welt, und gleichzeitig geraten wir wieder unter fremdes Joch. Es besteht auch die schreckliche Gefahr, daß im Ergebnis einer bewaffneten ausländischen Intervention unserer Heimat das tragische Schicksal von Korea zuteil wird.»*

Die Drohung, die der Erste Sekretär der USAP hier ausspricht, ist mehr als zweideutig. Die Rückkehr zur «Sklaverei der vergangenen Welt» ließ sich als kapitalistische Restauration, aber auch als Revanche der Getreuen Rákosis interpretieren. Und unter ausländischer Intervention konnte man, außer einem wenig wahrscheinlichen Einmarsch der UNO-Truppen, ebenso den Einmarsch der sowjetischen Streitkräfte verstehen. Wichtiger als diese unterschiedlichen Deutungsmöglichkeiten ist aber an Kádárs Auftritt etwas anderes, was den aufmerksamen Hörern damals auffallen mußte: Der Parteichef erwähnte in seiner Rede die soeben erklärte Neutralität des Landes mit keiner Silbe. Dabei wissen wir, daß er sich mit dem diesbezüglichen Beschluß der Regierung einverstanden gezeigt hatte.

Geradezu gespenstisch hört sich im historischen Rückblick der Schlußteil der Rundfunkansprache an, in dem Kádár die Namen der Mitglieder des provisorischen Exekutivkomitees mitteilt, das die USAP bis zu ihrem Gründungskongreß leiten würde: Ferenc Donáth, Sándor Kopácsi, Géza Losonczy, György Lukács, Imre Nagy, Zoltán Szántó und er selbst, János Kádár. Keine drei Tage würden vergehen, und er sollte sich von diesen Menschen, «Genossen und Freunden», wie er sie nannte, völlig lossagen und sie ihrem Schicksal überlassen: der Hinrichtung, der Kerkerzelle, dem Exil oder der mundtoten Existenz in der Heimat.

Selbstverständlich wußten die Hörer nicht, daß, während Imre Nagy kurz vor acht Uhr live gesprochen hatte, die Stimme des Parteiführers vom Tonband kam. Seine Rede war in den Vormittagsstunden aufgenommen worden. Während der Übertragung hielt sich Kádár noch im Parlamentsgebäude auf, das er jedoch wenig später verließ. Imre Nagy und die anderen Regierungsmitglieder konnten nicht ahnen, daß er sich in Gesellschaft des Innenministers Ferenc Münnich zum

Haus der sowjetischen Botschaft begab. Münnich hatte auf Anfrage der Sowjets die Kontaktaufnahme vermittelt.

Was jedoch damals weder Nagy noch Kádár oder Münnich wußten: Zu diesem Zeitpunkt war die militärische und politische Unterdrückung des Volksaufstands bereits in vollem Gang. Den Beschluß hierzu hatte das Moskauer Politbüro genau 24 Stunden zuvor verabschiedet, einstimmig wie immer.

Vor dem Wirbelsturm

Die abgehetzten Moskauer Stenotypistinnen kamen in diesen Tagen nicht mehr hinterher. Ihren Protokollen mit der mangelhaften Interpunktion, liest man sie ein halbes Jahrhundert später, ist etwas Ahnungsvolles, beinahe Balladeskes eigen:

Gen. Chruschtschow spricht Erwägungen aus
Bewertung revidieren
Truppen aus Ungarn aus Budapest nicht abziehen
und Initiative zur Wiederherstellung der Ordnung ergreifen
in Ungarn. Wenn wir aus Ungarn weggehen,
ermuntert dies die Amerikaner, Engländer
und Franzosen-Imperialisten.
Sie verstehen es als unsere Schwäche
und werden angreifen.
Wir verraten dann die Schwäche unserer Position.
Uns versteht die Partei nicht
Außer Ägypten geben wir Ungarn auf
Wir haben keine andere Wahl
Sagen – wir waren zuvorkommend
aber nun gibt es keine Regierung
Welche Linie wählen wir jetzt?
Wir schaffen eine Provisorische Rev.
Reg. (mit Kádár an der Spitze).
Am besten – stellv.
Münnich – zum Premier, zum Minister
der Verteidigung, der inneren Ang.

Kurz vor der Sitzung des Präsidiums des ZK der KPdSU konferierten die sowjetischen Führer mit ihren chinesischen Kollegen. Mao Tsetung begrüßte die Regierungserklärung vom Vortag, in der es um die neuen Prinzipien der Beziehungen zwischen den sozialistischen Staaten ging. Die Pekinger Volkszeitung schreckte gleichzeitig nicht vor einer abstrakten Verurteilung des «Großmachtchauvinismus» zurück, was besonders in Polen, aber auch in Ungarn als indirekte Unterstützung der osteuropäischen Autonomiebestrebungen mißverstanden wurde. In Wirklichkeit dachte man auf dem Platz des Himmlischen Friedens eher an die Ausweitung des eigenen Spielraums, an das Vorrücken der Volksrepublik mit ihrer halben Milliarde Bevölkerung auf einen gleichrangigen Platz neben der Sowjetunion. Einige Jahre später gehörte das Wort «Großmachtchauvinismus» zu den wichtigsten Vorwürfen der KPCh an die Adresse der «Mutterpartei». Am 31. Oktober 1956 suchte und fand Chruschtschow jedoch die moralische Unterstützung der zweiten sozialistischen Großmacht für seine 180-Grad-Wende, die er innerhalb von 24 Stunden vollzogen hatte.

Hatte es aber diese Wende tatsächlich gegeben, oder waren die großzügige Deklaration und das Versprechen des Rückzugs aus Ungarn nur vorgeschoben, wie damals manche Militärexperten erkannt zu haben glaubten, und dienten lediglich zur Tarnung der neuen Operation? Die Formulierung «Truppen aus Ungarn nicht abziehen» spricht jedenfalls dafür, daß die Zeit zwischen dem 28. Oktober (Beginn des Rückzugs aus Budapest) und dem 4. November eine Übergangsphase war. Die neue Operation «Wirbelsturm» («Wichr») folgte unmittelbar auf den alten Plan «Welle». Die von den ungarischen Beobachtern richtig als «kreisförmig» eingeschätzten Truppenbewegungen verfolgten kein anderes Ziel als den Austausch der erschöpften Formationen gegen frische Kräfte sowie die bessere Organisation des Nachschubs. Und obwohl die sowjetische Militärdoktrin seit eh und je auf Clausewitz' berühmter These gründete, daß der Krieg die Fortsetzung der Politik mit anderen Mitteln sei, teilten die Kremlherren in diesem Fall eher Maos Auffassung: «Die Macht kommt aus den Gewehrläufen.»

Der Oberkommandierende des Warschauer Vertrags, Marschall Konew, dessen Stab in Szolnok eingerichtet war, mußte nur noch den Befehl erteilen: *«Die bewaffneten Kräfte zerstören und die Ordnung in Bu-*

dapest wiederherstellen. Die Einheiten der ungarischen Armee, die Widerstand leisten, sind zu entwaffnen.» Angesichts der Unterlegenheit des Gegners war dies eine Routineaufgabe, die keine besondere Kriegskunst erforderte und laut Konews Einschätzung in drei Tagen zu bewältigen war. Für die Politiker ergaben sich jedoch kompliziertere Schritte aus dem Entschluß.

Vor allem mußte festgestellt werden, wer in der gegebenen Situation am meisten geeignet wäre, Moskaus Interessen in Budapest konsequent und wirkungsvoll durchzusetzen. Insgesamt waren die Erfahrungen der Sowjets mit den Ungarn seit 1953 nur enttäuschend. Die erprobten treuen Kader waren hoffnungslos kompromittiert, während diejenigen, die sich eines gewissen Vertrauens bei der Bevölkerung erfreuten, dieses Privileg ausschließlich ihrer Abweichung von der sowjetischen Generallinie zu verdanken hatten. Zudem neutralisierten sich die eine und die andere Position gegenseitig, und so war die ungarische Führung aus sowjetischer Sicht nichts als ein Haufen unsicherer Kantonisten.

Nun brauchte man nicht einfach irgendeinen Quisling, der den Einmarsch der Sowjetarmee deckte, sondern jemanden, der eine Garantie dafür bot, daß die Schwankungen der letzten Jahre endlich aufhören und das zeit- und energiefressende Thema Ungarn von der Tagesordnung der Sitzungen des obersten sowjetischen Parteigremiums verschwinden konnte. Aber wer sollte dieser Jemand sein? In ihrer Ratlosigkeit kamen die Mitglieder des Präsidiums auf die Idee, Rákosi aus der Mottenkiste zu holen, aber nicht, um ihn wieder als Ungarns Führer einzusetzen, sondern um ihn nach seiner Meinung zu fragen. Der ehemalige Diktator berichtete selbst über diese Konsultationen in seinen Memoiren aus dem kirgisischen Exil, die 2002 in Ungarn veröffentlicht wurden. Rákosi plädierte damals für Ferenc Münnich und bediente sich dabei recht machiavellistischer Argumente: *«Münnich war einer der Hauptredner auf der Beerdigung von Rajk, weshalb die Konterrevolutionäre nicht behaupten könnten, er sei ein Anhänger von Rákosi.»* So sprach ein Mann in der dritten Person über sich selbst, der den Schauprozeß gegen seinen Minister zum bitteren Ende gebracht hatte, obwohl er ihn, wie er damals sagte, «schlaflose Nächte» kostete. Weiter: «*Münnichs Kandidatur war auch deswegen ziemlich akzeptabel, weil ihn mit Nagy eine langjährige Freundschaft verband. Nagy hatte ihn zum Innenminister und Oberbefehlshaber der Streitkräfte gemacht mit dem Argument, daß er der Münnich war, den ‹Rákosi in den Hintergrund gedrängt hatte›. Ich war sicher, daß Münnich diese Rolle annehmen und ungeachtet seiner Freundschaft mit Nagy gegen ihn auftreten würde, wenn er erführe, worum es sich handelte.*» Und da Münnich früher als Botschafter in Belgrad gearbeitet hatte, glaubte Rákosi, daß auch Tito diesen Köder akzeptieren würde. Das Ziel seines freundschaftlichen und uneigennützigen Vorschlags war, «*die Karten von Imre Nagy durcheinanderzubringen*».

Die Russen hatten jedoch ihre eigenen Karten im Spiel und ließen sich dabei nicht von einem Intriganten irreführen, den sie ebenso als Pik sieben betrachteten wie er selbst all seine früheren Kader. Münnichs Rede bei der Beerdigung von Rajk war ziemlich drastisch geraten: «*Die Vipern, die aus dem Morast des Personenkults hervorgekrochen sind, haben unseren Genossen László Rajk zu Tode gebissen*», aber deshalb mußten die Sowjets sich keine Sorgen machen. Sie wußten auch, daß er im Herbst 1949 wie alle anderen in der Führung dem Justizmord applaudiert hatte, obwohl er als ehemaliger Spanienkämpfer ganz genau wußte, daß beispielsweise die Verdächtigung von Rajk als Verräter während des Spanischen Bürgerkriegs völlig unbegründet war.

Ebenso wußte man in Moskau, daß János Kádár damals seinen Freund László Rajk gemeinsam mit Mihály Farkas in der Gefängniszelle davon «überzeugt» hatte, sich bei der Hauptverhandlung des Prozesses selbst zu beschuldigen. Die Sowjets wußten auch, daß Kádár zwei Jahre später verhaftet worden war, und die gegen ihn erhobene Anklage lautete unter anderem, er habe 1944 die Auflösung der illegalen ungarischen KP betrieben. Wenn er nun kooperierte, dann konnte man ihm diese Episode verzeihen, wenn nicht, dann mußte man ihn daran erinnern, daß auch die Partei der Ungarischen Werktätigen Ende Oktober 1956 von jemandem aufgelöst worden war. Ob nun von Imre Nagy oder János Kádár – alles hing nur von Kádárs weiterem Verhalten ab. Die Sowjets glaubten aufgrund ihrer historischen Erfahrung, daß jeder Funktionär, der nach der bolschewistischen Logik tickte, sich irgendwann erpressen ließ.

So mußten sie, als Kádár und Münnich am 2. November in Moskau eintrafen, nur unter einem Gesichtspunkt ihre Wahl treffen: Wer von den beiden Kandidaten konnte mehr leisten? Münnich war als Altkommunist und Gründungsmitglied der KP besonders ehrenwert, zudem hatte er sämtliche Säuberungen in Moskau überlebt. Allerdings war Imre Nagy ebenfalls seit 1918 in der Partei und hatte für die Rote Armee am Baikal gegen Admiral Koltschak gekämpft, was ihn nicht daran gehindert hatte, vierzig Jahre später den Abzug desselben Heeres aus Ungarn zu fordern. Die menschliche Seele war eben unergründlich. Nur war Münnich samt seiner fraglichen Prinzipientreue siebzig Jahre alt und hatte sich bisher weder als Partei- noch als Staatsmann besonders hervorgetan.

Bei Kádár spürten die Sowjets die außergewöhnliche praktische Begabung und den gesunden Machtinstinkt. Dieser damals 44jährige Mann erschien ihnen «im Prinzip», wie Radio Eriwan gesagt hätte, wie der Traumkandidat. Er verfügte über die taktischen Fähigkeiten eines Parteiführers und signalisierte seine Bereitschaft, unter Umständen bei der pragmatischen Lösung der Krise mitzuhelfen. Seine Schattenseite lag in der Vergangenheit: Die Führer der KPdSU hegten einen grundsätzlichen Verdacht gegen Rehabilitierte. «Beleidigte» Funktionäre, meinten sie, könnten mit ihrem Komplex gegenüber der Partei leicht Schaden anrichten. Deswegen fanden sie eine «salomonische» Lösung: Kádár sollte, wenn er mit dem Drehbuch einverstanden war, die Nummer eins sein und Münnich sein Stellvertreter, da er neben dem jungen Genossen gleichzeitig eine diskrete Kontrollfunktion erfüllen konnte.

Das andere wichtige Anliegen von Chruschtschows Mannschaft außer der Lösung der Kaderfrage war die Absicherung ihres scheinbar überraschenden militärischen Schritts gegen Ungarn den anderen sozialistischen Staaten gegenüber. Diese konnten jedenfalls im Sinne der Regierungserklärung vom 30. Oktober, die eine gleichrangige Behandlung der Bruderländer versprach und deren Gültigkeit offiziell nicht in Frage gestellt worden war, nicht außer acht gelassen werden. Nachdem die Rückendeckung durch China so gut wie sicher schien, rechneten die Sowjets in der DDR, der Tschechoslowakei, Bulgarien und Rumänien mit der obligatorischen mindestens hundertprozentigen Solidarität, von den Polen erwartete man Duldung, und mit Jugoslawien mußte ein Modus vivendi ausgeklügelt werden, der die seit 1955 verbesserten Beziehungen nicht nur bestätigte, sondern sie für die aktuelle Interessenlage Moskaus profitabel machte. Das Drehbuch war selbst in der wortkargen Sprache des Stenogramms sonnenklar:

Münnich wendet sich an uns mit Bitte
um Hilfe, wir helfen
und machen Ordnung.

Verhandeln mit Tito.
Informieren chinesische Genossen,
Tschechen, Rumänen, Bulgaren.
Es wird keinen großen Krieg geben.

Zusammenstellen Telegramm an Tito über die Begegnung.
(…) Nach Jugoslawien: Chruschtschow, Malenkow.

Um die Lage mit euch zu besprechen,
die in Ungarn entstand. Was meint ihr
dazu? Seid ihr einverstanden, unsere Delegation
wird inkognito
am 1. XI. Abend – 2. XI. Morgen bei euch.

Während Chruschtschow, Malenkow und Molotow in Brest mit den polnischen Führern gesprochen, Chruschtschow und Malenkow in Bukarest die rumänische, bulgarische und tschechoslowakische Parteispitze informiert hatten – der DDR ließen sie ihre Pläne wahrscheinlich über diplomatische Kanäle ausrichten –, trafen János Kádár und Ferenc Münnich am Spätnachmittag des 2. November in Moskau ein.

Da Kádár nach seinem Verschwinden erst am 7. November wieder in der ungarischen Hauptstadt auftauchte, gingen zunächst die wildesten Gerüchte über seinen Zustand um. Zuletzt hatte man ihn in leichter Kleidung gesehen, und die Ehefrau Mária Tamáska wußte nicht, wo er sich aufhielt. Selbst Imre Nagy war zunächst davon überzeugt, daß Kádár – womöglich mit Hilfe von Münnich – am Abend von den Sowjets entführt worden war. Diese Vermutung teilte er Andropow mit und fügte hinzu, die Botschaft beschäftige sich mit «unguten Geschäften», was sich der Diplomat scheinheilig verbat. Die Legende von Kádárs «Entführung» überdauerte die Novembertage und erhielt zusätzliche Nahrung, als zwölf Jahre später, im August 1968, sowjetische Militärs und KGB-Leute die gesamte tschechoslowakische Parteiführung kidnappten und nach Moskau expedierten – wie sich später herausstellte, «zwecks Verhandlungen mit den Bruderparteien».

Unabhängig davon, ob und in welchem Maße Kádárs Reise nach Moskau aus freien Stücken erfolgte, mußte der Kreml einigermaßen begründete Hoffnungen an ihn knüpfen. Die beiden schlecht protokollierten Gespräche, die er mit der sowjetischen Parteispitze führte, zeigen einen aufgewühlten, äußerst verunsicherten Politiker, der vor der existentiellen Entscheidung seines Lebens stand. Er war offenbar hin- und hergerissen zwischen seiner Loyalität gegenüber der Budapester und der Moskauer Parteiführung, taumelnd zwischen einerseits und andererseits.

Er kritisierte seinen Premier, da dieser den mehrfachen Mord an Kommunisten gedeckt habe, und behauptete sogar, daß es in Nagys Politik Elemente der Konterrevolution gäbe. Gleichzeitig erklärte er sich solidarisch mit der Forderung nach dem Abzug der sowjetischen Truppen, denn in diesem Fall «könnte unsere Partei mit anderen Parteien den Kampf gegen die Konterrevolution aufnehmen». Er fügte gleich hinzu: «Aber ich bin nicht sicher, was den Erfolg betrifft.» Es ging des weiteren um alle möglichen Details der letzten Jahre und der letzten Tage, und Kádár sparte überhaupt nicht mit Kritik an die Adresse des Präsidiums. Er schilderte das dramatische Tauziehen um den versprochenen Rückzug der Sowjetarmee:

Starker Eindruck – organisierter
Truppenauszug.
Regierungserklärung – guter Eindruck
und Beruhigungseffekt.
Aber die Massen sind sehr angespannt und sie reagieren.
Dann Bewegungen der sow. Truppen
regten
R-ung und Massen auf.
Regierung macht eines, die Truppen aber anderes.
Mitgeteilt, sowjetische Truppen überschritten die Grenze
in Maschinen. Ungarische Einheiten verschanzten sich.
Was tun, schießen oder nicht schießen?
Man hat Andropow gerufen. Andropow sagte,
daß es Eisenbahner waren.
Ungarn telegraphierten von der Grenze,
daß es keine Eisenbahner seien.
Dann wurde mitgeteilt, daß
sowjetische Panzer gegen Szolnok auffahren.
Es war am Mittag. In der R-ung
herrschte ein nervöser Zustand. Man rief Andropow.
Er antwortete: Umgruppierung. Dann wieder mitgeteilt:
Flughäfen von sowjetischen Panzern umstellt.
Man rief Andropow. Er antwortete: Ausfuhr verwundeter Soldaten.

Sehr wahrscheinlich überzeugte Kádár ausgerechnet mit seiner Offenheit die sowjetischen Führer, die von ungarischer Seite bisher nur sklavischen Gehorsam und primitive Schmeichelei gewohnt waren. Er redete Tacheles mit ihnen: «Die neue Regierung darf in keinem Fall Marionette sein ...» Seine Mitteilungen deckten sich hundertprozentig mit den Informationen der sowjetischen Emissäre und des Botschafters, was leicht kontrollierbar war. Wie es ihnen trotz aller von ihm vorgebrachten Bedenken gelang, ihn zu überreden, ein Gegenkabinett aufzustellen, ist bis heute unklar. Tatsache ist jedoch, daß die Sowjets von ihm einigermaßen überzeugt waren. Chruschtschow fühlte sich sogar in einem früheren Eindruck bestätigt, daß dieser Mann nach Rákosis Ablösung die richtige personelle Entscheidung gewesen wäre.

Allein, diese ohnehin verspätete Einsicht half wenig. Selbst wenn Kádár die passende Figur war, so schien die Durchsetzung einer Gegenregierung, und das nach einem wiederholten, Blutopfer fordernden Einmarsch in Budapest, mit enormen Problemen verbunden zu sein. Ungarn 1956 war nicht Lettland, Estland oder Litauen anno 1940, hoffnungslos dem Alpdruck der Stalinschen Divisionen ausgeliefert, während die politischen Eliten der drei Länder mühelos nach Sibirien deportiert werden konnten. Auch die Vorbilder der Nachkriegszeit waren nicht übertragbar. Denn jetzt handelte es sich nicht um die Errichtung einer Diktatur durch mehr oder weniger eklatante Verletzung zivilisierter Verhaltensregeln und Negierung der nationalen Tradition in diesem Staat. Vielmehr ging es um die ersten historischen Folgen der gewaltsamen Durchsetzung des sowjetischen Entwicklungsmodells.

Die Sowjetunion war im Herbst 1956 eine weltweit anerkannte Großmacht, die nicht nur Feinde, sondern auch ehrliche Bewunderer auf allen Kontinenten hatte. Man mußte auf diese Rücksicht nehmen. Die KPdSU beeinflusste weltweit mehr als hundert kommunistische Parteien, die seit dem 20. Parteitag die taktischen Schwankungen der Moskauer Politik besonders wetterfühlig miterlebten. Und schließlich war die sowjetische Führung seit Stalins Tod nicht mehr aus einem Guß, wie sie es früher gewesen war. Die polnische und ungarische Krise hatte die vielgerühmte monolithische Einheit arg ramponiert. Wenn Chruschtschow das Spiel verlor, dann konnte dieses Fiasko seiner gesamten Politik ein jähes Ende bereiten.

Die Schlüsselfrage der politischen Lösung in Ungarn war in diesem Augenblick, wie eine Regierung ohne Imre Nagy vorstellbar wäre. Der Vater der Reformen vom Juli 1953 war trotz seiner stark strapazierten Autorität immer noch eine Leitfigur in der ungarischen Öffentlichkeit und auf dem besten Wege, ein nationales Idol zu werden. Ihn einfach zu verhaften oder physisch zu beseitigen kam in diesen Tagen nicht in Frage. Aber auf irgendeine Weise mußte er wenigstens isoliert werden, bis sich Kádár in Budapest behaupten konnte. Wer aber sollte diese peinliche Aufgabe so erfüllen, daß es für Moskau, um es mit dem Ausdruck des Pragmatikers Mikojan vom 23. Oktober zu sagen, «billiger» käme? Es scheint eindeutig, daß die ranghöchsten Geheimdiplomaten Chruschtschow und Malenkow bereits im Flugzeug von Belgrad nach Pula wußten, was sie durch ihren Besuch auf der Insel Brioni erreichen wollten.

Der ehemalige montenegrinische Partisanenkommandant Velko Mićunović, seit März 1956 Jugoslawiens Botschafter in Moskau, erinnert sich in seinen veröffentlichten Tagebüchern (*Moskovske godine*, 1956/1958, Zagreb 1977) an die höchst geheime, beinahe private Begegnung des Präsidenten Tito und seiner engsten Mitarbeiter mit den Gästen aus Moskau. Die lange Reise mit Flugzeug und Motorboot bei stürmischem Wetter erschöpfte die beiden nicht mehr jungen und auch nicht sportiven Apparatschiks außerordentlich. Trotzdem zeigte sich besonders Nikita Sergejewitsch nach einer halben Stunde Ruhe in bester Form. Jedenfalls zeugt die Erzählung des Botschafters von einem sehr geschickten und gut durchdachten Verfahren.

Zunächst erzählte der Sowjetführer beinahe im Plauderton von der Vorbereitung der Intervention. Als Argument führte er ganz vertraulich an, ein Sieg der Konterrevolution in Ungarn sei nur dazu geeignet, die Stalinisten in der sowjetischen KP und Armee zu stärken. Besonders günstig für die rasche Einmischung sei der Druck von England und Frankreich auf Ägypten. Im Westen und in der UNO würde es großen Lärm geben, aber der würde sofort verstummen, wenn Großbritannien, Frankreich und Israel den Krieg gegen Ägypten begännen. «Schließlich blamieren sie sich dort, während wir uns in Ungarn blamieren.» Sie, die Sowjets, hätten sich in jedem Fall zu militärischen Maßnahmen entschlossen und bräuchten dazu auch nicht die Erlaubnis der Jugoslawen – trotzdem sei es ihnen sehr wichtig, daß die Belgrader Genossen sie «richtig verstünden».

In den ersten drei Stunden der Verhandlungen schilderten die Gäste die ungarischen Ereignisse aus ihrer Sicht. Der Name Imre Nagy fiel gleich zu Anfang in einem sehr negativen Kontext: *«In Ungarn werden Kommunisten massakriert und aufgehängt. (...) Es ist noch unklar, ob Nagy nur ein Instrument oder selbst ein alter Agent des Imperialismus ist. Hauptsache ist, daß die Dinge in diese Richtung gehen und das Ergebnis die Wiederherstellung des Kapitalismus sein wird. Was für ein Schritt bleibt uns also übrig?»* stellte Chruschtschow die rhetorische Frage. Tito merkte hier vorsichtig an, auch die jugoslawische Seite sei vom Rechtsruck in Ungarn beängstigt, denn *«was für eine Regierung ist das, unter deren Herrschaft Kommunisten ermordet oder aufgehängt werden? Wenn in Ungarn eine Konterrevolution im Gange sei, dann sei Intervention erforderlich. Diese kann jedoch nicht bloß auf sowjetische Waffen setzen.»*

Noch einmal fiel flüchtig der Name Nagy, den Chruschtschow plötzlich mit Hilfe der angeblich treu kommunistischen Arbeiter aus Miskolc bekämpfen wollte, dann aber ging das Gespräch weiter, immer noch vertraulich, über Gott und die Welt. Chruschtschow begann nach und nach, als bereits alle am Eßtisch saßen, die Pläne für eine neue ungarische Regierung ins Gespräch zu bringen. Er erwähnte als möglichen Regierungschef Ferenc Münnich, stellte aber gleich die Frage, was die jugoslawischen Freunde von János Kádár hielten. Tito hatte keine Ahnung von Münnich, er und der Außenminister Ranković plädierten eher für Kádár, wobei Tito hinreichend über ihn Bescheid wußte. Der Botschafter Mićunović merkte an, daß die Sympathie der Russen eindeutig dem Veteranen Münnich galt. Deshalb mischte er sich in die Diskussion ein. *«Ich meldete mich zu Wort. Ich sagte, ich kenne Münnich gut, ich traf ihn in Moskau und kann nur das Beste über ihn sagen. Wenn wir aber zwischen ihm und Kádár wäh-*

len müssen, dann müssen wir einen wesentlichen politischen Unterschied beachten. Unter Rákosi war Münnich Botschafter in Moskau, Kádár hingegen Gefangener in Budapest. In den Augen eines jeden Ungarn ist dies ein entscheidendes Argument für Kádár. Chruschtschow gibt zu, daß ich recht habe, und diskutiert nicht mehr weiter.»

Es gehört zur Geschichte, daß diese Begegnung zwischen sowjetischen und jugoslawischen Führern bei letzteren einen ausgesprochen unangenehmen Nachgeschmack hinterließ. Auf Titos Krimreise Anfang Oktober hatten die Sowjets eine «zufällige» Begegnung zwischen dem Marschall und dem ebenfalls auf der Halbinsel weilenden ungarischen Parteichef Ernö Gerő inszeniert. Durch diesen Coup wollte Chruschtschow kurz vor dem Ausbruch des Aufstands die Aufnahme von Verhandlungen zwischen Jugoslawien und Ungarn erzwingen – in der eindeutigen Absicht, die bei ihrem Volk völlig abservierten ungarischen Führer mit Hilfe von Titos Ansehen aufzuwerten.

Nun also kamen die Sowjets mit ihrem langweiligen Scheinkandidaten an, dem «Moskowiten» Ferenc Münnich, und da hätten bei den Belgrader Politikern eigentlich alle Alarmglocken läuten müssen. Zudem – das fiel dem Botschafter Mićunović erst einige Tage später auf – gaben sich die Sowjets, ungeachtet der Spannung wegen des Fait accompli auf der Krim, diesmal *«überbordend herzlich. (…) Das Auftreten, womit sie unsere Haltung während der Verhandlungen und überhaupt uns beeinflussen konnten, hatten sie im voraus geplant. Auch wir konnten uns ihnen gegenüber nicht anders benehmen, als seien sie unsere besten Freunde, da wir sie noch vor ein paar Stunden abgeküßt hatten. Während ich dies aufzeichne, spüre ich fast, wie mein Gesicht in der fetten, runden, einem aufgeblasenen Luftballon ähnlichen Visage von Malenkow verschwindet, während wir diese unerwarteten und angestrengten Küsse austauschen. Dies war bei unseren früheren Begegnungen keine Gewohnheit gewesen, sieben Jahre lang hatten wir nicht mal ein Wort miteinander gewechselt. Jetzt, wo sie in die Bredouille gerieten, hatten sie plötzlich Lust, uns zu küssen.»*

Der Bruderkuß, um vollendete Tatsachen zu schaffen – mag sein. Wir lesen jedoch aus der Schilderung eine subtilere Schläue heraus.

Der Moskauer Parteichef, eindeutiger Lenker des Diskurses, traktierte die Jugoslawen mit allerlei kunterbunten Geschichten. Er erzählte böse Anekdoten über Rákosi, beschimpfte Stalin zügellos, lobte Kádár («molodjets» = braver Kerl), schuf eine ungezwungene Atmosphäre, in der einfach kein Platz für Protokollführer blieb. Es gelang ihm, Tito und seine Kampfgefährten praktisch in eine Geschäftsverhandlung einzubeziehen und ihnen dabei das Gefühl zu geben, sie hätten einen guten Deal (Kádár statt Münnich) gemacht. Und obwohl die Russen scheinbar geschwätzig waren, plauderten die Jugoslawen – aus Wichtigtuerei, aus Selbstzufriedenheit oder einfach aus Dummheit – in der fünften Stunde des Gesprächs, gegen Mitternacht, etwas aus. Dabei war in dieser Nacht so gut wie kein Alkohol getrunken worden. Mićunović: *«Dann versuchen sie wieder zu klären, ob wir bereit wären, darüber zu diskutieren, was man mit Imre Nagy machen könnte. Unsere Leute erwähnen daraufhin neben Losonczy auch Zoltán Szántó, der uns bereits mitgeteilt hatte, daß er im Falle einer Verfolgung gerne um Asyl in der Budapester jugoslawischen Botschaft bitten würde. Wir sind überzeugt, daß sie nie zu Verrätern werden, denn sie sind ehrliche Menschen und hegen gute Absichten. (...) Chruschtschow und Malenkow suggerieren uns mehrmals und mit Nachdruck, daß jeder Schritt der jugoslawischen Seite, die Regierung Nagy betreffend, eine entscheidende Bedeutung habe. Wir mahnen zur Vorsicht: Die Resultate seien hier keineswegs garantiert. Die Russen teilen uns bis zum Ende nicht mit, wann sie die Intervention planen. (...) Deswegen bleibt unklar, wieviel Zeit noch ist und welche Möglichkeiten bleiben, um im Interesse der Verringerung der Zahl der Opfer und Vermeidung sinnlosen Blutvergießens auf Imre Nagy einzuwirken. Denn obwohl wir keine Vereinbarung darüber schließen, sind wir alle damit einverstanden, daß man dies machen muß.»*

So einfach wie banal: Tito und seine Genossen haben in dieser Nacht den Sowjets aus freien Stücken nichts Geringeres angeboten, als daß sie die Nagy-Gruppe während der Zeit der sowjetischen Intervention in der Botschaft beherbergen würden, um sie im Schutz des politischen Asyls zum Rücktritt zu überreden und dadurch Kádárs Sache zu erleichtern. Dabei kümmerten sie sich nicht einmal darum, die nächtliche Debatte zu dokumentieren. So tappten sie bei allem vorausgesetzten guten Willen in die Falle ihres Gegenübers.

Zweifellos spielte bei diesem Fauxpas der Jugoslawen ihre damalige Situation eine erhebliche Rolle. Der Bruch mit Moskau 1948 zwang die ehemaligen Partisanen einerseits zu großen Zugeständnissen gegenüber der freien Welt. Früher hatten sie ihren Handel zu 50 Prozent mit der Sowjetunion und den osteuropäischen Staaten abgewickelt, und jetzt waren sie einseitig auf den Westen angewiesen. Dieser zeigte sich durchaus bereit, einen nicht sowjetisch dominierten Sozialismus großzügig zu finanzieren, allerdings im Rahmen seiner eigenen ökonomischen Funktionsweise. So flossen fast unaufhörlich Kredite nach Belgrad, wurden jedoch nach den Gesetzen der «politischen Ökonomie» des Staatssozialismus verschwendet, was bereits nach wenigen Jahren zu einer chronischen Verschuldung führte. Die Folgen – wachsende Arbeitslosigkeit und Massenmigration nach Westen im Rahmen der ostblockweit beneideten freien Reise – wurden erst in den sechziger Jahren deutlich.

Andererseits mußten sich die Führer der jugoslawischen KP, nach 1948 in «Bund der Kommunisten» umbenannt, auch nach innen legitimieren, wenn sie den Sozialismus nicht nur als Fassade aufrechterhalten wollten. So schufen sie zu Beginn der fünfziger Jahre ihr Modell der proletarischen Macht: Die sozialistische Selbstverwaltung, in der die Betriebskollektive, die Arbeiterräte, als Protagonisten einer direkten Demokratie auftraten. Letzten Endes erschöpfte sich dieses Reformwerk in der Dezentralisierung der Produktion: Die Betriebe verfügten über das Recht, einen winzigen Teil ihres Gewinns zu behalten, was eindeutig die profitablen, d.h. für westlichen Export tätigen Unternehmen begünstigte. Allerdings schwebte das jugoslawische Modell den Nachbarvölkern noch lange als das Nonplusultra unter den Bedingungen des kommunistischen Systems vor.

Ansonsten war der zum Staat gewordene «partisanskij kraj» (so hießen während des Krieges gegen die deutschen Besatzer die von den Freischärlern kontrollierten Gebiete) in seinen Strukturen dem großen Nachbarn gespenstisch ähnlich. Das politisch souveräne

Zwanzigmillionenland ähnelte einer Minisowjetunion mit strengem Einparteisystem, planmäßig forciertem ökonomischem Wachstum, Zwangskollektivierung, Kirchenverfolgung, ideologischen Kampagnen und harter Pressezensur. Die Staatssicherheit UDB und die repressive Maschinerie konnten durchaus dem Moskauer KGB und dem GULAG das Wasser reichen. Auch an Personenkult mangelte es nicht, zudem war die Person keine beliebige: Der geborene Kroate Josip Tito katapultierte das Land durch den Ausbau der Bewegung der Nicht-Paktgebundenen (fast alle Staaten der dritten Welt von Äthiopien bis Indien) in die Rolle einer geistigen Großmacht, und der kostspielige Glanz mit Sonderflugzeugen, Jagdreservaten, zahllosen Schlössern und Gästehäusern wirkte auf Außenstehende wie das Statussymbol einer aufgeklärten Monarchie.

Nach Stalins Tod und der spektakulären Versöhnungsszene zwischen Tito und Chruschtschow auf dem Belgrader Flughafen im Oktober 1955 entstand für den Balkanstaat eine neue Lage: Um die Abhängigkeit vom Westen zu lockern und der latent immer drohenden Pleite auszuweichen, wollte man den Handel mit dem Osten wiederaufnehmen und erwartete großzügige Kredite und Handelsoptionen aus der Sowjetunion. Die Ähnlichkeit der Systeme förderte jedoch bald andere Gemeinsamkeiten zutage. Das Moskauer «Tauwetter» hatte durchaus seine Parallele in Titos Staat: Reformerwartungen, nationale Spannungen und intellektueller Aufruhr waren auch hier nicht auszuschließen. In der Partei entstand keine organisierte Opposition, aber allein die Tatsache, daß sich ein Politbüromitglied, der namhafte Vorkriegsgenosse Milovan Djilas, frontal gegen die Führung stellte, war besorgniserregend genug.

Imre Nagy und seine Anhänger hatten von dem sozialistischen Nachbarn viel erwartet: Die kritischen Studien des ungarischen Reformers landeten regelmäßig auf dem Tisch des Botschafters und wurden nach Belgrad weitergeleitet. Die relativ liberale jugoslawische Presse schrieb wohlwollend über die «Revisionisten» am Donauufer. Eine direkte Solidarisierung der KPJu erfolgte jedoch zu keinem Zeitpunkt. Tito brauchte die Unzufriedenheit in Ungarn genau so lange, wie sich diese gegen den Erzfeind Rákosi und dessen Mitstreiter richtete und sein eigenes Modell rechtfertigte. An einer Systemänderung in Ungarn war er überhaupt nicht interessiert. Für ihn als Jugoslawen war das Donauland, ähnlich wie für die Sowjets, ohnehin ein ehemaliger Kriegsgegner, und die mögliche Freisetzung nationalistischer Emotionen konnte durchaus die alten territorialen Forderungen der Ungarn gegenüber der Vojvodina aktualisieren. Imre Nagy war für Tito kein Garant, daß es nicht zu einer solchen Entwicklung kommen würde, János Kádár hingegen durchaus.

Hatte der Parteichef Chruschtschow die Möglichkeit, mit ausgeklügelter Bauernschläue auf der Adriainsel Brioni zu agieren, so mußte sich sein Untergebener Andropow, der Apparatschik im Diplomatenfrack, mit glatter Lüge und zynischem Hinhalten begnügen. Am 2. November 1956 teilte er der Regierung Nagy mit, die sowjetischen Streitkräfte seien trotz der Neutralitätserklärung mit Verhandlungen über die Bedingungen ihres Rückzugs einverstanden. Diese würden für den Vormittag des 3. November im Parlamentsgebäude anberaumt.

Selbstverständlich glaubten die Mitglieder der Regierung, die an diesem Tag zu einem sogenannten «engen» Kabinett umgebildet wurde (Verteidigungsminister Maléter, Premier und Außenminister Nagy, sonst nur Minister ohne Portefeuille aus den Koalitionsparteien), den sowjetischen Versprechungen immer weniger. Zu viele Anzeichen einer neuen Invasion wurden aus dem ganzen Land gemeldet. Sogar die ungarische Deklaration des Austritts aus dem Warschauer Vertrag diente vor allem dem Zweck, mit Hilfe der internationalen Öffentlichkeit Druck auf die Angreifer auszuüben. Eher den Zweck der Selbstberuhigung hatte die Benennung einer Delegation, die unter der Leitung von Imre Nagy, der nun auch noch den Posten des Außenministers übernommen hatte, zur Vollversammlung der UNO nach New York fahren sollte. Nagy wollte in die Delegation den Führer der Agrarpartei der Kleinen Landwirte, Béla Kovács, sowie Anna Kéthly, die Vorsitzende der Sozialdemokraten, aufnehmen, die inzwischen ihren Beitritt zu der Regierung beschlossen hatten.

Insgesamt zeigten sich in der Innenpolitik die ersten Signale einer Konsolidierung. Die Staatsanwaltschaft forderte die Angehörigen der aufgelösten ÁVH auf, sich zu melden und dadurch möglichen Volksurteilen oder Verhaftungen durch dazu nicht legitimierte bewaffnete Gruppen zu entkommen. Hunderte von ihnen erschienen daraufhin bei der Behörde, während andere sich gruppenweise ohne Schwierigkeiten unter die Obhut der sowjetischen Truppen begaben. Auch die öffentliche Ordnung begann in diesen Tagen stabiler zu werden. Man stellte offene Pappkartons mitten auf die Straße, und diese trugen die Aufschrift: «Die Sauberkeit unserer Revolution erlaubt es, auf diese Weise Geld für die Angehörigen der Opfer zu sammeln.» Ebenso warnte man schriftlich davor, die Läden mit zerschlagenen Schaufenstern zu plündern. Es ist wahrscheinlich, daß diese naiven Zettel die Diebe nicht lange zurückgehalten haben, aber den moralischen Anspruch empfanden viele als berechtigt.

Vor allem jedoch konnte man auf die Kooperation des neuen demokratischen Staates und der Gesellschaft hoffen. Gleich nach Imre Nagys Rundfunkansprache meldeten sich die Arbeiterräte von ihrer konstituierenden Konferenz zu Wort und forderten die streikenden Werktätigen auf, die Arbeit wiederaufzunehmen: *«Es liegt auf der Hand, daß eine Fortführung des Streiks zur völligen Lähmung unseres nationalen Lebens führen wird. Wir haben ferner eingesehen, daß wir durch Wiederaufnahme der Arbeit die Regierung politisch stärken. Im Hinblick auf unser einmütiges Vertrauen zu ihr ist es völlig richtig, das zu tun.»*

Es war ein Donnerstagabend. In den nächsten Tagen wurde der Aufruf zur Rückkehr an die Arbeitsplätze allmählich zur Hauptlosung. Alle Hoffnungen des Landes projizierten sich auf die nächste Woche. Noch nie in der Geschichte hatte man in Ungarn so viel von einem Montag erwartet.

Sonnabend, 3. November, 14.00 Uhr

Nachrichtenagentur MTI in französischer Sprache

Die Verhandlungen zwischen Vertretern der sowjetischen und ungarischen Streitkräfte haben am Morgen im Budapester Parlamentsgebäude begonnen.

Auf ungarischer Seite werden sie von den Staatsministern Ferenc Erdei, Generalmajor Pál Maléter, Generalmajor István Kovács und Oberst des Generalstabs Miklós Szücs geführt, auf sowjetischer Seite von General [Armeegeneral, G.D.] *Malinin, Generalleutnant Stepanow* [Steptschenko, G.D.] *und Generalmajor Schelbanin. Ergebnisse sind nicht vor dem späten Nachmittag zu erwarten.*

Offenbar hatten es die Moskauer Militärs eilig, denn die Verhandlungen dauerten nicht länger als eine halbe Stunde. Oberst Szücs erinnert sich daran, daß der Armeegeneral Malinin die Mitglieder der ungarischen Delegation ostentativ als «Herrschaften» ansprach – womöglich eine Revanche dafür, daß die Zeitungen den Botschafter Andropow inzwischen mit «Ihre Exzellenz» betitelten. Die Sowjets trugen ihre Vorstellungen vor, wie viele Waggons, Lebensmittel und Brennstoff sie für einen Truppenabzug bis Anfang Januar brauchen würden (Szücs fand die Forderungen stark überzogen). Gleichzeitig schlug er vor, die ungarische Delegation solle die Verhandlungen am Abend in der sowjetischen Kaserne in Tököl (dreißig Kilometer vor Budapest) weiterführen, um ihrerseits darzulegen, wie sie sich die Erfüllung dieser Bedingungen denke.

Der Vorschlag, die Gespräche am Standort der Partner fortzusetzen, entsprach eigentlich den diplomatischen Gepflogenheiten. Trotzdem dachten alle Anwesenden an das Risiko, und es wäre ein Wunder gewesen, wenn nicht mindestens einem von den «Herrschaften» dazu ein Name eingefallen wäre, der jedem ungarischen Schulkind geläufig war: Der des legendären Volkshelden und Burgherrn Bálint Török aus dem 16. Jahrhundert. Sultan Suleiman lud ihn zu einem Mahl ein, ließ ihn danach festnehmen und ein Leben lang im Stambuler Kerker Jedikula (Siebenturm) gefangenhalten.

Nun schlug die Stunde des Pál Maléter.

Da die späteren Quellen den Oberst entweder als Verräter verdammten oder aber als *den* Freiheitskämpfer idealisierten, müssen wir betonen, daß Maléters Haltung im Laufe des Volksaufstandes nicht unverändert geblieben war. Als Kommandeur der ihm anvertrauten Einheiten verteidigte er sich in der Kaserne Kilián zunächst gegen die benachbarten Aufständischen, ohne etwa einen Vernichtungsschlag gegen sie zu planen. Er verhielt sich im Sinne seiner Vorgesetzten abwartend bis zum 28. Oktober. Nach der Waffenruhe agierte er als Vermittler zwischen den bewaffneten Gruppen und der Armeeführung. Neben dem General Király, der sich bemühte, die Nationalgarde zu einer Art Hausmacht auszubauen, stieg Maléter, der sich vorwiegend auf die jüngeren Hauptoffiziere des Generalstabs und des Verteidigungsministeriums stützte, Ende Oktober zur wichtigsten Armeeautorität auf.

Daß die beiden die Tätigkeit des jeweils anderen mit Argusaugen und nicht unbedingt wohlwollend verfolgten, versteht sich aus der gesamten Situation. Beide blickten auf diese Revolution als vielleicht letzte Chance, ihre militärische Laufbahn zu krönen. Dieser Ehrgeiz war rein soldatischer Natur. Wer sie deswegen des Karrierismus bezichtigte, dem sollte es zu denken geben, daß sie Leib und Leben riskierten und sich dieses Risikos voll bewußt waren. Kein Fouché, kein Talleyrand hat sich je in den Dienst der Verlierer gestellt.

Im Gespräch mit Westjournalisten am 2. November – dies war sein erster und zugleich letzter öffentlicher Auftritt als neu ernannter Generalmajor – erklärte Maléter: «*Wir haben der ungarischen Armee befohlen und die Bevölkerung angewiesen, keinerlei Aktionen gegen die im Lande stationierten sowjetischen Truppen zu unternehmen. (...) Sollte jedoch die ungarische Armee angegriffen werden, so hat sie Weisung erhalten, sich zu verteidigen. Diesen Befehl darf sie auch ausführen, solange es in ihrer Macht steht.*» Über den Ausgang einer derartigen Konfrontation konnte er sich als Soldat keine Illusionen machen.

Imre Nagy schwankte zwischen Zweifel und Hoffnung: Als ihm General Maléter am frühen Nachmittag über die beginnenden Verhandlungen mit den Sowjets Bericht erstattete, war der Premier guter Dinge. Er bat die Militärdelegation, am Abend in Tököl alle Forderungen der Sowjets zu akzeptieren, nur damit die Verhandlungen möglichst schnell über die Bühne gingen. Außerdem bereitete er sich auf eine Pressekonferenz vor, auf der die Neutralitätserklärung und die geplante Delegationsreise nach New York erörtert werden sollten. Dann aber erhielt Nagy Nachricht vom neuesten Leitartikel der *Pekinger Volkszeitung*, in dem der Austritt Ungarns aus dem Warschauer Vertrag verurteilt wurde. Diese Stellungnahme war für ihn zu einem Zeitpunkt, zu dem die Sowjets behaupteten, die Neutralitätserklärung sei kein Hindernis für die Verhandlungen über den Truppenabzug, ein harter Schlag. Kurz vor Beginn sagte er daraufhin sein Erscheinen vor den Pressevertretern ab.

Der polnische Journalist Viktor Woroszylski, der für die Warschauer Studentenzeitung *Po prostu* eine hervorragende Ungarnreportage schrieb, kommentierte das Fernbleiben des Regierungschefs wie folgt: *«Die Pressekonferenz verzögerte sich; westliche Journalisten stellten Hypothesen über Nagy auf. Nur unsere Journalisten ahnten, worum es sich handelte. Sie wußten von vergeblichen diplomatischen Bemühungen, die Situation zu retten, und sie wußten, daß Nagy alle Möglichkeiten ausgeschöpft hatte, ehe er zu der letzten verzweifelten Maßnahme* [gemeint ist der Austritt aus dem Warschauer Vertrag, G. D.] *Zuflucht nahm.»*

So ahnungslos waren jedoch die westlichen Kollegen auch wieder nicht. Der österreichische Korrespondent Fritz Molden, der am 3. November 1956 mit einer Lieferung des Humanserums Gammaglobulin aus Wien unterwegs war und erst gegen Abend Budapest erreichte, erfuhr von einem ungarischen Wachtposten vor dem Parlamentsgebäude von der Pressekonferenz.

«Durch lange, halb verdunkelte Gänge und durch den großen Sitzungssaal des Abgeordnetenhauses führte man uns an unzähligen Wachen vorbei, in ein großes Zimmer, in dem der stellvertretende Ministerpräsident Tildy und Minister Zoltán Vas Vertretern der internationalen Presse Erklärungen abgaben. [Als dritter war der Staatsminister Géza Losonczy anwesend, G. D.] *Es war ein gespenstisches Bild, das mich in seiner düsteren, ratlosen Geschäftigkeit an den Vorabend des 11. März 1938* [Hitlers

Ultimatum an Österreich vor dem «Anschluß», G. D.] *in Wien erinnerte. Es war offensichtlich, daß die Regierung Nagy nicht mehr die Herrin der Lage war.»*

Aus dem Bericht der ungarischen Nachrichtenagentur MTI vom 3. November 1956:

«Der Korrespondent der BBC fragte nach dem Stand der Gespräche, die zur Zeit zwischen Vertretern der ungarischen und der sowjetischen Armee stattfinden.

Tildy erwiderte, die Verhandlungen hätten vormittags begonnen und würden abends fortgesetzt. Man könne noch nicht von Ergebnissen sprechen.

Losonczy: Die Gespräche haben bereits einige Resultate gezeitigt. Eine gewisse Entspannung ist eingetreten.

Der Korrespondent der Stuttgarter Nachrichten *erkundigte sich, ob die Sowjets der Schaffung eines Ausschusses zur Erörterung des Abzugs der sowjetischen Truppen auf politischer Ebene zustimmen würden.*

Tildy: Wir haben vorgeschlagen, eine Delegation zu entsenden, die auch über gewisse politische Fragen verhandeln kann. Die Sowjets haben dem zwar grundsätzlich zugestimmt, aber noch keine verbindliche Antwort gegeben.

Der Korrespondent der New York Post: Die Sowjets haben sich zu Verhandlungen über technische Fragen des Truppenabzugs bereit erklärt. Darf man dem entnehmen, daß sie wirklich abziehen wollen?

Tildy: Wer geneigt ist, ein Problem zu erörtern, wird es meiner Ansicht nach für lösbar halten.»

Der Korrespondent der *New York Times*, John MacCormac, erinnerte sich an eine Episode dieses Abends. Tildy verließ für kurze Zeit den Saal, und als er zurückkam, strahlte sein wahrscheinlich aufgrund aktueller Meldungen verfaßtes Statement noch weniger Optimismus aus als alles vorher Gesagte: *«Die Antworten auf unsere Proteste gegen den Einmarsch weiterer sowjetischer Truppeneinheiten sind unbefriedigend. Unsere Regierung hat vom ersten Tage an den Abzug der sowjeti-*

schen Streitkräfte gefordert. Damit ist ihnen jede rechtliche oder politische Grundlage für ihre Anwesenheit genommen. Wir haben ihren Abzug in unzähligen Noten verlangt. Niemals erhielten wir eine befriedigende Antwort.»

Die tristeste Pressekonferenz der ungarischen Geschichte lief noch, als die Autokolonne mit der Verhandlungsdelegation die Stadt verließ und sich in Richtung Tököl bewegte. Für die Regierung fuhr Staatsminister Ferenc Erdei mit, von den Militärs neben Maléter General István Kovács und Oberst Miklós Szücs. Am Nachmittag hatte Maléter seinen Protegé Zoltán Vas besucht, um mit ihm einen Cognac auf seine Ernennung zum Minister zu trinken. Was dabei geschah, ist inzwischen in die bleibende Erinnerung an diesen ungarischen Oktober eingegangen. Die junge Lebensgefährtin von Vas war damit beschäftigt, das brandneue Generalsabzeichen, das Eichenlaub, an Maléters Soldatenmantel zu befestigen. *Dann aber*, so erinnerte sich die Frau in dem Dokumentarfilm der Regisseurin Judit Ember, *geschah etwas Furchtbares: Ich habe das Eichenlaub umgekehrt angenäht. Ich bin schrecklich abergläubisch, und als ich es merkte, bin ich zusammengebrochen, hatte böse Vorahnungen.* Wahrlich zu Recht.

In der Kaserne angekommen, wurde die ungarische Delegation nach einigem Warten offiziell empfangen. Der Armeegeneral Malinin begrüßte sie kühl und entschuldigte sich, weil es ihm angeblich bisher mißlungen war, Kontakt mit Moskau aufzunehmen. Er sagte noch einige Sätze, als sich die Tür plötzlich öffnete und der KGB-Chef General Iwan Serow samt seinen mit Maschinenpistolen bewaffneten Schergen den Saal betrat. Während die sowjetischen Verhandlungspartner den Raum verließen, wurden die ungarischen Offiziere entwaffnet und alle Teilnehmer der Delegation in Einzelzellen abgeführt.

Dies geschah gegen Mitternacht. Der Regierungschef Imre Nagy gönnte sich zu dieser Zeit nach dem ermüdenden Tag ein paar ruhige Stunden in einem als Schlafraum eingerichteten Zimmer des Parlamentsgebäudes.

Etwa gegen vier Uhr morgens wurde er geweckt.

November, Dezember, Januar

Freier Sender Kossuth, 4. November 1956, 5.20 Uhr

Achtung! Achtung!

Hier spricht Ministerpräsident Imre Nagy. Sowjetische Truppen haben im Morgengrauen zu einem Angriff auf unsere Hauptstadt angesetzt mit der eindeutigen Absicht, die gesetzmäßige demokratische Regierung der Ungarischen Volksrepublik zu stürzen. Unsere Truppen stehen im Kampf. Die Regierung befindet sich auf ihrem Platz. Dies teile ich dem Volk des Landes und der Weltöffentlichkeit mit.

Zwei Sätze dieser kurzen Erklärung, die bereits von hörbarem Waffengerassel begleitet wurde, sorgten damals – und bis heute – für eine sehr lebendige Kontroverse. Dies gilt vor allem für die Behauptung: «Unsere Truppen stehen im Kampf.» Ferenc Donáth, der den Text formulierte und Imre Nagy zur Durchsicht übergab, erzählte dem Autor dieser Zeilen, das Ziel sei gewesen, die Bereitschaft der Nation zur Selbstverteidigung zu deklarieren, ohne die Armee zum Waffengebrauch aufzufordern, was angesichts der Kräfteverhältnisse einem Selbstmord gleichgekommen wäre. Allerdings wurde die derart gezähmte Phrase später doch zuungunsten des Regierungschefs als Aufruf zum bewaffneten Widerstand ausgelegt. In der Tat war sie geeignet, militärische Aktionen gegen die Eindringlinge zu legitimieren.

Noch problematischer wirkte die Äußerung, daß sich die Regierung «auf ihrem Platz» befände. Dies wurde bereits durch die nächste Mitteilung um 5.56 Uhr dementiert, in der Nagy die am Vorabend nach Tököl gesandte Delegation um Rückkehr ins Parlament bat. Wie wir inzwischen wissen, führte er davor zwei kurze und erfolglose Telefonate mit Andropow und ein flüchtiges Gespräch mit Zoltán Szántó. Dieser teilte ihm unter vier Augen mit, die jugoslawische Botschaft habe allen Mitgliedern der Nagy-Gruppe politisches Asyl angeboten. Kurz nach 6 Uhr verließ Nagy daraufhin das Parlamentsgebäude und ließ sich zur jugoslawischen Botschaft fahren.

Diese Verhaltensweise löste bei vielen Zeitgenossen berechtigte Kritik aus. Einerseits nahm man dem Ministerpräsidenten übel, daß er im Augenblick der verkündeten Präsenz seiner Regierung das Volk sozusagen im Stich gelassen hatte. Andererseits verhielt er sich seinen Kritikern zufolge illoyal gegenüber seinen Koalitionspartnern, als er akzeptierte, daß nur den Kommunisten aus seinem Umfeld politisches Asyl gewährt wurde. Beide Vorwürfe sind berechtigt und lassen sich durch Müdigkeit, Schockzustand und Verzweiflung als Erklärung für sein Verhalten nur mäßig abschwächen. Doch können wir nach so vielen Jahren einen Blick auf das Schicksalhafte dieses Morgens werfen. Dies hat der Lyriker György Petri 1981 getan:

Aber wir dürfen
uns erinnern
an den zögernden, verletzten, unentschlossenen Mann,
der gerade seinen Platz zu finden schien,
als wir davon aufwachten,
daß man unsere Stadt zerschoß.

Die in der jugoslawischen Botschaft eingesperrten 17 Erwachsenen und 14 Kinder bildeten den Gegenstand eines drei Wochen lang andauernden diplomatischen Tauziehens zwischen Moskau und Budapest einerseits und der Belgrader Regierung andererseits. Die Sowjets bezogen sich in ihren Noten hemmungslos auf Titos Äußerungen während der Geheimbegegnung auf Brioni, die sie selbst forciert hatten und die keinen offiziellen Charakter gehabt hatten. Die Villa gegenüber dem Heldenplatz war von Panzern umstellt und erhielt am 5. November einen Volltreffer, in dessen Folge der Militärattaché Milowanow starb. Die Schwierigkeiten des Alltags – anwachsende Probleme mit der Ernährung, der Hygiene und den kleinen Kindern – ließen die Flüchtlinge immer mehr ermatten. Zudem gehörte nur ein Teil der Erwachsenen zum engen Kreis um Nagy. Persönlichkeiten wie der Philosoph György Lukács oder Júlia Rajk, die Witwe des 1949 hingerichteten Ministers László Rajk, waren eher per Zufall auf die Liste geraten, die am 4. November dem Botschafter Dalibor Soldatič unterbreitet worden war. Irgendwann dachten die jugoslawischen Führer nur noch daran, unter Wahrung ihres Gesichts aus dieser prekären Lage herauszukommen. Kádár half ihnen und den Sowjets gleichzeitig, als er sich nach langem Zögern bereit erklärte, allen Botschaftsflüchtlingen freies Geleit zuzusichern. Die Tinte seiner Unterschrift war noch nicht trocken, als er das feierlich gegebene Wort bereits gebrochen hatte. Denn er wußte sehr genau, wie und von wem das ganze Komplott ausgeheckt worden war.

Als am späten Nachmittag des 22. November die kleine Gruppe den Autobus vor dem Botschaftshaus bestieg, entpuppte sich der Fahrer als Sowjetrusse. Einige stiegen wieder aus, und der Botschafter Soldatič sah die Tragödie kommen. Er flehte alle an, doch in der Botschaft zu bleiben. Nagy aber war nun völlig apathisch und sagte: «Schauen wir nun unserem Schicksal entgegen.» Anstatt nach Hause befördert zu werden, wurden sie in eine Kaserne eingeliefert. Nach vergeblichen Versuchen von Ferenc Münnich, die Entführten zu einer Loyalitätserklärung gegenüber der neuen Regierung zu nötigen, wurde die Gruppe gewaltsam nach Rumänien verbracht. Die gleichgeschaltete Presse sprach von einem freiwilligen Asyl, um das der ehemalige Premier die Volksrepublik Rumänien angeblich ersucht hatte. Die Bukarester Führung gewährte ihnen großzügig das «Gastrecht» – Parteichef Gheorghiu-Dej wollte in Moskau ein paar Pluspunkte machen. Er ließ die Gruppe in einem Urlaubsheim der Nomenklatura internieren. Im Frühjahr 1957 begann man die als Angeklagte vorgesehenen Männer ihren Familien zu entreißen. Danach blieben die Frauen und Kinder allein in der größten Unsicherheit und hörten kein Wort über das Schicksal ihrer Nächsten. Zuletzt kam jener Sommertag 1958, an dem die wachhabenden rumänischen Soldaten wortlos einen Haufen ungarischer Zeitungen auf den Tisch legten, in denen der Volltext des Urteils und die bereits vollzogenen Todesurteile vermeldet wurden.

Der Journalist Miklós Vásárhelyi, einer der Überlebenden des Imre-Nagy-Prozesses und selbst in Rumänien interniert, erinnerte sich drei Jahrzehnte später an den gesamten Vorgang im November 1956: «*In diesem Zusammenhang möchte ich betonen, daß unter den vielen unmöglichen und ekelerregenden Erscheinungen unserer Zeitgeschichte diese Aktion in ihrer Absurdität einen würdevollen Platz einnahm. Was im Grunde geschah, ist doch, nicht wahr, daß sich an einem Menschenraub, dessen Opfer auch Kleinkinder und alte Leute waren, vier Regierungen beteiligten.*»

Nicht als Entschuldigung, sondern als Kommentar zu Kádárs Wortbruch sei gesagt, daß er zu diesem Zeitpunkt noch keineswegs die blutige Abrechnung mit seinen Rivalen erwog. Vielmehr beruhigte er wiederholt die Öffentlichkeit, daß kein Verfahren gegen die frühere Führung eingeleitet werde. Dieses Versprechen stimmte auch mit der ersten Erklärung der Regierung Münnich / Kádár überein, die eindeutig eine Amnestie für jede politisch motivierte Betätigung zwischen dem 23. Oktober und dem 4. November in Aussicht stellte. Das unmittelbare Ziel der Verschleppung bestand darin, neben der Zerschlagung der militärischen Gegenkräfte die potentiellen Führer eines politischen Widerstands auszuschalten.

Die in der berüchtigten Geheimklausel des Abkommens von Jalta im Februar 1945 festgesetzte Nachkriegsordnung bewährte sich bis zum Ende der achtziger Jahre wie von den damaligen Vertragspartnern gewünscht. Nur in zwei Fällen lösten die Versuche einzelner Länder, den geographischen Realitäten zu trotzen, eine Katastrophe aus. Im griechischen Bürgerkrieg 1946 bis 1949 kamen hunderttausend Soldaten und Zivilisten um, und die Fluchtbewegung erreichte Millionenhöhe. In Ungarn starben 1956 infolge der Kämpfe zwischen dem 23. Oktober und dem 31. Dezember 2652 Menschen, verwundet wurden 19926. Die Schätzung der Anzahl der Flüchtlinge schwankt zwischen 180000 und 240000.

Die meisten Opfer forderten die Auseinandersetzungen in und um Budapest – 1800 Tote und 11513 Verwundete. Der Sterblichkeitsindex zeigt, daß in einigen Stadtbezirken die Zahl der Toten viel höher lag

Toter russischer Soldat in der Nähe der Kilián-Kaserne,
November 1956

als im Durchschnitt der gesamten Hauptstadt: Dies gilt für den zweiten, siebten, achten, neunten, zehnten und zwanzigsten Bezirk, also die Stadtteile mit den Zentren der Aufständischen. Unter den Todesursachen nahm Gewalteinwirkung im Jahre 1956 nach Herz- und Gefäßkrankheiten (20,7%) und Krebs (16,4%) den dritten Platz ein (15,2%), im Vorjahr hatte diese Indikation nur 5,8 Prozent umfaßt. Auch am Flüchtlingsstrom war der hohe Anteil der Budapester statistisch ablesbar: Die seit dem Ende des Krieges kontinuierlich steil ansteigende Bevölkerungszahl der Donaumetropole wies zwischen 1956 und 1957 zum ersten Mal seit hundert Jahren ein Minus von 50000 auf.

Auf sowjetischer Seite forderte die Intervention 669 Tote und 1541 Verwundete – dies war die höchste Verlustzahl der Roten Armee zwischen dem Zweiten Weltkrieg und dem Feldzug in Afghanistan. Die Geheimhaltung der Opferdaten war langlebiger als die Sowjetunion. Erst 1993 veröffentlichte der Generalmajor Anton Kriwoschejew die entsprechende Information des Verteidigungsministeriums der ehemaligen UdSSR. Hinter der Zahl sieht man nur gleichförmige Gesichter: Der Sowjetsoldat von 1956 hat kein Porträt im historischen Gedächtnis hinterlassen. Allein der Pole Viktor Woroszylski versuchte etwas über diese Menschen in Erfahrung zu bringen: *«Sehr junge Burschen in grauen Soldatenmänteln (Geburtsjahr im Grunde 1937), sie wissen nicht immer, wo man sie hingebracht hat, oft reden sie kaum Russisch* [d.h., sie kommen in großer Zahl aus den zentralasiatischen Sowjetrepubliken, G.D]. *Von einem sind sie jedoch tief überzeugt: In dieser Stadt sollen sie gemeine Verräter und Faschisten zerschmettern.»* Arme, vergessene, totgeschwiegene junge Männer.

Marschall Konew rechnete mit einer Dauer der Kampfhandlungen von drei Tagen – die letzten bewaffneten Widerstandsgruppen wurden am 12. November auf der Insel Csepel zerschlagen. Etwa vier- bis fünftausend Aufständische sowie kleinere reguläre Einheiten der aufgelösten Volksarmee leisteten nicht nur in Budapest, sondern auch in Pentele an der Donau, in Györ, Jászberény, Miskolc und Székesfehérvár unerwartet zähen Widerstand. Allerdings war der Versuch von Béla Király, die Kampfhandlungen mit Hilfe des Radios zu koordinieren, von Anfang an zum Scheitern verurteilt, so daß der General selbst am 9. November das Land verließ. Zu dieser Zeit befand sich Ungarn bereits unter vollständiger sowjetischer Militärkontrolle. Diese wurde gewährleistet durch eine 58 000 Mann umfassende Armee, die Sicherheitskräfte des KGB unter Führung von Iwan Serow sowie den in die kommunistische Führung Ungarns delegierten Expertenstab mit den Politbüromitgliedern Suslow und Malenkow an der Spitze.

Die Führungsriege um János Kádár und Ferenc Münnich befand sich zunächst in einer undurchdringlichen Isolation, im Parlamentsgebäude, einem beinahe hermetisch abgeschlossenen Raum zwischen der Bevölkerung und den Besatzern – Kádár war in einem Panzer dorthin gebracht worden. Außer auf ihre sowjetischen Verbündeten konnte sie sich nur auf Teile der zersprengten ÁVH-Truppen stützen. Doch diese waren allgemein verhaßt und befanden sich seit dem 28. Oktober im gesetzesfreien Raum, so daß sie nicht ohne weiteres legalisiert werden konnten. Zudem entdeckte Parteichef Kádár sogar in der Schar seiner Leibwächter einige Gestalten, die ihm aufgrund seiner eigenen Erfahrungen mit Rákosis Schergen unheimlich vorkamen. Da aber Serow stark auf die operative Arbeit dieser Tschekisten angewiesen war, wurden ehemalige Sicherheitsleute trotzdem von Münnichs gehorsamer Hand in die neu organisierte Polizeibehörde eingeschleust. Die nach ihren wattierten Mänteln «pufajkások» genannten Sonderkommandos halfen den KGB-Einheiten bei der Verhaftung und dem Verhör «konterrevolutionärer Elemente». Bei weitem nicht alle von ihnen hatten früher als Folterknechte der ÁVH gedient. Die meisten waren junge und hartgesottene proletarische Kader, die – wie zum Beispiel der spätere Außenminister Gyula Horn – einfach aus Treue zur Partei handelten.

Iwan Serows Dienststelle, in deren Verantwortung praktisch alle Verhaftungen nach der militärischen Unterwerfung des Aufstandes erfolgten, leistete Kádárs Mannschaft eher einen Bärendienst. Die in primitivstem Jargon und schlechtem Russisch verfaßten Berichte zielten darauf, die neue Regierung zu kompromittieren. Dieser wurde vorgeworfen, den Feind «zu liberal», mit Samthandschuhen, angefaßt zu haben. In seinem triumphalen Rapport vom 12. November rühmte sich der General der Beschlagnahme eines Waffenarsenals – vermutlich aus den Beständen der aufgelösten Armee – von 168 Maschinengewehren, 7751 Pistolen, 11 600 Kalaschnikows und 5096 Handgranaten. Es gebe noch viel mehr Waffen, versicherte Serow dem Genossen Chruschtschow, nur habe es die Bevölkerung mit der freiwilligen Abgabe nicht eilig. Zur Begründung folgte eine haarsträubende Erklärung: *«Dies ist, wie unsere Agentur meldet, mit der verstärkten Propaganda der BBC und anderer feindlicher Radiosender zu erklären, nach denen die Ungarn durchhalten sollen, da bald die Polizeikräfte der Organisation der Vereinten Nationen eintreffen.»* Obwohl die westlichen Sender, am wenigsten noch die BBC, in dieser Zeit wirklich schwerwiegende Fehler gemacht haben, konnte man ihnen das konkrete Versprechen einer UNO-Einmischung wahrlich nicht nachweisen. Aber Serow, der Held des Krieges bei der Deportation der Tschetschenen 1944, war nicht nur in seinen Argumenten, sondern auch in seinen Handlungen wenig wählerisch. So befahl er «angesichts der liberalen Haltung der führenden Mitarbeiter Ungarns gegenüber den Feinden», von den verhafteten viertausend Bürgern ungefähr achthundert über den Grenzbahnhof Csop in die Sowjetunion zu deportieren. Unter den auf diese Weise aus dem Weg geschafften «Konterrevolutionären» befanden sich viele Frauen und Halbwüchsige.

Da einige der Verhafteten noch auf ungarischem Gebiet, von den Wachhabenden unbemerkt, Kassiber aus den Waggons fallen ließen, erfuhr das Land durch ungarische Eisenbahnangestellte von diesem Vorgang. Die Arbeiter reagierten mit Streikdrohungen, und die Weltöffentlichkeit protestierte umgehend. Innerhalb weniger Tage gelang es, die Inhaftierten aus sowjetischen Gefängnissen zwischen Uschgorod und Czernowitz wieder nach Hause zu bringen. Dies war einer der wenigen Versuche der Mannschaft um Kádár, der Entmündigung durch die Moskauer Emissäre eine klare Willensäußerung entgegenzusetzen.

Selbstverständlich arbeitete die Zeit für die von den Okkupanten eingesetzte Gegenregierung, die vor allem mit der Neuorganisierung der Partei und des Staates beschäftigt war. Anfang Dezember verfügte die Ungarische Sozialistische Arbeiterpartei über 30 000, am Jahresende über 100 000 Mitglieder. Allmählich regenerierten sich die Ministerien und die lokalen Räte. Schon bald erschien der 1. Jahrgang – man achtete auf die neue Zeitrechnung – des Zentralorgans der USAP, *Népszabadság* (Volksfreiheit), eine Umkehrung des Namens der früheren *Szabad Nép* (Freies Volk). Die Kontinuität wurde erst Monate später hergestellt – da erschien im Kopf des Blattes wieder das Motto «Proletarier aller Länder, vereinigt euch!» In Budapest verkehrten nach der Beseitigung der Trümmer von den Straßen ab dem 14. November wieder die gelben Straßenbahnen. Die Lebensmittelläden waren geöffnet – die Versorgung wurde größtenteils noch von den sowjetischen Truppen organisiert, und über den ökonomischen Zusammenbruch halfen großzügige Warenlieferungen und Kredite aus Ost und West hinweg. So konnte die Partei- und Staatsführung ihre Kräfte auf die politische Konsolidierung konzentrieren. Was dieser am meisten im Wege stand, war die Hypothek des Volksaufstandes.

Der Zentrale Arbeiterrat von Groß-Budapest hatte seinen Sitz im Zentrum der Hauptstadt, im Gebäude der «Elektrischen Verkehrsgesellschaft», in deren Kultursaal fünfhundert Delegierte aus den größten Industriebetrieben zwei Tage lang über die Lage im Lande diskutierten. Ihre wichtigste Waffe war zweifelsohne der Streik, besser gesagt die Streikdrohung, denn sie mußten einsehen, daß jeder Tag der Arbeitsunterbrechung nicht nur die wirtschaftliche Katastrophe vertiefen, sondern auch die Arbeiter demoralisieren würde. Die Regierung verfügte ebenfalls über ein Machtmittel: Die Zahlung oder Verweigerung der Löhne. Aus dieser Konstellation heraus entstand die Notwendigkeit zu Gesprächen. An der Frage aber, was genau am Verhandlungstisch gefordert werden sollte, teilten sich die Gemüter.

Einer der Gründer der Arbeiterräte war der Maschinenschlosser Sándor Bali, Sohn einer kinderreichen und sehr armen Familie, KP-Mitglied seit 1945. Aufgrund seiner herausragenden Produktionsleistungen wurde ihm in den frühen fünfziger Jahren der Titel «Held der Arbeit» verliehen. Somit gehörte er zu dem Typus des aufsteigenden Proletariers, mit dem sich das Regime so gerne schmücken wollte und dem Andrzej Wajda in seinem Film *Mensch aus Marmor*, ein klassisches Denkmal setzte. Als geistiger Führer des Budapester Arbeiterrats zeichnete sich Bali durch seine besonnene Art und Verhandlungsfähigkeit aus. Hingegen verkörperte der im November zum Mitvorsitzenden gewählte 23jährige Werkzeugschlosser Sándor Rácz mit seinem außergewöhnlichen Redetalent eine radikale, emotional gefärbte Attitüde. Bali und Rácz standen mit beiden Füßen auf der Grundlage des Oktoberaufstands, forderten die Rückkehr von Imre Nagy in die Regierung, den Abzug der sowjetischen Truppen und freie Wahlen.

Der Budapester Arbeiterrat war nicht der einzige Repräsentant der Lohnabhängigen des Landes – gleichzeitig gab es noch die nicht weniger angesehene Organisation der Arbeiter von Csepel. Der Vorsitzende des Arbeiterrats von Csepel, der 34jährige Dreher Elek Nagy, ein früherer Major der Volksarmee, war jedoch der Ansicht, politische Forderungen dieser Art seien unrealistisch. Wichtiger sei es, das Vorhandene zu schützen, indem man eine Legitimation der Arbeiterräte bei der Regierung erwirke – als Gegenleistung für die Wiederaufnahme der Arbeit.

Die Delegationen der beiden Budapester Zentren der Arbeiterselbstverwaltung gingen in diesen Tagen im Parlament ein und aus. Die neue Führung zeigte eindeutige Bereitschaft zu Verhandlungen und machte einige wichtige Zugeständnisse. So wurde dem jungen charismatischen Rácz gestattet, am 16. November einen unzensierten Aufruf im Budapester Rundfunk zu verlesen: *«Arbeiterbrüder! In dieser kritischen Situation schreiben der nüchterne Sinn und die Vernunft, das Gewissen und unser Arbeiterherz uns befehlend vor, daß wir morgen früh die Arbeit unter Vorbehalt des Streikrechts aufnehmen. Wir erklären euch ge-*

genüber feierlich, daß diese Entscheidung kein Jota Abkehr von den grundsätzlichen Zielsetzungen und Errungenschaften unseres nationalen Aufstands bedeutet. Die Verhandlungen laufen weiter ...»

Die Wiederaufnahme der Arbeit betrachtete der Zentrale Arbeiterrat als eine Art Vorschuß, denn amtlicherseits beschränkte man sich auf ein einziges Zugeständnis: Die Genehmigung der Arbeiterräte, die daraufhin schleunigst in der Gesetzesverordnung vom 21. November festgeschrieben wurde. Diese räumte den Arbeiterräten breite Rechtsbefugnisse ein, inklusive der Mitbestimmung in Lohn-, Planungs- und Gewinnfragen. Obwohl die Betriebsdirektoren nach wie vor von den staatlichen Gremien in die Betriebe geschickt werden sollten, brauchte man zu ihrer Ernennung oder Ablösung das Einverständnis des Arbeiterrats. Dieser konnte die Ernennung und Ablösung des Direktors auch selbst initiieren. Mitglieder des Arbeiterrats standen unter Kündigungsschutz.

Obwohl die Gesetzesverordnung ziemlich große Lücken und Mängel aufwies – wie aus Versehen wurde zum Beispiel das von den Räten als sine qua non betrachtete Streikrecht unterschlagen –, wäre die Einrichtung einer solchen Institution selbst mit beschnittenen Rechten ein in Ostmitteleuropa einzigartiger Erfolg der Arbeiter gewesen. Ohne die Notwendigkeit zur Bewältigung der akuten Krise, die die Zulassung der Arbeiterräte überhaupt ermöglicht hatte, hätten die ungarischen Arbeiter schon ein paar brauchbare Ideen zur Demokratisierung der Produktion gehabt. Allerdings verfügten nur wenige Selbstverwaltungen über die notwendige Zeit und Ruhe, um sich der Realisierung ihrer erworbenen Rechte widmen zu können.

Die Konfektionsfabrik «Erster Mai», wie sie der Historiker Márkus Keller schildert, gehörte zu den Spitzenreitern der Budapester Textilindustrie. Nach der Wiederaufnahme der Arbeit am 19. November 1956 lösten die Arbeiter den bisherigen Direktor ab, und im Dezember diskutierten sie über die Vereinfachung der Betriebsstruktur. Sie beschlossen, eine Abteilung zu schließen, stellten eine Liste derjenigen zusammen, die wegen der Rationalisierung entlassen werden sollten, und votierten für Nachtarbeit, damit die Kolleginnen und

Kollegen trotz der häufigen Stromausfälle voll ausgelastet werden konnten. Sie führten ihre Lohnverhandlungen mit dem Ministerium für Leichtindustrie fort, organisierten eine innerbetriebliche Sparkampagne sowie eine Modenschau, eröffneten ein Fachgeschäft im Stadtzentrum und nahmen zu Fragen der Arbeitsdisziplin Stellung. Bezeichnend für ihren Pragmatismus war eine Diskussion darüber, ob Anhänger von Rákosi in verantwortliche Positionen des Betriebs gelassen werden könnten. Die Antwort war: Ja, wenn diese gute Fachkräfte sind. Nach ein paar Monaten Autonomie wurde dieser Arbeiterrat zwar nicht aufgelöst, aber doch allmählich seiner Rechte beraubt und schließlich abgewickelt.

Noch viel weniger Gelegenheit zu praktischer Tätigkeit hatten die Arbeiterräte in Debrecen, da ihre Tage ebenfalls gezählt waren. Eine der stärksten Selbstverwaltungen entstand bei der Eisenbahn. Unter den sozialen Forderungen des Arbeiterrats vom 29. Oktober fanden sich *«das Streichen der Mammuteinkommen bzw. die Einstellung der privilegierten Entlohnung* [gemeint waren wohl die «Helden der Arbeit» oder Normdrücker, G. D.], *die Einführung eines neuen Lohnsystems auf der Grundlage von Dienstzeiten und Berufsausbildung»*. Das Kollektiv des Unternehmens für Bauindustrie verlangte zur gleichen Zeit *«die unverzügliche Abschaffung des Normsystems, das zur Ausbeutung der Werktätigen führt. Statt dessen sollte ein Reallohn festgesetzt werden, der den Werktätigen und ihren Familien eine angemessene Existenz garantiert.»*

Allerdings waren die Energien der Arbeiterräte von Debrecen nach dem 4. November durch die politische Konfrontation gebunden. Ihr Forderungskatalog vom 13. November drehte sich keineswegs um die Lohntüte. Bei grundsätzlicher Anerkennung der Regierung Kádár verlangten sie Verhandlungen über den Auszug der sowjetischen Truppen und wiesen dabei auf die Regierungserklärung vom 4. November hin. Ganz konkret protestierten sie gegen das Verbringen ungarischer Staatsbürger in die Sowjetunion und forderten – auch in eigener Sache – die Freilassung der Inhaftierten und die Einhaltung der Amnestieversprechen.

Nur kurze Zeit nach dem scheinbaren Kompromiß entflammte ein neuer Konflikt zwischen Arbeiterbewegung und Machthabern. Der Zentrale Arbeiterrat wollte seinen Gründungskongreß am 21. November im Sportpalast abhalten, und dies wurde auf Kádárs direkte Instruktion hin vereitelt. Der Parteichef protestierte gegen die Idee einer Dachorganisation der Arbeiterräte, denn das roch allzusehr nach Doppelmacht. Sowjetische Soldaten umzingelten den Versammlungsort, und Festnahmen wurden vorgenommen. Viele Arbeiter strömten daraufhin in das Gebäude der «Elektrischen Verkehrsgesellschaft», der Straßenbahn, und forderten einen Generalstreik von 48 Stunden. Die Arbeiter von Csepel zogen jedoch nicht mit, und der Budapester Arbeiterrat verzichtete zunächst ebenfalls auf diese radikale Maßnahme. Im Gegenzug zeigte sich die Regierung im Radio bereit, den Budapester Arbeiterrat (also nicht den Zentralen) als Konsultationspartner zu betrachten.

Zwischendurch kam es zu zwei Gedenkkundgebungen, die von der Regierung zwangsweise toleriert werden mußten. Am 23. November erinnerte sich die Bevölkerung der Hauptstadt an die Demonstration einen Monat zuvor – mit einer Art selbstauferlegtem Ausgehverbot. Zwischen 14 und 15 Uhr waren die Straßen wie leer gefegt. Über der Stadt lag eine dichte, bedrohliche Stille. Am 4. Dezember, genau einen Monat nach der zweiten sowjetischen Invasion, marschierten Hunderte von Frauen zum Heldenplatz, um am Denkmal des Unbekannten Soldaten Blumen niederzulegen.

Am 8. Dezember tagte der Zentrale Arbeiterrat in geheimer Runde und plädierte für einen landesweiten Warnstreik, den er für den 11. und 12. Dezember anberaumen wollte. Seine Entschlossenheit wurde noch verstärkt durch die während der Sitzung eingetroffene Nachricht von einem Massaker in Salgótarján. Die Ordnungskräfte hatten in der nordungarischen Stadt auf unbewaffnete Demonstranten das Feuer eröffnet – fünfzig Tote und neunzig Verletzte waren das Ergebnis. Die blutig aufgelöste Kundgebung gehörte zu den letzten dieser Art und diente als Warnsignal für alle, die noch bereit waren, für irgendwelche Forderungen auf die Straße zu gehen.

Am 9. Dezember ließ die Regierung die territorialen Arbeiterräte auflösen – das Verbot bezog sich also nicht auf die Betriebsorganisationen. Als nächstes folgte die Einführung des Standrechts sowie das strikte Verbot, sich auf der Straße zu versammeln. Dabei versäumte man nicht, den neuen Verordnungen ganz entschiedenen Nachdruck zu verleihen. Die Führer des Budapester Arbeiterrats wurden zu Verhandlungen in das Parlamentsgebäude eingeladen. Doch es kam nicht mehr dazu: Bali und Rácz betraten am späten Nachmittag das Gebäude am Donauufer und wurden gleich am Eingang verhaftet. Das Drehbuch war bereits in der Kaserne von Tököl erprobt worden.

Womit die Regierung fest rechnen konnte, war die allgemeine Ermüdung der Bevölkerung. Die Monate November und Dezember waren vor allem durch eine Ernüchterung und Desillusionierung gekennzeichnet, die sich auf die internationale Resonanz bezog. Die Demonstranten vom 25. Oktober 1956 waren unterwegs vor der US-Botschaft am Szabadságplatz stehengeblieben und hatten den Diplomaten zugerufen: «Warum helft ihr uns nicht?» Journalisten und Botschaftsangehörigen westlicher Staaten wurde diese vorwurfsvolle Frage auch nach der zweiten sowjetischen Intervention häufig gestellt. Kleine Amateursender strahlten in diesen Tagen verzweifelte Hilferufe teilweise auch in westlichen Sprachen aus, die von den Zeitungen der freien Welt als authentische Nachrichten aus Ungarn veröffentlicht wurden.

4. November

Freiheitssender Dunapentele, 13.12 Uhr

Achtung! Achtung! Wir richten einen Appell an die Vereinten Nationen. Heute früh um halb drei traten die sowjetischen Truppen zu einem allgemeinen Angriff gegen das ungarische Volk an. Wir bitten die UNO, sofort Hilfe zu schikken. Wir wenden uns an die Millionen der ehrlichen Welt. Helft uns, helft uns!

13.35 Uhr

Achtung! Achtung! Heute morgen um halb drei traten die sowjetischen Truppen zu einem allgemeinen Angriff gegen das ungarische Volk an. Wir bitten die Vereinten Nationen, sofort Waffenhilfe zu schicken! Setzt Fallschirmtruppen über Westungarn ab!

15.21 Uhr

Achtung! Achtung! Radio Freies Europa, wir bitten um sofortige Hilfe! Falls wir können, werden wir uns wieder melden. Jetzt unterbrechen wir unser Programm.

Freiheitssender Raab, 14.30 Uhr

Wir appellieren an die Nationen des Westens – SOS, SOS! Das Volk verblutet! Helft uns, helft uns, rettet unsere Seelen!

15.00 Uhr

Im Namen der ungarischen Soldaten verkünden wir, daß sie niemals die Waffen niederlegen werden!

Freiheitssender Csokonai, 14.32 Uhr

Achtung! Radio Freies Europa, Achtung! Wir erbitten umgehende Nachricht. Kommt Hilfe aus dem Westen? (...) Wir bitten Radio Freies Europa, uns mitzuteilen, ob vom Westen schon Hilfe abgegangen ist.

5. November 1956

Freiheitssender Róka [Fuchs, G. D.], 18.30 Uhr

Wir bitten alle westlichen Sender, die unsere Botschaft auffangen, sie in Englisch, Deutsch und Französisch weiterzugeben. Wir brauchen Hilfe! Die Menschen in Budapest haben nichts zu essen. Viele sterben aus Mangel an Medikamenten und an militärischer Unterstützung. Wir brauchen Lebensmittel und Waffen!

6. November 1956

Freiheitssender Rákóczi, 16.05 Uhr

Wir brauchen dringend Gewehre, Munition und Lebensmittel. Wir bitten, sie mit Fallschirmen in Dunapentele oder dessen Nachbarschaft abzuwerfen. (...) Handelt umgehend! Handelt ohne Verzögerung! Handelt sofort!

Freiheitssender Róka, 14.00 Uhr
Gestern haben wir das Parlamentsgebäude zurückerobert. Weitere Sowjettruppen lassen wir in die Hauptstadt nicht hinein (...). Wir erbitten dringend Lebensmittel, Medikamente und bewaffnete Hilfe! Hier spricht der Sender Róka.

7. November 1956
Unbekannter Morsesender, 21.04 Uhr
Im achten Bezirk von Budapest (...) gehen die Kämpfe weiter. (...) Wir bitten den Westen – Präsident Eisenhower, dem wir zu seiner Wiederwahl unsere Glückwünsche aussprechen, Mr. Eden, den Generalsekretär der UN, sowie alle führenden Männer der westlichen Welt –, der Sache der Freiheit in unserem Lande zu helfen, nicht nur mit Worten, sondern auch mit Taten und durch aktives Eingreifen, bevor es zu spät ist. Wir bitten, diese Botschaft der Vollversammlung der Vereinten Nationen vorzulegen.

Hört man heute, nach fünfzig Jahren, diese Verzweiflungsausbrüche mit ihrem naiven und befremdlichen Pathos, so muß man sich fragen: Woher rührte diese völlig unvermittelte Beziehung zur Außenwelt, woher die spontane Erwartung, alle freien Länder müßten uns Ungarn, nur weil sie frei waren, unbedingt helfen? Woher kommt diese Mentalität, über den Äther Lebensmittel und Waffen beschaffen zu wollen, SOS-Rufe und Wahlsieggratulationen zu einem Stil zusammenzufügen? Keine Frage, die USA hatten die Befreiung der kleinen sozialistischen Satellitenstaaten seit eh und je versprochen, und der Münchner Sender Freies Europa hatte jahrelang in dieselbe Kerbe geschlagen. Wir Ungarn hingen am Weltempfänger, ließen uns von dem magischen grünen Auge verzaubern und erwarteten von den Radiowellen jenseits aller Störsender nicht einfach nur Nachrichten, sondern Trost, Erlösung und Rettung. Wir wurden betrogen, aber wir haben uns auch selbst betrogen. Wir waren enttäuscht, aber wir erwarten vielleicht auch nichts anderes. Wie sagte der Nationaldichter Petőfi: «Mit wirren Haaren, aus der Stirne blutend/ steht in dem Sturm der Ungar ganz allein.» Das war das Unreife, Halbgare, Romantische unseres damaligen Bewußtseinsstands.

Um so wichtiger erscheint die Tatsache, daß es in diesen Tagen einen Menschen gab, der durch moralische Festigkeit und maßvolles Denken versuchte, der tragischen Situation gerecht zu werden. Es handelte sich um den Publizisten István Bibó, Politiker der linken Bauernpartei (seit Ende Oktober 1956 Petőfi-Partei) und Staatsminister seit dem 3. November.

Bibó ging am 4. November während des sowjetischen Angriffs ins Parlamentsgebäude, wo an diesem Tag ursprünglich eine Kabinettssitzung geplant war. Bald wurde ihm klar, daß die Behauptung aus der Rundfunkansprache «Die Regierung befindet sich an ihrem Platz» eigentlich nur noch auf ihn bezogen werden konnte. Er setzte sich an die Schreibmaschine und formulierte: «*Ich rufe das ungarische Volk auf, die Besatzerarmee und die von ihr eventuell eingesetzte Marionettenregierung nicht als gesetzliche Obrigkeit anzuerkennen und alle Mittel des passiven Widerstandes gegen sie anzuwenden – außer solchen, welche die Versorgung Budapests beeinträchtigen könnten. Ich bin nicht befugt, einen Befehl zum bewaffneten Widerstand auszugeben. (...) Über die militärische Lage bin ich nicht informiert, und es wäre daher unverantwortlich von mir, über das teure Blut der ungarischen Jugend verfügen zu wollen. (...) Jetzt sind die Weltmächte an der Reihe, um die Stärke der Grundsätze der UNO sowie die Kraft der freiheitsliebenden Völker zu demonstrieren. Ich bitte um die weise und mutige Entscheidung der Großmächte und der Vereinten Nationen im Interesse meiner unterjochten Nation (...). Gott schütze Ungarn!*»

Ironischerweise konnten die Sowjetsoldaten nicht feststellen, ob der Mann mit dem professorenhaften Äußeren der Imre-Nagy-Regierung oder der bereits erwarteten neuen Mannschaft um Kádár angehörte, und ließen ihn unbehelligt arbeiten. Am späten Nachmittag verließ der Staatsminister das Parlamentsgebäude, suchte zu Fuß eine nach der anderen die Botschaften der Großmächte auf und überreichte den anwesenden Diplomaten je eine Kopie seiner Erklärung. Mit dieser linkisch, kindisch, naiv wirkenden Geste hat er sich nicht nur harte Gefängnisjahre und ein lebenslanges Pariadasein eingehandelt, sondern sich neben Graf Széchenyi und Graf Batthiányi auch einen Ehrenplatz im Pantheon der großen erfolglosen Staatsmänner der ungarischen Geschichte gesichert.

In den folgenden Tagen arbeitete Bibó an seinem «Kompromißprojekt zur Lösung der ungarischen Frage». Darin sah er eine schrittweise Befriedung der Situation vor, und zwar unter Gewährung von Garantien sowohl für die Sowjetunion als auch für die kommunistische Elite Ungarns. Demgemäß sollte die Wiederherstellung der parlamentarischen Demokratie keineswegs eine Rückkehr zu den vorsozialistischen Zuständen bedeuten, denn *«die Abwehr einer orthodox-kapitalistischen, antikommunistischen und stockkonservativen Restauration liegt nicht nur im Interesse der Sowjetunion und der Kommunisten, sondern auch im Interesse der Jugend, der Arbeiter und Soldaten, die zwar mehrheitlich keine Kommunisten sind, sich jedoch in ihrer überwältigenden Mehrheit zum Sozialismus bekennen. (...) Eine Lösung, welche die sozialistischen Errungenschaften mit der Garantie der institutionalisierten Freiheit verbinden könnte, wäre ein zur Nachahmung ermunterndes Beispiel.»*

Die wichtigsten konkreten Zusicherungen Bibós bezogen sich auf das Tempo des sowjetischen Truppenabzugs und auf die teilweise Zurücknahme der Neutralitätserklärung. Ungarn sollte seine Mitgliedschaft in der politischen, also nicht militärischen Organisation des Warschauer Vertrags behalten. Alle Parteien sollten grundsätzlich gegen die Ausbeutung sein und die Verstaatlichungen der Großindustrie und Großbanken bei entsprechender Entschädigung aufrechterhalten. Bei der Neuorganisierung der Verwaltung sollten die Interessen der «Diplomlosen oder der Besitzer von Schnelldiplomen», also der in führende Positionen katapultierten kommunistischen Kader, berücksichtigt werden. Vielleicht dachte er auch an den wahrscheinlichen Ausbruch des Terrors, als er – mit der allgemeinen mitteleuropäischen Auffassung sicher nicht übereinstimmend – die Abschaffung des Todesurteils forderte.

Das Kompromißprojekt legte Bibó dem Budapester Arbeiterrat vor. Gleichzeitig versuchte er, dieses Projekt sowie spätere Studien über die ungarische Lage ausländischen Diplomaten und Politikern zur Verfügung zu stellen. Der namhafteste unter diesen war ein Vertrauter des indischen Präsidenten Jawaharlal Nehru, der UNO-Botschafter Krischna Menon. Obwohl er alles andere als ein Freund des ungarischen Volksaufstands oder von Imre Nagys Politik war, knüpften die nach dem 4. November aktiv gebliebenen Gruppen bestimmte Hoffnungen an seine Person. So überreichte Bibó ihm seine Kompromißidee mit der Bitte, den Text an den sowjetischen Ministerpräsidenten Bulganin weiterzuleiten. Später wurden Bibós durch Árpád Göncz vermittelte Begegnungen mit Menon inkriminiert.

Als Realpolitik können wir István Bibós Worte und Taten aus dem einfachen Grund nicht bezeichnen, weil niemand in den Wochen und Monaten, die auf den Volksaufstand folgten, bereit war, über seine Vorschläge auch nur zu diskutieren. War es dazu etwa zu spät? Wäre ein solcher Kompromiß für die Sowjets vielleicht in dem Abschnitt der Ereignisse akzeptabel gewesen, als sie für eine politische Lösung optierten? Das ist kaum anzunehmen. Diese Lösung wäre, wenn überhaupt, zwischen dem 23. und 28. Oktober möglich gewesen, als Nichtkommunisten wie Bibó ohnehin noch keine Partner sein konnten. Oder war es für den Vorstoß des Politikers viel zu früh? Wenn man über die Politik des runden Tisches anno 1989 nachdenkt, dann entdeckt man in dieser Art des Verhandelns eindeutig die Spuren von Bibós Vorstellung, daß zwei verhandelnde Seiten sich gegenseitig Garantien anbieten müßten. So versprachen 1989 die führenden Kommunisten in Ungarn und Polen, keine Waffengewalt gegen die Opposition anzuwenden, während diese die Machthaber beruhigte, daß sie keine Politik der Abrechnung in Erwägung zog – möglicherweise eine Spätfolge der blutigen Erfahrungen von 1956. Allerdings waren die Kommunisten der späten achtziger Jahre bereits von der Weltgeschichte mürbe gemacht worden.

Einer der engsten Anhänger Imre Nagys, der in keinem Fall dazu gebracht werden konnte, politisches Asyl in der jugoslawischen Botschaft in Anspruch zu nehmen, war der Journalist Miklós Gimes. Während des Volksaufstandes ging er zusammen mit Miklós Vásárhelyi auf eine gewisse Distanz zu seinem Meister, dem er seine Zugeständnisse gegenüber der Rákosi-Mannschaft übelnahm. Nach dem 4. November hielt Gimes als führendes Mitglied des Revolutionsausschusses Ungarischer Intellektueller und später als Gründer der Gruppe Ungarische Demokratische Unabhängigkeitsbewegung Kontakt zu allen politischen Strömungen – zu den Parteien, den Arbeiterräten, dem Schriftsteller- und Journalistenverband sowie zu den Flüchtlingen in der jugoslawischen Botschaft –, redigierte die Untergrundzeitschrift *Október huszonharmadika* (Der dreiundzwanzigste Oktober) und half dabei, Imre Nagys Schriften ins Ausland zu bringen. Er wurde zur Symbolgestalt der im Grunde hoffnungslosen Rückzugsgefechte, die noch einige Monate lang andauerten. Nachdem es ihm gelungen war, seine Ehefrau Luci und den kleinen Sohn Miklós mit Hilfe seines Freundes Gábor Magos über die Westgrenze zu retten, entschloß sich Gimes, in Ungarn zu bleiben, und dies trotz düsterer Vorzeichen.

Manche sahen in seinem Beharrungsvermögen eine Attitüde der Bußfertigkeit wegen seiner langjährigen, wenig erbaulichen Rolle in der Kulturpolitik und für das Zentralorgan der Partei zu Beginn der fünfziger Jahre. Die Gefährtin von Gimes' letzten schicksalhaften Jahren, Aliz Halda, wendet sich in ihren Erinnerungen gegen diese Annahme. Vielmehr betont sie das mangelnde Bewußtsein von Gimes, sich in einer bedrohlichen und ausweglosen Situation zu befinden. Bis zuletzt soll er an einen Sieg der demokratischen Bewegung geglaubt haben, und selbst für den Fall seiner Verhaftung rechnete er jedenfalls nicht mit einem Todesurteil. In dieser Hinsicht ähnelte er dem Franzosen Danton, der angesichts der drohenden Guillotine in Paris blieb, denn «man kann nicht die Heimat an den Schuhsohlen mit sich nehmen».

Nach Gimes' Verhaftung am 5. Dezember 1956 ging die Opposition der Intellektuellen noch eine Weile weiter. Am 28. Dezember nahm der Schriftstellerverband das von Áron Tamási verfaßte Memorandum *Sorge und Bekenntnis* an, in dem die Autorinnen und Autoren ihre Treue zu den Ideen und Idealen des Oktoberaufstands ver-

Vollversammlung des Schriftstellerverbandes,
28. Dezember 1956

kündeten. Aber sogar diese Bewegung kam an die Grenze ihrer Möglichkeiten. Das monatelange Fehlen eines literarischen Lebens, die Erstarrung der Zeitschriften und Verlage beraubten die vom Schreiben Lebenden ihres Einkommens. Im Januar konnten sich viele Autoren nur noch durch die Vorschüsse des Literaturfonds über Wasser halten.

Die «Hilfe» der Regierung kam in Form eines Gnadenstoßes: Am 18. und 19. Januar wurde die Tätigkeit des Schriftsteller- und des Journalistenverbandes suspendiert. Es folgte eine groß angelegte Verhaftungswelle.

Die ungarische Frage

Das große Aufräumen, die «Ordnungsmache», zeigte erste Resultate. Die Regierung bediente sich des sozialen Hebels: Gleich nach dem Abflauen der Kämpfe begann die Verteilung von Hilfsgütern – vor allem Lebensmittel und Winterbekleidung – an die Wohnausschüsse in den Bezirken. Hunderte von Büroräumen wurden für Geschädigte, deren Wohnungen bei den Kämpfen zerstört worden waren, als Notunterkünfte eingerichtet. Hilfspakete von ausländischen Verwandten durften von den Adressaten zollfrei übernommen werden. Ab Mitte November fing die staatliche Versicherung mit den Auszahlungen für Unfall-, Feuer- und Glasbruchschäden an. Am populärsten war jedoch die Verordnung des Ministerrats über die unentgeltliche Rückgabe aller in der akuten Geldknappheit der letzten Monate verpfändeten Gegenstände bis zum 31. Januar 1957. Dazu gehörten Kleidungsstücke, Schuhe, Besteck, später auch Schmuck. Die ewig langen Schlangen vor der zentralen Pfandleihe im neunten Bezirk, die tagelang nicht kürzer zu werden schienen, bezeugten, wie dringend und wichtig diese Entscheidung gewesen war: Allein in der Hauptstadt waren es fünfhunderttausend Pfandscheine, die wieder eingelöst werden sollten.

Die Menschen waren in einer ähnlichen Stimmung wie unmittelbar nach Kriegsende – ein merkwürdiges Empfinden zwischen Trauer und Lust am Weiterleben. Die Gräber der Gefallenen waren noch frisch, mit Blumen und brennenden Kerzen geschmückt. Zwischen den durchlöcherten Häusern wurden lange Tische aufgestellt: Genehmigter Tauschhandel und der Schwarzmarkt blühten nebeneinander. Lodenmäntel aus dem Lager des zerstörten Warenhauses «Modehalle» und bulgarische Schmuggelzigaretten, Nylonstrümpfe und alte Schallplatten von Bing Crosby oder Enrico Caruso waren im Angebot. In den halbdunklen, verräucherten Espressobars am Großen Ring schlürften die Budapester ihren dünnen «simplen» oder

Brennstoff besorgen, Dezember 1956

«doppelten» Bohnenkaffee. Die ersten Kinos öffneten wieder und spielten sorglose Vorkriegskomödien.

Am Abend saßen die Leute zu Hause an ihren Radios – der sowjetische Stadtkommandant, Generalmajor Grebennik, hatte eine Ausgangssperre ab 19 Uhr verhängt. Allein in der Hauptstadt gab es 530 000 Geräte, mehrheitlich alte Vorkriegsexemplare der Marke Orion. Neben den beiden staatlichen Sendern Kossuth und Petőfi

Verkauf von Brezeln auf einer Budapester Straße,
November 1956

hörte man, sofern dies technisch möglich war, den im Volksmund «Budapest 3» genannten Sender Freies Europa – nicht so sehr wegen seiner Propaganda, sondern wegen eines ganz bestimmten Wunschprogramms. In der Sendung «Grüße mit Musik» meldeten sich die soeben in der freien Welt eingetroffenen Verwandten und Freunde. «László B. aus der Kálmánstraße in Budapest läßt seiner Schwester

Margit, der lieben Mutter und dem Vater sowie der Oma ausrichten, daß er glücklich in Wien angekommen ist.» Für den Fall, daß die Adressaten nicht am Radio saßen, wurde noch ein Satz hinzugefügt, der zum geflügelten Wort wurde: «Wer mithört, soll es weitersagen.» Darauf folgten Schlager von ungarischen Schallplatten.

Unter den Liedern, die als Begleitmusik zu den Botschaften dienten, erfreuten sich zwei einer besonderen Beliebtheit: *Que sera sera* von Doris Day, dessen Refrain in der ungarischen Variante wie eine Reflexion auf die aktuelle Gefühlslage wirkte: *«Es sei so, wie es sein muß/ von der Zukunft ahne ich nichts»*, weshalb der Text bald verboten wurde. Der andere Hit war Freddy Quinns Heimatlied, präsentiert in weichem Timbre von Ilona Hollós: *«Dort wo die Blumen blüh'n/ dort wo die Täler grün/ da war ich einmal zu Hause ...»* Ohnehin konnten die Erwachsenen dieser Generation, Frauen wie Männer, leicht zum Weinen gebracht werden.

In den ersten anderthalb Monaten nach der Niederwerfung des Aufstands waren die Erfolgsaussichten für das illegale Verlassen des Landes sehr groß. Obwohl die Rote Armee die Westgrenze der Volksrepublik bereits vor dem 4. November militärisch abgesperrt hatte, behinderte sie die gewaltige Fluchtbewegung nur sporadisch. Die ersten 70 000 Flüchtlinge, die bis Ende November über die Andauer Brücke nach Österreich gekommen waren, nannte man in Ungarn «Dissidenten» – ein Wort, das später in der westlichen Öffentlichkeit als Synonym für politischen Widerstand gegenüber jeglicher kommunistischer Diktatur verwendet wurde. Jedenfalls bedeutete die ungarische Version als Hauptwort «disszidálás» und als Verb «disszidálni» einzig und allein den unerlaubten Grenzübertritt oder, wie der Volkswitz formulierte, «den friedlichen Übergang vom Sozialismus zum Kapitalismus». Damals gab es in Ungarn kaum Staatsbürger, die diesen mythenumwobenen Ortswechsel nicht wenigstens einmal als abstrakte Möglichkeit erwogen hätten. Die Lastwagen, die Fluchtwillige für 300 bis 500 Forint pro Person in die Grenzregion brachten, waren ständig überfüllt. Auf den Bahnhöfen der nordwestlichen Städte Györ, Sopron und Szombathely warteten Schlepper, die sich recht gut mit den inzwischen entschärften Grenzbefestigungen auskannten.

Dieselben Lieder wie die Leute in der Hauptstadt hörten zur gleichen Zeit die Ungarn in den österreichischen und deutschen Durchgangslagern, wo sie auf ihre vorläufige Anerkennung als Flüchtlinge warteten. Die Akten des Bundesministeriums für Vertriebene gewähren einen Einblick in die Sozialstruktur zumindest der ersten Exilwelle. Demnach waren 57 Prozent der Flüchtlinge ledig, 75 Prozent männlich, ergo 25 Prozent weiblich, 41 Prozent zwischen 19 und 25, 30 Prozent zwischen 26 und 40 Jahren alt. Die meisten von ihnen stammten aus der metallverarbeitenden Industrie (22% Schlosser, 7,9% Schweißer und Dreher, 3,6% Fräser, 3,63% Elektriker), allerdings mit einem hohen Anteil von ungelernten oder in Ausbildung befindlichen Arbeitern. Relativ hoch (5,5%) war der Anteil der Bergleute. Ein beträchtlicher Anteil der weiblichen Emigranten (knapp 10%) bestand aus Hausfrauen.

Wie nicht anders zu erwarten, begannen die Sorgen mit den Ungarnflüchtlingen bereits auf der Ebene der elementaren Kommunikation. Einem Bericht des Staatssekretärs Dr. Nahm vom 26. Februar 1957 entnehmen wir: *«Die Masse der Ungarnflüchtlinge spricht fast kein Wort Deutsch und meist auch keine andere westeuropäische Fremdsprache. (...) Andererseits ist die Kenntnis der ungarischen Sprache in Deutschland nur ganz wenig verbreitet, so daß sich zunächst außerordentliche sprachliche Schwierigkeiten ergeben.»* Manche Arbeiter konnten wegen schwacher Deutschkenntnisse *«nicht an den Arbeitsplätzen eingesetzt werden, auf die sie entsprechend ihren Fähigkeiten und ihrer heimatlichen Vorbildung ein Anrecht hatten.»*

Das Problem der Sprachlosigkeit führte besonders an Lohntagen zu Reibereien, da die ungarischen Kollegen das ausgeklügelte bundesdeutsche Abzugssystem nicht gleich begriffen hatten (etwa die Differenzierung zwischen Ledigen, Verheirateten – mit einem oder mehreren Kindern –, die Pflichtversicherungsbeiträge sowie die Zahlung von Kleidergeld für Berufskleidung). Im Bergbau erstellte man für die Neuankömmlinge eine Sicherheitsfibel und ein Bildwörterbuch, damit sie mit Begriffen wie «Sprachrohr», «Signalhebel», das «Hangende», «wagenlangs» aus der Anschauung umgehen, mit den deutschen «Kumpeln» gemeinsam «buttern» und sie mit «Glückauf» grüßen konnten.

Die Auswertung der Interviews von Sozialarbeitern mit den Flüchtlingen ergaben eine Art Psychogramm: *«Einer Anzahl von ungarischen Flüchtlingen haftet eine gewisse Ruhelosigkeit an, die einmal wohl dem Volkscharakter entsprechen mag, zum anderen zeigt, wie schwer es den meist jugendlichen Flüchtlingen fällt, vom Freiheitskampf in den täglichen Arbeitsrhythmus zurückzufinden. Starkes Heimweh, Vereinsamungsgefühle, die Andersartigkeit des Arbeitsrhythmus, der große Unterschied in der Ernährung und auch die Unfähigkeit bzw. die Unmöglichkeit, die arbeitsfreie Zeit nutzbringend zu verwerten, führen zu Unruhe, Unausgeglichenheit, mitunter auch zum plötzlichen Arbeitsplatzwechsel, Rückkehr in die Lager, usw.»*

Von den mehr als vierzig Ländern, die nach der Niederlage des Volksaufstands ungarische Flüchtlinge aufgenommen hatten, war außer Österreich die Bundesrepublik aufgrund ihrer jahrelangen Praxis mit Vertriebenen und Asylsuchenden am besten auf den Zustrom vorbereitet. Zweifellos wirkten bei der empathischen Reaktion auf Zehntausende heimatlos gewordener Ungarn auch ideologische und politische Erwägungen mit – nach dem spektakulären Scheitern der «Befreiungsdoktrin» der USA brauchte man diese solidarische Haltung zur Bestätigung der eigenen Identität. Manche unter Menschenrechtsaspekten sehr anrüchige Staaten der westlichen Hemisphäre – etwa die Südafrikanische Republik mit ihrem Apartheidsystem oder die dominikanische Diktatur von Rafael Trujillo – erwiesen sich als besonders eifrige Anhänger der ungarischen Freiheitskämpfer. Trotzdem können wir mit Sicherheit sagen, daß die Lage der Ungarn jenseits der politischen Lager und sozialen Verortung damals Millionen Gemüter bewegte.

Die riesengroßen Protestkundgebungen in Europas Metropolen, nicht zuletzt in Westberlin, wo der Redner Willy Brandt die Explosion der Leidenschaften kaum verhindern konnte, zeugten bereits von einem europäischen Selbstverständnis jenseits der Militärblöcke. Und die Hilfsaktionen demonstrierten eine Großzügigkeit ohnegleichen. Das Ergebnis der Spendensammlung des Deutschen Roten Kreuzes für Ungarn – fünfeinhalb Millionen DM bis Mitte November 1956 – war nicht nur in absoluten Zahlen eindrucksvoll, sondern auch im internationalen Vergleich. Zwei groß angelegte Spendenaktionen für die Opfer der Hochwasserkatastrophen in Bayern und Holland im Frühjahr 1955 erbrachten im Ergebnis jeweils 600 000 DM.

Die Vorliebe der ungarischen Flüchtlinge für die Bundesrepublik Deutschland hing – neben der Bewunderung für die Nachkriegsleistungen und das soziale Wohlstandssystem des Landes sowie der Anziehung durch historische und kulturelle Gemeinsamkeiten – mit der simplen Tatsache zusammen, daß viele, die damals ihre Heimat hinter sich ließen, dennoch in deren Nähe bleiben wollten. Sie hofften auf eine Lösung der «ungarischen Frage» durch die UNO, eine zweite Auflage des Oktoberaufstands oder auf irgendein anderes Wunder und damit eine baldige Heimkehr. Leider sollten sich diese Hoffnungen als historisch verfrüht erweisen.

Am 30. November 1956 machten Moskaus Emissäre Malenkow, Suslow und Aristow Meldung über ein Gespräch mit János Kádár und Ferenc Münnich. Sie hatten ihnen vorgeschlagen, einige Teilnehmer des Aufstands wegen ihrer Schuld an «bestialischen Vergehen zur Zeit des Tobens der Reaktion» vor Gericht zu stellen, und waren offensichtlich damit nicht auf taube Ohren gestoßen: *«Beide sind voll damit einverstanden, daß man dieses Gericht gleich organisieren muß.»* Allerdings verfügte die «Revolutionäre Arbeiter- und Bauernregierung» zu dieser Zeit über keinerlei funktionsfähiges Rechtssystem. Was die Moskauer Genossen vorab zu kennen glaubten, waren die Namen der Hauptangeklagten: Es ging um den kurz zuvor verhafteten József Dudás, *«einen der Organisatoren des Aufstands, Führer der aufständischen Gruppen in Buda»*, sowie um János Szabó, *«Führer der bewaffneten Gruppen am Szénaplatz»*. Als Dritten im Bunde wählten sie Oberst László Zólomy, *«ehemaliger Offizier der Horthy-Armee, stellvertretender Komman-*

deur der aufständischen Streitkräfte der Stadt Budapest». Für diese drei sollte ein Militärtribunal installiert werden, *«das berechtigt sein sollte, schnell zu entscheiden, und das für die begangenen Delikte zu einem Höchstmaß an Strafe verurteilen kann: Zivilpersonen an den Galgen, militärische zur Erschießung»*.

Zu dieser Zeit hielten Serows Leute 7200 Personen fest. Nach welchen Kriterien sie gerade diese drei ausgewählt hatten, um ihnen die Schlinge um den Hals zu legen bzw. eine Kugel in den Kopf zu jagen, ergibt sich nicht aus dem Dokument. Offensichtlich ging es in dem Fall ausschließlich darum, einen Prozeß mit tödlichem Ausgang zu inszenieren. In der Tat organisierte man ein Schnellverfahren ohne Möglichkeit, Rechtsmittel einzulegen: Dudás und Szabó wurden bereits am 14. Januar gehenkt, während Zólomy, dem kein relevanter Kontakt zu den Hauptangeklagten nachgewiesen werden konnte, aus dem laufenden Verfahren herausgenommen und nach zwei Jahren Untersuchungshaft in einem ganz anderen Prozeß zu zehn Jahren Gefängnis verurteilt wurde.

Am späten Abend des 31. November suchte Kádár seine mächtigen Protegés in ihrem Quartier in Leányfalu an der Donau auf, um mit ihnen die Themen des bevorstehenden ZK-Plenums zu besprechen. Laut Bericht von diesem informellen Treffen hinterließ der ungarische Parteiführer einen positiven Eindruck bei den Sowjets. Offensichtlich stand die erste größere Sitzung des Parteivorstands gänzlich im Zeichen ihrer Abmachungen. Kádárs Referat bedeutete eine Rückkehr zum Standpunkt vor dem 28. Oktober, als die damalige Partei der Ungarischen Werktätigen die Ereignisse als Konterrevolution charakterisierte. Wie bereits in den späten Oktobertagen, so drehte sich die Debatte auch jetzt um die Frage der begrifflichen Einordnung, allerdings mit umgekehrtem Vorzeichen.

Damals hatten sich die hohen Funktionäre gesträubt, die Massenbewegung als Revolution anzuerkennen, denn dies hätte bedeutet, daß alle, die mit Waffen gegen die Demonstranten und Aufständischen angingen – inklusive der zu Hilfe gerufenen Sowjetsoldaten –

die Konterrevolution schlechthin gewesen wären. Nun sprach man laut Plenarbeschluß von einer Konterrevolution, beginnend mit dem 23. Oktober, und schuf damit die Gründungsdoktrin des Systems, die bis Ende Januar 1989 gültig war. Um einen gewissen Spielraum zu bewahren, legte das Dokument die sogenannten «vier Ursachen des Aufstandes» fest: 1. die «dogmatisch-sektiererische Politik der Clique Rákosi-Gerő», 2. «die parteifeindliche Gruppe Nagy-Losonczy, die sich mit den reaktionären Kräften verbündet hat», 3. die innere Konterrevolution der Kräfte des «Horthy-Faschismus», der Bourgeoisie und der Großgrundbesitzer sowie 4. die Einmischung des internationalen Imperialismus.

Scheinbar achtete man bei dieser Formulierung auf die Gewichtung zwischen den «Sektierern» um Rákosi und den «Revisionisten» um Nagy. Da jedoch die Phase zwischen 1945 und 1956 trotz aller anerkannten «Fehler und Verbrechen» als «Diktatur des Proletariats» gerühmt wurde, wandte sich die Schärfe des Beschlusses eindeutig gegen die Reformfraktion in der Partei. So schien es nur recht und billig, die Masse der an den Oktoberereignissen beteiligten Studenten, Kulturschaffenden und Arbeiter nun als «irregeleitete Werktätige» zu akzeptieren. Diese Klassifizierung bedeutete die Zurücknahme der früher betonten «berechtigten Unzufriedenheit» derselben. Und auch Ausdrücke wie «der ruhmreiche Aufstand unseres Volkes» (Originalton Kádár, 1. November 1956) gehörten der Vergangenheit an.

Die Männer der sowjetischen Parteispitze verfolgten mit der neuen Sprachregelung ein konkretes Ziel: *«Wir haben dem Genossen Kádár gesagt»*, meldete das Triumvirat, *«daß die USAP, indem sie den Aufstand als konterrevolutionär einstuft, freie Hand bekommt für den weiteren Kampf der Partei zur Liquidierung aller Überbleibsel der Konterrevolution.»* Wenn man die geplanten Hinrichtungen in diesem Kontext sieht, ergaben sich zwei Konsequenzen: Einerseits mußte man, um ungehindert henken und erschießen zu können, an der ideologischen These der Konterrevolution festhalten; andererseits ebnete die Neubewertung des Aufstands weit über die Gesichtspunkte der Machterhaltung hinaus den direkten Weg zum Terror.

Die «freie Hand» bekam man schnell. Der Minister für Bewaffnete Kräfte, der Jurist Dr. Ferenc Münnich, sprach am 15. Februar 1957 im Budapester «Neuen Rathaus» vor dem disziplinierten Publikum der Konferenz Ungarischer Gerichtshöfe. Als erstes belehrte er die hohe Körperschaft in puncto Revolution und Konterrevolution:

«Wie Sie ja wissen, wurde der Begriff Revolution von den Gründern des Sozialismus, Marx und Engels, neu geprägt. Nach ihrer Definition ist eine Revolution der massenhafte Kampf der unterdrückten Klasse gegen die Unterdrücker und Ausbeuter. (...) Waren diejenigen, die sich an dem Aufstand beteiligten, Mitglieder einer unterdrückten Klasse? Kämpften sie gegen ein sie unterdrückendes gesellschaftliches System? Ich glaube das nicht, da unsere Volksdemokratie immer ein Staat der Arbeiterklasse und der werktätigen Bevölkerung war. (...) Die Merkmale einer Revolution sind hier also nicht zu finden.»

Nach dieser Rabulistik reinsten Wassers tadelte er die Zunft der Kadis: *«Einige Richter und Gerichte waren sehr zögerlich bei der Aufnahme ihrer Arbeit. Sie waren offenbar von dem Prinzip der Unabhängigkeit der Richter beeinflußt, das sich aus der Tradition des Rechtsberufes entwickelt hat, aber von vielen Personen falsch ausgelegt wurde. (...) Wir erkennen das Recht der freien Urteilsfindung an, stellen jedoch eine Forderung, und zwar daß die Richter genügend Mut haben, die volle Härte des Gesetzes gegen den Feind anzuwenden. (...) Unser Ziel ist nicht, wie die lateinische Redensart sagt, ‹fiat justitia et pereat mundus›* [Das Recht geschehe, mag auch die Welt untergehen]. *Wir sagen: ‹Lang lebe Ungarn, ein Ungarn, das den Sozialismus aufbaut.› Eine große Rolle spielen hierbei die Richter der Volksdemokratie, die Richter der proletarischen Diktatur.»*

Formal handelte es sich also um eine «proletarische Klassenjustiz», bei der allerdings mehr als 50 Prozent der Verurteilten garantiert aus den Reihen der Arbeiter und Bauern stammte. Da jedoch der Schock der Entlarvungen des 20. Parteitags der KPdSU noch nicht weit zurücklag, wollte man keine zweite Auflage der Moskauer Schauprozesse oder der entsprechenden ungarischen Inszenierungen darbieten. Deshalb schärfte Münnich den Hütern der Gerechtigkeit ein: *«Unsere Urteile sollen nicht auf Geständnissen von Verdächtigen oder An-*

geklagten beruhen, sondern auf Beweismitteln, die in Übereinstimmung mit dem Gesetz erbracht wurden.»

Man wollte also mit dem Diktum Andrei Wischinskis brechen, des sowjetischen Chefanklägers der großen Schauprozesse, daß die ehrliche Aussage des Angeklagten als Schuldbeweis völlig ausreicht – unabhängig davon, mit welchen Mitteln das Schuldbekenntnis erreicht wurde. Untersuchungsrichter, Ankläger, Zeugen und Experten mußten nun überzeugend wirken, Protokolle gewissenhaft geführt, alle Äußerlichkeiten der Prozeßordnung peinlich genau eingehalten werden.

Tatsächlich wurden die Anklagen in den Tausenden von Gerichtsverfahren nach dem Volksaufstand weder durch unter Folter erpreßte Geständnisse untermauert, noch waren sie völlig an den Haaren herbeigezogen. Auch wurden die Angeklagten nicht bezichtigt, nach mysteriösen Geheimtreffen mit Vertretern imperialistischer Mächte als Agenten derselben gearbeitet beziehungsweise dunkle Mordpläne gegen die Führer der Partei und des Staates ausgeheckt zu haben. Die Ereignisse, die während des Verhörs und der Verhandlungen zur Sprache kamen, hatten sich fast alle vor den Augen der ganzen Nation abgespielt. Es machte wenig Sinn, Einzelheiten zu erdichten – wichtiger war es, diese auf höchster Ebene in die Gesamtkonzeption einzufügen.

Anders als Rákosi und seine Mannschaft hüteten sich Kádár, Münnich und andere Führer der Partei davor, ihre Opfer in einem riesengroßen Kulturhaus vor dem Publikum und den Medien zur Schau zu stellen. Vielmehr publizierten sie kurze Nachrichten über einzelne Urteile oder veröffentlichten billige Propagandahefte mit tendenziös montierten Auszügen aus den Prozeßakten. Später versuchte man die Jahre des Terrors weitgehend aus dem Gedächtnis der Gesellschaft zu verdrängen.

Es wäre jedoch ein Irrtum gewesen, in der peniblen Formbeflissenheit der politischen Strafverfahren der frühen Ära Kádár eine Tendenz zur Rechtsstaatlichkeit zu suchen. Die Angeklagten konnten ihre Anwälte nur aus einer Liste von Advokaten auswählen, meistens Parteimitglieder, die «Staatsfeinde» verteidigen durften. In der entscheidenden Phase des Ermittlungsverfahrens, und diese konnte länger als ein Jahr dauern, waren sie hermetisch von der Außenwelt abgeriegelt. Zeitungen, Radio oder andere Publikationsquellen waren im ungarischen Strafvollzug so gut wie unbekannt – selbst Romane oder Lyrikbände galten als «Begünstigung», die von der «guten Haltung» des Gefangenen abhing, was immer man darunter verstand. Die eintönigen, stundenlangen Verhöre mit der endlosen Wiederholung immer derselben Fragen waren zermürbend, dazu kam die Angst um das eigene Leben und die Sorge um Familienangehörige, von denen die Angeklagten keine Nachricht hatten. Die Taktik des Umgangs mit den Gefangenen kann in ihrer Gesamtheit durchaus als psychische Folter bezeichnet werden.

Zwischen November 1956 und 1961 wurden, trotz der versprochenen Straffreiheit, 35 000 Gerichtsverfahren eingeleitet. Daß am Ende tatsächlich «nur» 20 000 Menschen ins Gefängnis kamen, hing mit der Überlastung der ungarischen Strafvollzugsanstalten zusammen. Aus demselben Grund wurden Internierungslager für ungefähr 13 000 Personen errichtet, die dort ohne Urteil festgehalten wurden. Am furchtbarsten, weil unumkehrbar, waren jedoch die 250 bis 300 Hinrichtungen, die einen sozialen Querschnitt der ungarischen Gesellschaft abbildeten – vom ehemaligen Ministerpräsidenten bis zum kaum volljährigen Lehrling.

Nicht eingeschlossen in diese Zählung der Opfer sind die Familienangehörigen, vor allem die Kinder der Betroffenen, die in diesen Jahren, wie der Titel einer unlängst veröffentlichten Interviewsammlung es nannte, «mit einem Geheimnis in der Seele lebten». Zu den Opfern müssen auch diejenigen gezählt werden, die niemals angeklagt wurden, aber jahrelang zu demütigenden Verhören zitiert und unter Polizeiaufsicht gestellt wurden, die in ihrem Berufs- und Privatleben Behinderungen erlebten oder wegen ihrer Beteiligung am Aufstand jahrzehntelang unter Reiseverbot standen. Hier soll auch festgehalten werden, daß die meisten «Sechsundfünfziger» nach ihrer Entlassung aus dem Knast weiter bestraft wurden: Die langjährige

Haftzeit wurde zwanzig Jahre später bei der Rentenberechnung ignoriert. Das deutlichste Symbol dieses ungelösten Konflikts der ungarischen Gesellschaft war die Tatsache, daß die Hingerichteten bis zum Frühjahr 1989 in anonymen Massengräbern verscharrt blieben. Offensichtlich bereiteten sie dem Regime, das mit der Zeit immer mehr seinen blutigen Schatten loswerden wollte, mehr Kopfzerbrechen als die Lebenden.

Die Internierungslager Tököl und Kistarcsa in der Nähe von Budapest füllten sich schnell, vor allem aus den Kreisen, die man bezichtigte, eine Wiederbelebung des Aufstands forciert zu haben. Zwar existierte die Bewegung «MUK» (Márciusban újra kezdjük, zu deutsch: Im März fangen wir wieder an) eher als Gerücht, doch am Vorabend des Jubiläums der Märzrevolution 1848 reichte eine Denunziation, damit der Verdächtige innerhalb von zwölf Stunden interniert wurde. Besonders schwer betroffen von dieser Ordnungsstrafe waren die schlecht bezahlten Pädagogen, im ungarischen Volksmund «Tagelöhner der Nation», denen eine oppositionelle Haltung nachgesagt wurde.

Unser umschwärmter Klassenlehrer A., ein junger Mann mit funkelnden schwarzen Augen, hielt Anfang März 1957 im Rahmen seiner Geschichtsstunde einen Vortrag über den Freiheitskampf des Fürsten Ferenc Rákóczi gegen die Habsburger. Er sprach in der Gegenwartsform: *«Von Freiheitskampf reden wir, wenn ein Volk gegen ausländische Unterdrücker und deren Vertreter im Lande aufbegehrt – wie jetzt, 1703. Die Ungarn wurden bei ihren Freiheitskämpfen vom Westen nie unterstützt – auch jetzt, 1703, nicht. Die Ungarn konnten ausschließlich auf die Polen hoffen – wie auch jetzt, 1703.»* Am nächsten Tag kam er nicht mehr in die Schule. Die Klasse summte wie ein Bienenkorb. Eine Delegation von fünf Schülern, unter denen ich war, stattete A.s Vater einen Besuch ab. Er teilte uns mit, A. sei für ein halbes Jahr in Tököl interniert, und er könne ihn im Mai besuchen.

So kam es, daß ich an einem warmen Sonntagvormittag den Vater in das Lager begleitete, um A. zu besuchen. Meine Großmutter hatte gesagt: «Geh ruhig mit hin, mein Junge, dein Lehrer ist ein guter

Mensch. Und du bist ein Kind, dir kann nichts passieren.» Auf einer offenen Wiese standen hinter einem endlosen Stacheldrahtzaun Hunderte von Männern, nach jedem fünften ein Wachmann mit Gewehr. A. war von meinem Besuch offensichtlich angenehm überrascht und zeigte nach links und rechts, um mich auf prominente Leute aufmerksam zu machen – so zum Beispiel auf den berühmten Schauspieler Miklós Szakács, der ihnen nach dem Erlöschen des Lichts in der Baracke schon ganze Szenen aus Rostands *Cyrano de Bergerac* vorgespielt hatte. Von seinen Kollegen in der Schule ließ er nur einem Grüße ausrichten: dem von mir gefürchteten Geographielehrer, Herrn Pirovszky.

Am Tag darauf richtete ich dem alten Pädagogen A.s Grüße aus. Er schaute mich schräg an und wollte mir zunächst kaum Glauben schenken. «Hast du ihn tatsächlich besucht?» wunderte er sich und schüttelte den Kopf. «Du bist tatsächlich dort gewesen? Direkt im Lager?» Mit dunkler Stimme fügte er hinzu, sichtlich bewegt: «Du bist ein braver ungarischer Junge.» Seitdem hatte ich keine Probleme mit der Geographie.

Obwohl die Ächtung durch die internationale Gemeinschaft hauptsächlich der Sowjetunion galt, verfügte diese als Großmacht über bessere Manövrierfähigkeiten als der kleine Satellitenstaat. Moskau startete weiterhin Friedensinitiativen, warb für sich durch das Internationale Jugendfestival, schickte den ersten Sputnik ins Weltall und setzte sogar seine lächelnde Gipfeldiplomatie fort. Chruschtschows Amerikareise im Herbst 1959 war ein Propagandaerfolg für den Bezwinger des ungarischen Volksaufstands.

Kurz nach der Wiederwahl von Präsident Eisenhower kam es zu einem Telegrammwechsel zwischen ihm und dem sowjetischen Ministerpräsidenten Bulganin. Eisenhowers Depesche vom 4. November war unter dem frischen Eindruck der sowjetischen Intervention entstanden:

«Die Deklaration der Sowjetischen Regierung vom 30. Oktober 1956, welche die Politik der Nichteinmischung in die inneren Angelegenheiten anderer

Der russische Spitzenpolitiker Anastas Mikojan mit dem US-Außenminister John Foster Dulles, Washington 1959

Länder angekündigt hatte, war überall als Versprechen des baldigen Abzugs der sowjetischen Truppen aus Ungarn verstanden worden. (…) Diese Erklärung haben die Regierung der Vereinigten Staaten und ich persönlich als Akt hoher staatsmännischer Weisheit eingeschätzt. (…) Deshalb waren wir außergewöhnlich erschüttert über die Veränderung dieser Politik. Besonders erschütternd war für uns die Tatsache, daß diese neue Gewaltanwendung gegen Regierung und Volk Ungarns zu einer Zeit erfolgte, zu der zwischen Ihren Vertretern und den Vertretern der ungarischen Regierung Verhandlungen über den Rückzug der sowjetischen Truppen im Gange waren. Im Namen der Menschlichkeit und des Friedens bitte ich ausdrücklich darum, daß die Sowjetunion Maßnamen zum unverzüglichen Abzug der sowjetischen Truppen aus Ungarn ergreift und dem ungarischen Volk erlaubt, die Menschenrechte und Grundfreiheiten zu genießen, welche im Statut der Organisation der Vereinigten Nationen für alle Völker festgelegt sind. Ich hoffe, daß Ihr Vertreter heute auf der Vollversammlung der UNO imstande sein wird zu erklären, daß die Sowjetunion bereit ist, ihre Truppen aus diesem Land abzuziehen.»

Bulganins Antwort vom 7. November reflektierte bereits einen späteren Stand der Dinge. Er verwies auf die Regierungserklärung von János Kádár und erklärte, daß die von Eisenhower erwähnte «*Frage hinsichtlich des Abzugs sowjetischer Truppen aus Ungarn gänzlich in die Zuständigkeit der ungarischen und der sowjetischen Regierung gehört*». Gleichzeitig versicherte er dem Präsidenten, daß die Prinzipien der Deklaration vom 30. Oktober 1956 (mit dem Versprechen gleichrangiger Beziehungen aller sozialistischen Staaten und Möglichkeiten des Truppenabzugs) nach wie vor in Kraft blieben.

Das einzig Bemerkenswerte an diesem rein formalen Telegrammwechsel war die Tatsache, daß die *Prawda* – und ihr folgend sämtliche 26 überregionalen sowie 123 regionalen Tageszeitungen der UdSSR – keine Angst hatten, Eisenhowers Volltext in insgesamt zehn Millionen Exemplaren zu veröffentlichen. Dies erklärt sich aus dem einfachen Grund, daß «die ungarische Frage» als Teilaspekt der Beziehungen der beiden Großmächte mit diesem Palaver erledigt war.

Noch weniger als die USA war Westeuropa an einer Verschärfung der Beziehungen zur UdSSR wegen Ungarn interessiert. Die Bundesrepublik Deutschland mußte bei allem Protest gegen die sowjetische Einmischung hinnehmen, daß die Position der UdSSR «*in Europa – trotz erhöhter moralischer Erschütterung – machtpolitisch voraussichtlich gefestigt wird und hiervon die Möglichkeit einer Bereinigung der deutschen Ostfrage in stärkstem Maße betroffen wird*». So lesen wir in einem Bericht der deutschen UNO-Delegation vom 9. November 1956 an das Auswärtige Amt. In der Tat vollzog sich in den darauffolgenden Jahren die Entfremdung der beiden deutschen Staaten. Die Einheitsträume gingen zu Ende, und durch die Mauer verschwand im August 1961 die einzige offene Grenze zwischen den beiden Militärblöcken. «Die deutsche Ostfrage» konnte erst 33 Jahre später «bereinigt» werden.

Auch das kleine Belgien erhob seine Stimme gegen das Vorgehen der Sowjets, das Parlament ließ sogar das soeben unterzeichnete Kulturabkommen suspendieren, und die Opposition verlangte von Außenminister Spaak, der, während die Panzer auf Budapests Straßen rollten, die Gastfreundschaft Nikita Chruschtschows genossen hatte, Rede und Antwort. Die Studenten der vier Brüsseler Universitäten gingen am 6. November auf die Straße und wollten die sowjetische Botschaft stürmen – die Auseinandersetzung mit der Polizei forderte achtzig Verletzte auf seiten der Demonstranten.

«Der Empfang zum Jahrestag der Oktoberrevolution», meldete die bundesdeutsche diplomatische Vertretung aus der belgischen Hauptstadt, *«zu dem mehrere hundert Personen eingeladen worden waren, wurde weitgehend boykottiert. Als Vertreter der Regierung nahmen lediglich der Protokollchef und der Abteilungsleiter im Außenhandelsministerium, Vicomte de Thieusis, teil. Vom Diplomatischen Corps waren nur die Vertreter der Satellitenstaaten, Ägyptens, Jugoslawiens, Syriens, des Irans und Finnlands vertreten. Unter den wenigen belgischen Gästen befanden sich der Generalkommissar für die Weltausstellung, Baron Moens de Fernig (...), sowie Vertreter der belgischen kommunistischen Partei.»*

Die Weltausstellung 1958, die erste Großveranstaltung dieser Art seit 1939, war auf Initiative von Spaak, seines Zeichens Bürgermeister von Brüssel, elf Jahre lang geplant worden. Sie gehörte zu den großen Traditionen europäischer Provenienz, die wie die Olympischen Spiele oder die Fußballweltmeisterschaft für das jeweilige Gastland mit enormen Investitionen und großem Prestigezuwachs verbunden waren. Nach Stalins Tod und dem sowjetischen «Tauwetter» konnte die Einbeziehung der UdSSR in dieses Programm neue Perspektiven im Welthandel eröffnen, was auch den Zielsetzungen des von Moskau propagierten «friedlichen Wettbewerbs der beiden Systeme» entsprach. Außerdem war das Schwerpunktthema der geplanten Exposition, «die friedliche Nutzung der Atomenergie», angesichts der weltweiten nuklearen Bedrohung mehr als aktuell. Eine erfolgreiche Weltausstellung mitten in Europa sollte beweisen, daß der kalte Krieg auch in einen kalten Frieden verwandelt werden konnte. Und nun schickte sich die ungarische Tragödie an, diese soeben aufkeimende Hoffnung zunichte zu machen.

Der Faktor Zeit, besser gesagt der Faktor des Vergessens, wirkte bei den ungarischen Ereignissen von Anfang an mit. Sofort nachdem die UNO einen Sonderausschuß ins Leben gerufen hatte, der einen gründlichen Bericht über den Oktoberaufstand vorlegen sollte, zeigten sich bereits die ersten Anzeichen des westlichen Desinteresses. Botschafter Broich meldete am 31. Januar 1957 aus New York nach Bonn: *«Der Sonderausschuß für die ungarische Frage hat am 28. und 29. Januar Frau Anna Kéthly, den ehemaligen Bürgermeister von Budapest, József Kővágó, und den ehemaligen stellv. Oberbefehlshaber der ungarischen Nationalgarde, Generalmajor Béla Király, angehört. Obwohl der Ausschuß diesmal in öffentlicher Sitzung tagte, hat dieses Auftreten der drei Exilungarn in den Vereinten Nationen leider nicht das Interesse gefunden und die Publizität erhalten, die man ihm gewünscht hätte. Unglücklicherweise fand zur Zeit der Vernehmung von Frau Kéthly eine wichtige Debatte der Vollversammlung in der ägyptischen Frage statt. Die zweite Sitzung des Sonderausschusses (...) schloß sich unmittelbar an den Besuch König Sauds in den VN an. Hinzu kam, daß die Exilungarn (...) kaum etwas Neues mitzuteilen vermochten, da die New Yorker Presse bereits über alle wesentlichen Aspekte der Entwicklung in Ungarn ausführlich berichtet hatte.»*

Es liegt uns jede Absicht fern, die Bemühungen der westlichen Öffentlichkeit zugunsten Ungarns anzweifeln zu wollen – es gibt ja auch keinen Grund dazu. Schließlich waren es die berühmtesten Köpfe der europäischen Intelligenz – Albert Camus, Roger Martin du Gard, Jean-Paul Sartre, Arthur Koestler, Salvador de Madariaga und viele andere –, die das Thema Volksaufstand 1956 weder im ideologischen Säbelgerassel noch in pragmatischer Gleichgültigkeit untergehen ließen. Bewundernswert war die moralische Leistung des dänischen Diplomaten Poul Bang Jensen, der die Herausgabe der Zeugenliste des Ungarnausschusses sogar dem Generalsekretär der UNO verweigerte, um die Namen vor den Argusaugen des sowjetischen Geheimdienstes zu hüten – eine Kühnheit, mit der womöglich sein rätselhafter Tod im November 1959 zusammenhing.

Von bleibendem Wert war die Tätigkeit der Internationalen Juristenkommission in Den Haag, welche die Rechtsverletzungen der ungarischen Behörden im Laufe der Vergeltung akribisch verfolgte und unter anderem die Legitimation der sowjetischen Einmischung anhand offizieller Dokumente in Frage stellte. So konfrontierte sie Moskaus Entsandte auf internationalen Foren immer wieder mit der berühmten «Definition einer Aggression», welche die Regierung der UdSSR der UNO am 25. August 1953 unterbreitet hatte. Einige Passagen klangen wie direkt auf den 4. November 1956 gemünzt. Denn, so hieß es, bei einer militärischen Einmischung *«können nicht als Rechtfertigung gelten: die innere Lage eines Staates, wie z.B. Rückständigkeit eines Volkes in politischer, wirtschaftlicher oder kultureller Hinsicht; Mängel, die ihren Grund angeblich in der Verwaltung haben; Gefahren, die dem Leben und Eigentum von Ausländern drohen können; revolutionäre oder gegenrevolutionäre Bewegungen, Bürgerkrieg, Unruhen oder Streiks; Errichtung oder Aufrechterhaltung einer bestimmten politischen, wirtschaftlichen oder sozialen Ordnung in einem Staat.»*

Die Aufmerksamkeit für Ungarn ließ nach einem kurzen Aufflammen der Empörung über die Todesurteile gegen Imre Nagy und seine Schicksalsgefährten im Juni 1958 allmählich nach. Neue Schlagzeilen machten die Nahostkrise, die kubanische Revolution, die Niederwerfung des Aufstands in Tibet und das Exil des Dalai Lama, der Grenzkonflikt zwischen China und Indien, der Kolonialkrieg im Kongo, der Befreiungskrieg auf Zypern. Dazu kam die jeweilige Innenpolitik: de Gaulles neuer Aufstieg in Frankreich, die Streikbewegung in Belgien, die politischen Sexskandale um Vilma Montesi in Italien und Rosemarie Nittribit in Deutschland. Das Interesse für Ungarn verlor zunehmend an Intensität. In seinem Essayband *Einzelheiten* (1962) kritisierte der junge Hans Magnus Enzensberger unter anderem am Beispiel der Berichterstattung über die Hinrichtung Imre Nagys die Oberflächlichkeit der Medienrezeption.

Die Kenntnisse der westeuropäischen und noch mehr der amerikanischen Öffentlichkeit über Ungarn waren spärlich und klischeehaft. Am besten informiert waren noch die Bürger der Nachbarstaaten

Österreich und Deutschland. Die Verbindung zu Ungarn hatte hier mehr Tradition als anderswo und erlebte fast parallel einen neuen Höhepunkt auf der Leinwand: mit dem österreichischen Film *Sissi. Die Jugend einer Kaiserin* mit Romy Schneider in der Hauptrolle (1956) und dem deutschen Streifen *Ich denke oft an Piroschka* (1955, mit Liselotte Pulver) – beides Konstruktionen einer «heilen» und dazu verklärten Welt. Bis auf die Erinnerungen der Kriegsgeneration waren im Augenblick des Volksaufstands fast keine politisch relevanten Informationen über die ungarische Zeitgeschichte in Umlauf. Die dem unbekannten Freiheitskämpfer gewidmete Nummer des *Time Magazine* nannte unter den wichtigsten Repräsentanten des Magyarentums die Musiker Franz Liszt, Béla Bartók, Zoltán Kodály, Jenö Ormandy und Joseph Szigeti, die Theater- und Filmberühmtheiten Alexander Korda, Zsazsa Gábor und Leslie Howard («richtiger Name: Árpád Steiner»), unter den Wissenschaftlern den Nobelpreisträger Albert Szent-Györgyi («Entdecker des Vitamin C»), den Mathematiker János Neumann sowie «den Pionier der Wasserstoffbombe» Edward Teller. Auf der Liste gab es keinen einzigen Politiker. Nach der Niederwerfung der Revolution 1848 zum Beispiel war deren Führer Lajos Kossuth in England, Italien und den USA eine der bekanntesten Persönlichkeiten der Zeitgeschichte gewesen.

Bis 1962 war die «ungarische Frage» in jedem Herbst auf der Tagesordnung der UNO-Vollversammlung. Die Propagandisten der USAP starteten eine nicht besonders erfolgreiche Kampagne, um dies zu verhindern. Am 5. September 1957 brachten sie praktisch die ganze literarische Elite des Landes dazu, eine Protesterklärung gegen die Behandlung der «inneren Angelegenheiten Ungarns» durch die Weltorganisation zu unterzeichnen. Die ungarischen Schriftstellerinnen und Schriftsteller machten sich zur Verdammung ihrer eigenen Revolution eine alles andere als belletristische Sprache zu eigen: *«Die unbefugte und feindselige imperialistische Einmischung hatte einen nicht geringen Anteil daran, daß der ganze Bodensatz des Faschismus aufgewirbelt wurde und für einige Bürger Zustände schuf, die an den weißen Terror des*

Jahres 1920 erinnerten. (...) Das Auftreten der Revolutionären Arbeiter- und Bauernregierung und der Hilferuf an die sowjetischen Truppen wendeten die Gefahr einer blutigen Konterrevolution von unserem Land ab.» Der Autor István Eörsi, der damals seine Strafe im Gefängnis Márianosztra abbüßte, bemerkte später mit trauriger Ironie: «Ein Urteil zu fällen habe ich kein Recht, denn ich saß ja noch.»

Selbstverständlich wußten auch die Machthaber an der Donau, daß der Konflikt zwischen Gesellschaft und Staat mit der gewaltsamen Unterdrückung der Volksbewegung bei weitem nicht aus der Welt geschafft war. Sie tasteten sich vorsichtig voran und suchten unnötige Reibereien mit der Bevölkerung zu vermeiden. Manchmal verbanden sie wichtige Veränderungen mit den aktuellen und praktischen Forderungen der «Ordnungsmache». Das Verbot von größeren Menschenansammlungen war beispielsweise nicht umsetzbar, solange die größte potentielle Zusammenrottung jedes sozialistischen Systems – die Schlangen vor den Lebensmittelläden – nicht aufgelöst werden konnte. Die Warteschlangen wurden von Monat zu Monat kürzer, und auch das Sortiment veränderte sich zum Besseren.

Eine Veränderung zum Besseren vollzog sich auch in der Kultur. Im Sommer 1957, zur Zeit der großen Internierungswelle, besuchte Josephine Baker ihre ungarischen Fans. Ein Jahr später, in den Tagen nach der Hinrichtung der führenden «Sechsundfünfziger», feierte das Publikum den Sänger Yves Montand unmittelbar nach dessen triumphalem Gastspiel in der Sowjetunion. Vielleicht zur Rechtfertigung dieser damals umstrittenen Besuche erzählte die Schauspielerin Simone Signoret, Montands Ehefrau, sie hätten in Moskau die ungarische Tragödie durchaus im Gespräch mit dem Parteichef Chruschtschow thematisiert. Jedenfalls erfolgte der Bruch Montands mit der französischen KP erst 1968, nach dem Einmarsch der Staaten des Warschauer Vertrags in die Tschechoslowakei. Und während Tibor Déry in seiner Zelle an dem Roman *Herr G. A. in X.* arbeitete, von dem er kaum annehmen konnte, ihn zu Lebzeiten gedruckt zu sehen, erschien die ungarische Ausgabe von Françoise Sagans *Bonjour tristesse* in einer Massenauflage. 1957 spielten die Kinos 35 westliche Filme, und 1958 waren es bereits 41 (27 davon waren in Frankreich bzw. Italien gedreht worden). Die rebellische Jugend versuchte man zu beschwichtigen, indem die Tanzschulen neben dem traditionellen Czárdas und dem Tango auch den früher verdammten Boogie-Woogie und den Cha-Cha-Cha in ihr Programm aufnahmen. Nur mit dem Rock 'n' Roll sollte es noch eine Weile Probleme geben.

Dies war bereits ein bewußter Konsolidierungskurs, dessen Erfolg die Bevölkerung beruhigen sollte, die immer noch eine Wiederkehr der Ära Rákosi befürchtete. Außerdem ging es darum, die Moskauer Funktionäre davon zu überzeugen, daß ihr Kandidat Kádár eine solche Restauration überflüssig machte. Der «Stoßtrupp der Arbeiterklasse» hatte Ende 1957 eine Mitgliederzahl von 400 000, und der im März 1957 neu gegründete Kommunistische Jugendverband (KISZ) steuerte im Jahr 1960 auf eine halbe Million zu. Wie viele davon Wendehälse und Karrieristen waren, sei dahingestellt: Wichtig war allein das Ergebnis, das man mit Genugtuung nach Moskau weiterleiten konnte.

Auch bei der Kollektivierung in der Landwirtschaft hatte man beeindruckende Erfolge vorzuweisen: Durch eine große Kampagne Ende 1960 umfaßte nun der vergesellschaftete Anteil des produktiven Ackerlandes 80 Prozent. Diese einzige Errungenschaft des Systems, die für die gesamte Gesellschaft relevant und meßbar war, konnte nicht ohne massiven Druck durchgesetzt werden. Allerdings versuchte die Partei, die Brutalitäten aus der «Agrarrevolution» der Ära Rákosi zu vermeiden. Außerdem bot man soziale Vorteile wie die Einführung der bis dahin nicht existierenden Rentenversicherung für die Bauern und die Zulassung von Subsistenzwirtschaft für die Mitglieder der Kooperative – das eigene Gärtchen und ein bißchen Viehhaltung.

Die Partei- und Staatsführung war nun bestrebt, die Früchte der Stabilisierung zu ernten. Aus dem Schock vom Oktober und November 1956 ergab sich eine für den gesamten Ostblock einzigartige psychische Situation. Die gesellschaftliche Erfahrung, daß jeder Sturz des Regimes rohe sowjetische Gewaltanwendung nach sich ziehen würde, und die Erfahrung der herrschenden Elite, daß sie sich ohne sowjetische Unterstützung keine Woche an der Macht halten konnte – diese beiden historischen Erfahrungen trafen aufeinander und ließen eine Zwangsgemeinschaft entstehen. Nun fehlte von staatlicher Seite nur noch die Fähigkeit und Bereitschaft, die Notwendigkeit eines historischen Kompromisses im Rahmen der armseligen Kommunikationsmöglichkeiten zu artikulieren. Die etwas starre Zauberformel fand János Kádár im Dezember 1961, als er auf einer ZK-Sitzung die Wahl eines katholischen Friedenspfarrers zum Vizepräsidenten der Nationalversammlung folgendermaßen kommentierte: *«Ich sage offen: Darin, daß während der Parlamentssitzung die Glocke einige Stunden lang in der Hand eines Pfarrers liegt, sehe ich keine Gefahr für die Diktatur des Proletariats.»* Dann erörterte er diesen Gedanken näher: *«Die westlichen Publizisten sagen nun: Die von Kádár sind schlau, sie wollen alle betrügen. Wenn nämlich die von Rákosi seinerzeit sagten: Wer nicht mit ihnen ist, der ist gegen sie, dann sagen nun Kádárs Leute: Wer nicht gegen sie ist, ist für sie. (...) Jawohl, wir sind der Meinung, wer nicht gegen die Volksrepublik Ungarn ist, ist für sie; wer nicht gegen die USAP ist, ist für sie; wer nicht gegen die Volksfront ist, ist für sie.»* Sicher machten diese unbeholfen formulierten Sätze die Menschen nicht gleich glücklich, aber dennoch ermöglichten sie es, nach der bedrückenden Atmosphäre der späten fünfziger Jahre ein wenig aufzuatmen.

Epilog

Am 28. Januar 1989 brachte das Nachmittagsmagazin *168 Stunden* des Budapester Rundfunks ein Interview mit Imre Pozsgay, Mitglied des Politbüros der USAP. Als er gefragt wurde, zu welchen Ergebnissen die Kommission gekommen sei, die im Auftrag der Partei den sozialistischen Entwicklungsweg des Landes erforscht habe, gab er kurz und bündig die Antwort: Man sei zu dem Schluß gelangt, daß die Oktoberereignisse 1956 nicht mehr als Konterrevolution, sondern als Volksaufstand bezeichnet werden müßten.

Im Vergleich zu der Sichtweise, die in der ungarischen Gesellschaft weitgehend Konsens war – daß die historischen Begebenheiten zwischen dem 23. Oktober und 4. November 1956 ein Freiheitskampf und eine Revolution gewesen seien –, klang Pozsgays Äußerung gemäßigt, beinahe wertneutral. Die Tatsache jedoch, daß ein Kommunist, für die Öffentlichkeit völlig überraschend, die Umwertung einer Grundauffassung des Systems vornahm und zudem über das Medium Radio verkündete, wirkte schockierend. Dies erinnerte an die Tage des Aufstandes, als die Führung der Partei der Ungarischen Werktätigen innerhalb von 24 Stunden die Bewertung der Ereignisse in ihr Gegenteil verkehrte. Und genau wie damals ging es auch 1989, mehr als dreißig Jahre später, um die Identität der Partei.

Wenn «wir» nämlich, als kollektives «Wir», über Jahrzehnte hinweg ein historisches Ereignis irrtümlich als Konterrevolution bezeichneten und dementsprechend handelten, dann stellt man «uns» mit einem gewissen Recht die Frage, wer «wir» eigentlich die ganze Zeit gewesen sind. Diese aufgezwungene Diskussion war keineswegs reine Haarspalterei oder die Spitzfindigkeit von ein paar Theoretikern. Eine Erklärung wie die von Pozsgay gegebene verpflichtete unmittelbar dazu, die Geschichte seit 1956 neu aufzurollen, die Legitimation des Regimes Kádár und die ideologische Grundlage der sowjetischen Militärpräsenz in Frage zu stellen. Hier ging es um etwas mehr als um die löbliche Absicht, den weißen Flecken der Geschichte im Sinne der Glasnost eine Struktur zu geben.

János Kádár stand seit April 1988 nicht mehr zur Verfügung. Er war zum Ehrenpräsidenten der Partei gewählt worden und quälte sich auf seinem Abstellgleis mit rätselhaften Krankheiten herum. Sein Nachfolger Károly Grósz befand sich in Davos auf der Weltwirtschaftskonferenz und machte Lobbyarbeit für das chronisch verschuldete Land, dessen marode Ökonomie tagaus, tagein durch Überbrükkungskredite dahinvegetierte. Neben der Finanzpleite drohte nun der politische und moralische Bankrott in Gestalt eines unabwendbaren Ereignisses: Der Neubestattung von Imre Nagy und seinen Schicksalsgefährten. All dies erinnerte gespenstisch an die Tage im Oktober 1956 – bis auf einen entscheidenden Unterschied: Diesmal war eine sowjetische Intervention wenig wahrscheinlich.

Der Volksaufstand existierte in der nationalen Erinnerung während der Ära Kádár wie ein unterirdischer Bach. Man konnte ihn weder völlig vergessen noch exakt aus dem Gedächtnis abrufen; die Lüge über ihn war keineswegs obligatorisch, aber auch die Wahrheit niemals zugelassen. In Filmen und Büchern erschien die Revolution mit der Zeit immer authentischer, während sie für die Geschichtsschreibung bis zuletzt tabu blieb.

Eine freie Reflexion unmittelbar nach dem Ende der Ereignisse war nur im Exil möglich. Hier artikulierten sich von Anfang an die unterschiedlichsten Auffassungen und Deutungen des Geschehenen. Je nach politischem Credo, Geschichtsbewußtsein oder gar Temperament betonte man stärker den sozialen oder den nationalen Aspekt des Volksaufstands, man betrachtete Imre Nagy oder Kardinal Mindszenty als Idol, und es mangelte auch nicht an romantischen Verklärungen bis hin zum Revolutionskitsch. Die Auseinandersetzungen der Emigranten untereinander nahmen bereits die Debatte unserer Tage vorweg.

Der Weg der ungarischen «Achtundsechziger» zum Volksaufstand war durch ein elementares Phänomen gekennzeichnet: Mit 1956 erfolgte ein beinahe absoluter Bruch der Nachkriegsgeschichte. «Die

Zeit war ausgerutscht», wie Hamlet sagt. Alle Hoffnungen der sechziger Jahre waren auf bescheidene Korrekturen im Rahmen des Bestehenden oder auf infantile utopische Abenteuer gerichtet. Erst der «Prager Frühling» schien eine kurzlebige Perspektive für den «Sozialismus mit menschlichem Antlitz» zu bieten, aber die Invasion der Staaten des Warschauer Vertrags – von den meisten Ungarn von Anfang an befürchtet – zeigte die historischen Grenzen auch dieser Illusion. Die Auffassungen der in den siebziger Jahren entstehenden demokratischen Opposition drehten sich um den Komplex der Menschenrechte und hatten vorerst nur wenige Anknüpfungspunkte zum Volksaufstand. Einzelne Protagonisten dieser «Sturm- und Drangzeit» der ungarischen Bürgerbewegung stellten sich bereits damals in die Tradition der Sechsundfünfziger. Zu diesen gehörte der Historiker Miklós Szabó, Begründer der «Fliegenden Universität» (ein Netzwerk von offiziell nicht genehmigten Wohnungsseminaren und Vorlesungen), der Publizist György Krassó, der 1981 in einer Privatwohnung die erste Veranstaltung zum Gedenken an den Volksaufstand organisierte und während der Wende die kurzlebige Ungarische Oktoberpartei gründete, sowie der Schriftsteller István Eörsi, in dessen Œuvre die Revolution eine besondere Rolle spielte.

Entscheidend für die Rezeption des Erbes 1956 seitens der Menschenrechtsgruppen war ihre Kontaktaufnahme mit dem Pariser Kreis der ehemaligen Parteiopposition. Der Historiker Péter Kende – seinerzeit führende Gestalt der gegen die KP-Führung rebellierenden Journalisten – gründete die Schriftenreihe *Magyar Füzetek* («Ungarische Hefte»), um dadurch dem heimischen Samisdat einen größeren Verbreitungsgrad zu verschaffen. Bereits in den ersten Veröffentlichungen dieses Periodikums zeigte sich das gewachsene Interesse der ungarischen Andersdenkenden an dem Volksaufstand, den sie bald als ihre eigene Vorgeschichte betrachteten.

Ausschlaggebend für die Interpretation der Ereignisse von 1956 war jedoch eine andere Bezugsgröße: Gegen Ende der siebziger Jahre entdeckte die jüngere Generation der Budapester Intellektuellen das Werk von István Bibó. Dieses war damals nur in einer Londoner Exilausgabe (1960) zugänglich und wirkte auf die Leser wie eine Art Erleuchtung: Die kühle, logische Argumentation des Wissenschaftlers war mit leidenschaftlichem Engagement und einem ethisch begründeten Politikbegriff gepaart – für die lauwarme mittlere Ära Kádár mit ihrem moralischen Relativieren eine ebenso wohltuende wie explosive Mischung. Der 1979 verstorbene Bibó wurde zum Vordenker der Opposition. Ihm widmete der Samisdat eine tausend Seiten umfassende Hommage. An dieser Publikation beteiligten sich 76 Autorinnen und Autoren – Schriftsteller und Wissenschaftler –, die hier über sämtliche wichtigen Probleme der ungarischen Gesellschaft, so auch über den Oktober 1956, öffentlich nachdachten. Obwohl die Publikation bei der damaligen Vervielfältigungstechnik quantitativ kaum eine relevante Öffentlichkeit erreichte, war die Partei, wie in dem 2005 publizierten Geheimbericht des ZK nachzulesen, alarmiert.

Bei aller Annäherung der demokratischen Bewegung an die Ideen und Ideale des Volksaufstands schien doch klar, daß der Weg zur Demokratisierung des Landes kaum über eine Wiederholung der Revolutionsereignisse führen würde. Sowohl die Teilnehmer der Konferenz in Monor 1985, wo die verschiedenen Oppositionsströmungen ihre Vorstellungen zur Krisenlösung erörterten, als auch die Historiker und Zeitzeugen auf einem inoffiziellen Symposium zum dreißigsten Jahrestag der Revolution waren sich der Tatsache bewußt, daß der Oktober 1956 keine Handlungsanweisung war. Er war nichts weniger als das und gleichzeitig viel mehr: Eine Verpflichtung. Ein neuer Aspekt der Tradition erschien in der gemeinsamen Erklärung osteuropäischer Intellektueller 1986, in welcher die europaweite Auswirkung des «größten Volksaufstands von Osteuropa» (Mihály Vajda) hervorgehoben wurde.

In fünf von den sechs Särgen, die am 16. Juni 1989 auf dem Budapester Heldenplatz aufgebahrt wurden, lagen die sterblichen Überreste von Imre Nagy, Pál Maléter, Miklós Gimes, József Szilágyi und Géza Losonczy – der sechste Sarg war als symbolische Ruhestatt für die mehrheitlich jugendlichen Gefallenen des Aufstands gedacht. Die formal noch herrschende Partei mobilisierte ihre ganze Kraft, um diesen unvermeidlichen Akt der Pietät zuerst wenigstens mit beeinflussen zu können. Vordergründig fürchtete sie, daß – wie damals die offizielle Floskel hieß – «die Lage nicht mehr behandelt werden kann». Tatsächlich waren sich die Machthaber sicher, daß selbst ein friedlicher Verlauf der Trauerkundgebung – oder erst recht ein solcher – das Finale des Systems nach sich ziehen würde.

Die Moskauer Parteiführer wollten ihren bedrängten ungarischen Verbündeten in dieser Situation unbedingt «internationalistische» Hilfe leisten. Der KGB-Chef Krjutschkow, der 1956 unter der Fuchtel von Andropow in Budapest seine Karriere begonnen hatte, schickte Károly Grósz eine politische Stinkbombe – einige Akten des NKWD, in denen Imre Nagy in den dreißiger Jahren als IM «Wolodja» verewigt worden war. Natürlich konnten sich die Genossen der Echtheit der Dokumente nicht sicher sein, und deshalb verzichteten sie auf die Publikation der Unterlagen vor der Beerdigung, was zumindest von gutem Geschmack zeugte. Der Wahrheitsgehalt der Akte Nagy konnte im übrigen bis heute nicht bestätigt werden.

Die Beerdigung hatte rund 200 000 Teilnehmer. Es waren zumeist Sechsundfünfziger aus dem im Vorjahr gegründeten «Komitee zur Wiederherstellung der historischen Gerechtigkeit», die das Wort ergriffen. Sie redeten hörbar bewegt und verstanden den Anlaß nicht politisch, sondern eher persönlich und historisch. Als Vertreter der Nachgeborenen sprach der Führer der Jugendpartei Fidesz, Viktor Orbán. Er hielt eine radikale antikommunistische Rede und forderte den Abzug der sowjetischen Truppen aus Ungarn, womit er seinen Ruhm schlagartig begründete.

An diesem Tag saß János Kádár, ein verstörter Greis, in seiner Wohnung am Rosenhügel und fragte die Anwesenden mehrmals, ohne seinen ehemaligen Genossen Imre Nagy beim Namen zu nennen: «Wird jener Mann heute beerdigt?» Drei Wochen später, am 6. Juli 1989, dem Tag, an dem der Oberste Gerichtshof des Landes den Prozeß gegen Nagy und seine Schicksalsgefährten ohne Wenn und Aber zum Justizmord erklärte, starb János Kádár.

Wenige Monate später, am 23. Oktober 1989, wurde vor dem Parlamentsgebäude die Republik Ungarn ausgerufen. Damals existierten bereits alle Parteien, die bei den ersten freien Wahlen um die Verteilung der Abgeordnetensitze konkurrieren sollten. Es gab einen Konsens, daß der Machtabbau des Parteistaates mit friedlichen Mitteln erfolgen sollte. Viele Beteiligte fanden es gut und richtig, daß der Volksaufstand zum Gründungsmythos der jungen Demokratie wurde, und ebenso eindeutig schien es, daß das Kossuth-Wappen der Oktobertage 1956 nunmehr zum Staatssymbol erhoben werden würde. Diese Annahme entpuppte sich bald als Irrtum. Das frei gewählte Parlament benannte mit Mehrheit den Sankt-Stephans-Tag als wichtigsten nationalen Feiertag und die Stephanskrone als Machtsymbol der Republik.

So chaotisch und vieldeutig, wie der große Aufstand war, so sind dies auch die Strömungen in seiner Nachfolge. Dutzende von Organisationen betrachten sich heute als Erben des Oktober 1956. Neben der Konföderation der Sechsundfünfziger, dem Bund der Sechsundfünfziger und dem bereits erwähnten Komitee zur Wiederherstellung historischer Gerechtigkeit kennen wir eine Reihe von rivalisierenden Gruppen wie den Ungarischen Verband der Aufständischen, den Weltverband der ungarischen Freiheitskämpfer, den Weltverband der Authentischen Ungarischen Freiheitskämpfer, die Partei der Sechsundfünfziger, den Weltrat der ungarischen Sechsundfünfziger, die Nationale Partei der Sechsundfünfziger, die Ungarische Nationale Partei des Gedankenguts von 56, die Kameradschaft vom Szénaplatz und sogar einen Sechsundfünfziger-Ritterorden. Es gibt Stiftungen, wissenschaftliche Institute und Interessenvertretungen der Beteiligten am Volksaufstand.

Gegen diese Vielfalt der Zugehörigkeit zu einer Traditionslinie der ungarischen Geschichte wäre nichts einzuwenden. Der unglaublich aggressive Kampf der unterschiedlichen Gruppen jedoch und der ätzende Ton, mit dem sie sich gegenseitig in der Öffentlichkeit schlechtmachen, weist darauf hin, daß es sich hier nicht um die Pluralisierung eines historischen Erbes, sondern um die Zersplitterung der Anhängerschaft der Revolution handelt. Seit 1989 gab es kaum einen Jahrestag des ungarischen Oktober, den die Betroffenen gemeinsam und in Eintracht begehen wollten. Vielmehr erstickten die Gedenkveranstaltungen im Skandal oder in Peinlichkeiten, wenn zum Beispiel Sechsundfünfziger wie der ehemalige Staatschef Árpád Göncz oder der Parlamentsabgeordnete Imre Mécs bei ihren Festreden von rivalisierenden Gruppen angepöbelt wurden. Diese unrühmlichen Szenen fügten der gesamten Erinnerungskultur großen Schaden zu.

Neben Interessensunterschieden wegen ungelöster Entschädigungs- bzw. Rentenfragen sowie staatlicher Subventionierung einzelner Gruppen wird die Spaltung durch Einflußnahme der Parteien verschärft, die über die Veteranen Zugang zu bestimmten Wählerschichten suchen. So gibt es, je nachdem, linksliberale, konservative oder auch rechtsradikale Sechsundfünfziger. Realer erscheint uns jedoch die Aufteilung nach der Unterschiedlichkeit der sozialen Basis. Es gibt eine Strömung mit starkem intellektuellem Hintergrund, die sich in den demokratischen Veränderungen der neunziger Jahre größtenteils wiedererkennt, sowie eine Richtung ehemaliger Aufständischer oder Aktivisten der Arbeiterräte, die sich als überflüssig oder unzeitgemäß erlebt und gern einem romantischen Antikapitalismus huldigt.

Die heutige bürgerliche Demokratie und die freie Marktwirtschaft mit ihren raffinierten Medien- und Machttechniken sowie den vorprogrammierten Mustern von Luxus und Armut entspricht kaum den Idealen der schlecht gekleideten, nichtbürgerlichen Demonstranten und Aufständischen vom Herbst 1956. So scheint es aber auch in früheren Zeiten schon gewesen zu sein. Auch der Freiheitskämpfer von 1848 paßte nicht in die Moderne der k.u.k. Monarchie mit dem Talmiglanz ihrer Tausendjahrfeier. Er fror im Schatten der Kossuth-Denkmäler und fühlte sich fremd in der von ihm mitgeschaffenen Welt.

Wahrscheinlich wird dem Oktober 1956 dasselbe Los wie dem

März 1848 zuteil. Eingebaut in die historische Dynamik, lösen sich diese Ereignisse in der überlieferten Kultur auf und wirken vermittelt weiter, wie etwa das Flugschiff der Geschwister Mongolfier in einem Transozean-Jet oder Gutenbergs Druckstock in einem Textverarbeitungsprogramm.

Danksagung

Die Arbeit an diesem Buch wurde im Rahmen des Projekts «Grenzgänger» der Robert-Bosch-Stiftung gefördert.

Der Autor dankt für das Durchlesen des Manuskripts vor allem Prof. Dr. Péter Kende, für wichtige Hinweise über die Gruppen von Aufständischen László Eörsi, für Vermittlung von Dokumenten, Gespräche bzw. kritische Bemerkungen János Nemes, Wjatscheslaw Sereda, Judit Magos, Márkus Keller sowie den zahlreichen Zeitzeuginnen und Zeitzeugen in Budapest, Wien, Zürich und Berlin, die jenseits der konkreten Angaben bei der Rekonstruktion der Atmosphäre der Oktobertage behilflich waren.

Zeittafel

895/896	«Landnahme» der Ungarn zwischen Donau und Theiß.
1000	Fürst Vajk (Stephan I.) erhält aus Rom die Heilige Krone.
1001	Erste Heidenrebellion.
1063	Zweite Heidenrebellion.
1437	Bauernaufstand von Antal Budai Nagy.
1514	Ungarischer Bauernkrieg unter der Führung von György Dózsa.
1526	Schlacht bei Mohács – Zusammenbruch des ungarischen Staates.
1604	Aufstand gegen die Habsburger unter der Führung von István Bocskai.
1664	Verschwörung des Hochadels gegen die Habsburger.
1703–1711	Aufstand (Freiheitskampf) des siebenbürgischen Fürsten Ferenc Rákóczi II.
1764	Aufstand der Székler in Siebenbürgen gegen die Habsburger.
1794	Verschwörung der ungarischen Jakobiner unter dem Abt Martinovics.
1831	Bauernaufstand («Cholerarebellion»).
1848	Revolution und Freiheitskampf. 15. März: Revolution in Pest. 8. Oktober: Gründung des Komitees für Landesverteidigung unter Kossuth.
1849	14. April: Entthronung der Dynastie Habsburg durch das Parlament in Debrecen, Unabhängigkeitserklärung. 15. Juni: Invasion der zaristischen Armee in Ungarn. 13. August: Kapitulation der ungarischen Armee vor Világos. 6. Oktober: Hinrichtung der dreizehn ungarischen Generäle in Arad und des Ministerpräsidenten der Revolutionsregierung Graf Batthiány in Pest.
1867	«Ausgleich», Versöhnung mit der k.u.k. Monarchie.
1905	Massendemonstration für das allgemeine Wahlrecht in Budapest, vom Militär aufgelöst.
1912	23. Mai: «Blutiger Donnerstag» – politischer Massenstreik für das allgemeine Wahlrecht. Die Polizei eröffnet das Feuer auf die Arbeiter.
1918	31. Oktober: demokratische Revolution («Revolution der Aspen») unter Mihály Graf Károlyi, Gründung eines Nationalrats, Unabhängigkeitserklärung. Am 16. November Ausrufung der «Volksrepublik».
1919	21. März: Ausrufung der Räterepublik – Gründung einer Regierung aus Kommunisten und Linkssozialisten unter Béla Kun. Sozialisierungen; Verteidigungskrieg der Ungarischen Roten Armee gegen

die Intervention der Entente (Rumänien, Tschechoslowakei). Roter Terror des Sonderkorps der «Leninjungs». Juni: Gründung eines Nationalen Heeres in Szeged unter der Führung des Admirals Horthy, einer Gegenregierung in Arad und eines Antibolschewistischen Komitees in Wien. 31. Juli: Aufgrund der rumänischen Großoffensive Abdankung der Räteregierung. Im August Gegenrevolution («Nationale Erhebung»). Weißer Terror der Offizierskorps. Am 16. November Einzug Horthys in Budapest.

1920 März: Nationalversammlung wählt Horthy zum Reichsverweser. Juni: Friedensvertrag von Trianon, Ungarn verliert an die Nachbarstaaten zwei Drittel seines Vorkriegsterritoriums.

1941 Juni: Ungarn erklärt der UdSSR den Krieg.

1943 Schlacht bei Woronesch: Vernichtung der II. Ungarischen Armee.

1944 19. März: Okkupation des Landes durch die Wehrmacht unter Beibehaltung der formalen Souveränität. Deportierung von 400 000 Juden nach Auschwitz unter dem Kommando Eichmanns. 15. Oktober: Horthy erklärt den Waffenstillstand mit den Alliierten. Am selben Tag wird seine Regierung durch den Putsch der Pfeilkreuzler unter Ferenc Szálasi gestürzt. November: Scheitern der Organisierung eines nationalen Widerstandes. Dezember: Die Rote Armee vor Budapest. Die Provisorische Nationalregierung in Debrecen erklärt Hitler-Deutschland den Krieg.

1945 Die Regierung zieht nach Budapest. November: freie Parlamentswahlen (Kleine Landwirte: 57%, UKP: 17%).

1946 Februar: Ausrufung der Republik.

1947 Juni: Zwangsvereinigung der Sozialdemokratischen Partei mit den Kommunisten.

1949 Januar: Schauprozeß gegen Kardinal Mindszenty. Mai: Wahlen aufgrund einer Einheitsliste. August: Verfassung der Volksrepublik. September: Schauprozeß gegen Minister Lászlo Rajk und andere.

1949–1953 Ausbau und Höhepunkt der Diktatur der Partei der Ungarischen Werktätigen (PUW) unter dem KP-Chef Rákosi. Forcierte Industrialisierung, Kollektivierung, Militarisierung und «Kulturrevolution». Polizei- und Gerichtsverfahren gegen mehr als eine Million Staatsbürger.

1953 5. März: Stalins Tod. Juni: Plenum der PUW, Kurskorrektur «Neuer Abschnitt» mit Imre Nagy als Ministerpräsidenten. Auflösung der Internierungslager, Beginn der Rehabilitierungen, Abschwächung der Kollektivierung, «Tauwetter» in Literatur und Kunst.

1955 Gegenoffensive der Konservativen in der Partei. März: Ablösung von Nagy als Regierungschef. Dezember: Ausschluß aus der Partei. Wachsender Protest der Parteiopposition und der Intellektuellen.

1956 Februar: 20. Parteitag der KPdSU, Chruschtschow entlarvt Stalin in der Geschlossenen Sitzung. Seine Geheimrede wird vom State Department der USA im April veröffentlicht. In Budapest Entstehung und Verbot des Diskussionsclubs «Petőfi». Rákosi wird auf dem Plenum der PUW vom 18.–21. Juli gestürzt. 6. Oktober: Wiederbestattung der Opfer des Rajk-Prozesses. 15.–22. Oktober: Aufenthalt einer ungarischen Partei- und Regierungsdelegation in Jugoslawien. 20.–21. Oktober: Studentenversammlungen beschließen eine Solidaritätskundgebung für die Reformer in der polnischen KP.

23. Oktober 14.00: Beginn der zuerst verbotenen und dann genehmigten Demonstration.
16.00–17.00: Telefongespräche mit Moskau über eine eventuelle sowjetische Intervention.
Gegen 19.00: In Debrecen schießt die Polizei auf Demonstranten. Es gibt die ersten drei Toten. Rundfunkrede von Ernö Gerő. Ansammlung von Demonstranten vor dem Gebäude des Senders.
20.30: Sturz des Stalin-Monuments im Stadtpark.
Gegen 21.00: Imre Nagys Rede vor dem Parlament.
Gegen 21.30: Die ersten Schüsse am Rundfunkgebäude.
22.00–23.00 nach Moskauer Zeit: Entscheidung des Präsidiums des ZK der KPdSU über die militärische Einmischung in Ungarn. Die Operation «Welle» tritt in die Verwirklichungsphase.
23.00–24.00: Nächtliche Kämpfe um das Rundfunkgebäude und den Sitz des Parteiblattes *Népszabadság*, Beschaffung von Waffen und Entstehung der ersten Gruppen von Aufständischen.

24. Oktober Gegen 4.00: Die Vorposten der sowjetischen Truppen in Budapest. Imre Nagy wird von der permanenten Sitzung des Politbüros zum Ministerpräsidenten gewählt. Bildung einer Militärischen Kommission zur Koordinierung des Kampfes gegen die Aufständischen.
8.45: Ankündigung des Standrechts.
9.00: Erklärung der sowjetischen Teilnahme an den Kämpfen.
Zwischen 11.00 und dem späten Abend: Mehrere Aufforderungen an die Aufständischen, die Waffen niederzulegen.
Gegen 12.00: Ankunft der sowjetischen Emissäre Mikojan und Suslow in Budapest. Kämpfe zwischen den leicht bewaffneten Aufständischen und der sowjetischen Artillerie. Schwere Zerstörungen.

25. Oktober Artikel der Moskauer *Prawda* über den «Zusammenbruch der volksfeindlichen Abenteuer in Budapest».
11.00: Das ZK löst Ernö Gerő als Parteichef ab und ernennt an seiner Stelle János Kádár.
Gegen 12.00: Eröffnung des Feuers auf unbewaffnete Demonstranten vor dem Parlament (etwa sechzig Tote). In den Nachmittagsstunden Demonstration mit «blutigen Fahnen».

26. Oktober	Diskussion im ZK über die «Umwertung» des Aufstands. Konflikt zwischen den Gemäßigten im Politbüro und dem Stab. Sicherheitskräfte eröffnen das Feuer auf eine Menschenmenge in Mosonmagyaróvár (sechzig Tote) und Miskolc (zwanzig Tote).
27. Oktober	Eine «nationale Regierung» wird gebildet unter Einbeziehung von einigen nichtkommunistischen Ministern. Am Abend wird nach dem Gespräch zwischen den ungarischen Führern und den sowjetischen Emissären die grundlegende Neubewertung des Aufstands als «nationale demokratische Bewegung» vorgenommen.
28. Oktober	6.00: Scheitern der gemeinsamen Operation der sowjetischen und ungarischen Einheiten gegen die Zentrale der Aufständischen. 13.05: Die Regierung erklärt die Waffenruhe. 17.25: Imre Nagys Rundfunkrede über die Rücknahme des Wortes «Konterrevolution» gegenüber den Aufständischen sowie Verständigung mit den Sowjets über den sofortigen Truppenabzug aus Budapest.
29. Oktober	Beginn des sowjetischen Rückzugs aus Budapest. Die Auflösung der ÁVH wird beschlossen. Beginn der Verhandlungen mit den Aufständischen zwecks ihrer Integration in die revolutionären Streitkräfte. Mit dem Überschreiten der ägyptischen Grenze seitens der israelischen Armee beginnt die «Operation Musketier», an der auch Frankreich und Großbritannien teilnehmen.
30. Oktober	Sowjetische Regierungserklärung über die Gleichrangigkeit der Sowjetunion und der Volksdemokratien. Sturm auf den Sitz des Budapester Parteikomitees und darauffolgende Lynchjustiz gegenüber ÁVH-Leuten und Parteifunktionären (24 Tote). Zulassung von politischen Parteien der Koalition von 1945. Kardinal Mindszenty wird freigelassen. Das Präsidium des ZK der KPdSU beschließt die Entsendung von Marschall Konew nach Budapest.
31. Oktober	In der Kaserne Kilián wird die Nationalgarde gegründet, eine Vereinigung der Verbände von Aufständischen mit den «bewaffneten Körperschaften», d. h. Volksarmee und Polizei. Durch das Eingreifen von Frankreich und Großbritannien Ausweitung des Suezkriegs. Das Politbüro des ZK der KPdSU beschließt die militärische und politische Vorbereitung einer neuen Intervention in Ungarn (Operation «Wirbelsturm»).
1. November	Neue sowjetische Truppen überschreiten die Grenze nach Ungarn. Imre Nagy erklärt nach zahlreichen Protesten den Austritt des Landes aus dem Warschauer Vertrag. Statt der zusammengebrochenen PUW wird eine neue Ungarische Sozialistische Arbeiterpartei (USAP) mit János Kádár an der Spitze gegründet.

	19.40: Imre Nagy erklärt im Radio die Neutralität Ungarns. 22.00: Kádárs Rundfunkansprache zur Gründung der neuen Partei. Gegen 23.00: Kádár und Innenminister Münnich begeben sich heimlich zur Sowjetbotschaft.
2. November	Die Führung der KPdSU verhandelt mit den Verbündeten in Brest und Bukarest über die bevorstehende Invasion. Chruschtschow und Malenkow fahren zu Tito auf die Brioni-Insel.
3. November	Kabinettsumbildung auf Koalitionsgrundlage unter Einbeziehung der Sozialdemokratischen Partei, der Kleinen Landwirte sowie der Petöfi-Partei (István Bibó). Gegen 11.00: Verhandlungen im Parlamentsgebäude zwischen der ungarischen und der sowjetischen Delegation über die Modalitäten des Truppenabzugs. Gegen 18.00: Internationale Pressekonferenz der Imre-Nagy-Regierung. 20.00: Die ungarische Delegation fährt zur Fortsetzung der Verhandlungen zum sowjetischen Stützpunkt in Tököl. Gegen 23.00 Uhr: Kurz nach Beginn der Verhandlungen wird die Delegation durch den KGB-Chef Iwan Serow verhaftet.
4. November	4.15: Beginn der Operation «Wirbelsturm» – der sowjetischen Intervention zum Sturz der Imre-Nagy-Regierung. 5.20: Imre Nagys letzte Rundfunkrede: «Unsere Truppen stehen im Kampf. Die Regierung befindet sich an ihrem Platz.» 6.00: Der Ministerpräsident begibt sich in die jugoslawische Botschaft, die ihm und seinem engsten Kreis politisches Asyl gewährt. Gegen 7.00: Ein Sender informiert über die Gründung der «Revolutionären Arbeiter- und Bauernregierung» unter der Führung von János Kádár.
5.–10. Nov.	Zerschlagung des bewaffneten Widerstands. Einführung des Standrechts.
14. November	Gründung des Budapester Arbeiterrats. Allgemeiner Streik. Die Regierung zeigt sich zu Verhandlungen bereit. Die Arbeiter stellen den Streik vorübergehend ein.
21. November	Der Gründungskongreß eines landesweiten Arbeiterrats wird mit Hilfe sowjetischer Truppen verhindert.
22. November	Imre Nagy und Gefährten werden beim Verlassen der jugoslawischen Botschaft verhaftet und nach Rumänien verschleppt.
23. November	Gesetzesverordnung über die Zulassung der Arbeiterräte.
2. Dezember	Plenum des ZK der USAP: Die Oktoberereignisse werden als Konterrevolution bezeichnet.
8. Dezember	In Salgótarján wird das Feuer auf unbewaffnete Demonstranten eröffnet (80 Tote).
9. Dezember	Verbot des Budapester Arbeiterrats.

11. Dezember	Verhaftung der Führer des Budapester Arbeiterrats.
28. Dezember	Mitgliederversammlung des Schriftstellerverbands.

1957

Januar	Demonstrative Hinrichtungen. Suspendierung der Tätigkeit des Schriftsteller- und Journalistenverbandes.
März	Errichtung von Internierungslagern.
Juni	Parteikonferenz der USAP, 400 000 Mitglieder.

Anzahl der Opfer des Terrors zwischen 1956 und 1961:
Hingerichtete: Etwa 300. Rechtskräftig Verurteilte: annähernd 35 000. Internierte: circa 20 000 (diese Ordnungsstrafe konnte ohne Gerichtsurteil ein halbes Jahr dauern und automatisch bis zu zwei Jahren verlängert werden).

Quellen

(Eine Auswahl)

In deutscher Sprache

Géza Alföldy: Ungarn, 1956. Heidelberg, 1998.

István Eörsi: Erinnerung an die schönen alten Zeiten. Reinbek, 1991.

Peter Gosztony (Hrsg.): Der ungarische Volksaufstand in Augenzeugenberichten. München, 1981.

Péter Kende (Hrsg.): Der Fall Imre Nagy. Mit einem Vorwort von Albert Camus. Köln/Berlin, 1959.

Zsuzsanna Körösi/Adrienne Molnár (Hrsg.): Mit einem Geheimnis leben. Die Schicksale der Kinder der Verurteilten von 1956. Herne, 2005.

György Litván/ János Bak: Die ungarische Revolution. Reform – Aufstand – Vergeltung. Wien, 2004.

Tibor Méray: Dreizehn Tage, die den Kreml erschütterten. München, 1960.

János M. Rainer: Imre Nagy. Vom Parteisoldaten zum Märtyrer der ungarischen Revolution 1956. Paderborn, 2006.

Regula Schiess/Juca Magos-Gimes/Gábor Magos: Wie das Leben nach dem Fieber. Psychosozial-Verlag, 1999.

Ungarische Rundfunksendungen während des Volksaufstands 1956. Dokumentation der Zeitschrift *Hinter dem Eisernen Vorhang*, Dezember 1956.

Die ungarische Lage und die Rechtsstaatlichkeit. Dokumentation. Internationale Juristenkommission, Den Haag, 1957.

Archivmaterialien des Auswärtigen Amts der Bundesrepublik Deutschland.

In ungarischer Sprache

Judit Ember: Menedékjog. A Nagy Imre-csoport elrablása (Asylrecht. Der Raub der Imre-Nagy-Gruppe). Budapest, 1989.

László Gyurkó: 1956. Budapest, 1996.

Aliz Halda: Magánügy (Privatsache). Erinnerungen. Budapest, 2002.

Miklós Horváth (Hrsg.): A szovjet katonai intervenció, 1956 (Die sowjetische militärische Intervention, 1956). Budapest, 2001.

Hungaricus (Sándor Fekete): Über die Ursachen und Lehren des Aufstandes 1956. (Erstausgabe des illegal verbreiteten Aufsatzes des Autors.) Budapest, 1989.

Miklós Molnár: Egy vereség diadala (Triumph einer Niederlage). Budapest, 1998.

Zeitungen und Flugblätter aus 1956/1957.

In russischer Sprache

Orechowa/Sereda/Stikalin (Hrsg.): Sowjetskij Sojus i wengerskij krisis 1956 goda. Dokumenty (Die Sowjetunion und die ungarische Krise des Jahres 1956. Dokumente). Moskau, 1998.

Prawda, Oktober/November 1956.

Personenregister

zeitZeugen
bei Brandstätter
Erich Lessing
Budapest 1956
Die Ungarische Revolution
Zum 50. Jahrestag der Ungarischen Revolution zeigt dieser Bildband 200 Fotografien des bekanntesten Chronisten der Nachkriegszeit in Osteuropa: Erich Lessing. Er war der erste ausländische Fotograf, der nach Ausbruch der Revolution nach Budapest kam. Im Dezember 1956 kehrte er mit Medikamenten und Konserven zurück und dokumentierte die Zerstörung der Stadt und den Überlebenswillen ihrer Bevölkerung. Diese Bilder, die wesentlich zur Erweiterung der Kriegsberichterstattung beigetragen haben, sind ein erschütterndes Zeitdokument und zeigen Lessing als ebenso einfühlsamen wie scharfen Beobachter.
Budapest 1956
Die Ungarische Revolution
Erich Lessing
ISBN 3-902510-75-7
Preis nur € 39,90 sfr 69,–
Bücher bestellen
(+43-1) 512 15 43-256
orders@cbv.at
www.cbv.at
Bitte beachten Sie auch
Simultan – Österreichische
Fotografie seit 1945
ISBN 3-902510-20-X